·第四版·
最新版

PERSON-CENTRED
COUNSELLING IN ACTION

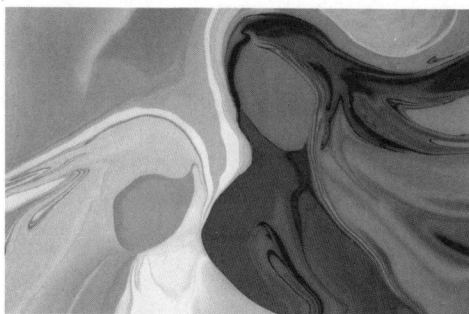

以人为中心
心理咨询实践

〔英〕戴夫·默恩斯（Dave Mearns）
〔英〕布赖恩·索恩（Brian Thorne） /著
〔英〕约翰·迈克李欧（John Mcleod）

刘毅 / 译

重庆大学出版社

English language edition published by SAGE Publications of London, Thousand Oaks, New Delhi and Singapove, ⓒ Dave Mearns & Brian Thorne and John Mcleod, 2013

版贸核渝字(2014)第 69 号

图书在版编目(CIP)数据

以人为中心心理咨询实践/(英)默恩斯
(Mearns, D.),(英)索恩(Thorne, B.),(英)迈克李
欧(Mcleod, J)著;刘毅译.—4 版.—重庆:重庆
大学出版社,2015.1(2024.6 重印)
(心理咨询师系列)
书名原文:Person-centred counselling in action
ISBN 978-7-5624-8686-2

Ⅰ.①以⋯ Ⅱ.①默⋯②索⋯③迈⋯④刘⋯
Ⅲ.①咨询心理学 Ⅳ.①C932

中国版本图书馆 CIP 数据核字(2014)第 280547 号

以人为中心心理咨询实践(第 4 版)
Yirenweizhongxin Xinli Zixun Shijian

〔英〕戴夫·默恩斯
〔英〕布赖恩·索恩 著
〔英〕约翰·迈克李欧
刘 毅 译
策划编辑:王 斌 敬 京
责任编辑:敬 京 版式设计:敬 京
责任校对:关德强 责任印制:赵 晟

*

重庆大学出版社出版发行
出版人:陈晓阳
社址:重庆市沙坪坝区大学城西路 21 号
邮编:401331
电话:(023) 88617190 88617185(中小学)
传真:(023) 88617186 88617166
网址:http://www.cqup.com.cn
邮箱:fxk@cqup.com.cn(营销中心)
全国新华书店经销
重庆亘鑫印务有限公司印刷

*

开本:720mm×1020mm 1/16 印张:17.5 字数:296千
2015 年 1 月第 1 版 2024 年 6 月第 4 次印刷
ISBN 978-7-5624-8686-2 定价:56.00 元

对本书的赞誉

"一本重要的著作……一本最全面的教材。默恩斯(Mearns)和索恩(Thorne)为所有心理咨询师和治疗师写了一本书。读者看完后将心怀感激并意犹未尽。"

——《英国指导与心理咨询杂志》(*British Journal of Guidance and Counselling*)

"有关共感、接纳与一致性的讨论是核心问题,所有接受培训者要想理解这些核心概念的丰富内涵,就应该阅读这本书……太棒了。"

——《心理咨询与心理治疗》(*Counselling and Psychotherapy*),英国心理咨询与心理治疗协会主办杂志

"自卡尔·罗杰斯(Carl Rogers)本人所著的以人为中心的心理治疗以来第一部有关此方法的系统而全面的著作……太棒了。"

——《心理咨询》(*Counselling*),英国心理咨询协会主办杂志

"毫无疑问,这是除了卡尔·罗杰斯本人著作以外我所读到的对以人为中心心理咨询方法的最清晰论述。我觉得通过戴夫·默恩斯和布赖恩·索恩向读者所呈现出的他们自己的一致性,我已经认识了他们,并且我发现本书部分内容有时候相当感人。"

——《当代社会工作》(*Social Work Today*)

"对以人为中心的心理咨询提供了真正的洞察……这本书娓娓道来,读起来绝对令人爱不释手(我就无法放下它),它吸引着我关注自己的情感领域。我要感谢两位作者与读者一起分享了如此多的隐私。我向正在接受培训的心理咨询师、已接受过培训的心理咨询师、来访者以及那些从事心理咨询工作的人们推荐这本书。这本书影响了我,而且我想我不能没有它。"

——《英国心理学会评论》（*BPS Counselling Psychology Review*）

"对于想要学习和提高青少年罪犯心理咨询技巧的心理咨询师来说，这是一本很棒的'宝典'。"

——讲师，诺丁汉特伦特大学

"一本很好的著作。通俗易懂并且涵盖了所有主要问题。"

——讲师，斯旺西心理学研究所

"激发了对医患关系的重新探索。"

——《英国医学杂志》（*British Medical Journal*）

"我觉得这本书太正中我下怀了！"

——安·韦泽（Ann Weiser），PCA 信件网络

"这本书理所当然应被列入所有心理咨询培训师和新手的阅读书目中……这是很长时间以来我所读到的收获最大、最有用的书，并且我敢肯定，如果卡尔·罗杰斯现在还活着，他不仅会赞同我的话而且还会承认自己有点儿嫉妒。"

——《改变》（*Changes*）

"用大量的案例研究事例很好地解释和描述了如何技巧性地表达关爱以及建立信任。"

——《引导事件》（*Guidance Matters*）

"很棒的书——用一种实用而可行的方式巩固了当前在护理中对人本主义的强调。"

——讲师，西伦敦英国国民卫生服务心理健康信托所

"一如既往地进行了精彩、通俗易懂，但是颇有深度的介绍。成为畅销书理所当然！"

——讲师，普雷斯顿学院

"书中表达了对个人、对其自主性和独特性的深深尊重，而这正是罗杰斯的方法所固有的。"

——《英国医学心理学杂志》(*British Journal of Medical Psychology*)

"一本精彩的著作，强烈推荐。终于有人通俗易懂地写出了这一理论和实践——主要是实践——而对于许多热切关注它的人而言，这种治疗方法是最具有意义的。太棒了！"

——《聚焦联结》(*Focusing Connection*)

"真正使读者进入了以人为中心心理咨询师的世界。"

——《当代心理学》(*Contemporary Psychology*)

"由戴夫·默恩斯与布赖恩·索恩合著的《以人为中心心理咨询实践》最早出版于1988年，那时卡尔·罗杰斯逝世约一年。它有助于维持并激发对这种方法的兴趣，并成为了'心理咨询实践系列'中的畅销书。"

——《批评心理学、心理咨询与心理治疗杂志》(*The Journal of Critical Psychology*, *Counselling and Psychology*)

致　谢

　　在最后一版以我们为主要作者的《以人为中心心理咨询实践》中,我们希望感谢阅读本书迄今为止的各个版本和译本的人们。在二十五年里,我们得到了心理咨询新人和经验丰富的咨询师所给出的反馈。我们希望更多的读者能够同样得到鼓舞和激励。

戴夫·默恩斯

布赖恩·索恩

第 4 版前言

自我们开始撰写《以人为中心心理咨询实践》的第一版,已经过去整整 25 年了,它是温蒂·德利登系列丛书之一。这本书是作者与编者结合的典范。布赖恩·索恩作为作者,其经验非常丰富,而戴夫·默恩斯在这方面则毫无历练,温蒂的创造性和坚毅则足以驾驭这两人。从那时起,这本书除这一版,还有了另外两个版本,同时还有十几种外语译本,其世界销量接近十五万册。它不仅仅是关于以人为中心的咨询课程的重要文本,而且也是建立在很多其他疗法之上的集大成者。

作为大型图书出版公司 Sage 出版的《实践》丛书("In Action")的重要组成部分,在过去二十年中我们埋头编写了《以人为中心》系列,其中包括《以人为中心的咨询发展》(Mearns, 2003)、《以人为中心的咨询培训》(Mearns, 1997)、《以人为中心的疗法现状》(Mearns and Thorne,2000)以及《咨询与精神疗法的关系深度发展》(Mearns and Cooper,2005)。目前这本书是针对初级培训设计的综合版,而其他则属于较高级的范畴,因为其中得出了这里所提出的许多问题。某种程度上来说,《以人为中心心理咨询实践》可以比作轮毂,以它为中心可以发散到丛书中的其他分册。这一版本通篇有许多对其他分册的引用,这些引文都标上了页码,很多问题在分册中都有深入探讨。

《以人为中心心理咨询实践》的各个版本均对内容作了些许更改,或者更新了材料,或者纳入了实践与理论的前沿动态,但有两个核心的特色是一直不变的,而正是它们决定了本书的成功。首先是评论,这些评论既有正式的也有非正式的,它们为读者指点迷津,帮助他们更快地了解咨询的人文性。书中展现了来访者与咨询医生的亲密接触,在读者和他们自己心中激发出强烈的情绪。其次,本书阐述了工作原则。曾几何时,有些人希望制作专门的咨询手册来对咨询行为进行规范,而《以人为中心心理咨询实践》的方法是建立在原则基础上的。如果实践者严格按照"以人为中心"的原则,则其实践活动在咨询关系上就不会那么容易出现波动。因此他就可以与每名来访者保持意味深长、和谐而又独特的关系,而如果不以原则为基础而仅仅考虑具体行为是无法实现这一目的的。本书的第二个核心特色也解释了为什么这本书能成为通行的主要课程文本,帮助参与者发展出非咨询类的咨询技能。在其他情况下,这些技能只要能根植于原则而不是基于行为的技巧,那么就会更有效。如果管理者需要对难于理解的员工表示理解,则只有在该员工内心存在这种需要的时候,这种做法才更容易被接受。否则,同样的行为很可能被视为图谋操纵,事实也正是如此。

除了引入新的内容来更新本书之外,我们在这一版本对研究更为重视。最初的《实践》丛书重点放在实践及其所根植的理论而并非实证研究上。丛书的宗旨是创作出能够积极而有效地支持各主流方法咨询培训的文本,而不仅仅只是提供有关评论。目前这一版中,我们邀请了近四十年的朋友和同事——约翰·迈克李欧——为本书增添研究讨论的内容,作为本书完整而全新的第10章。通过这种定位,我们避免了与本书及其系列丛书的基本"实践导向"风格产生冲突。

因此在第4版中,"默恩斯与索恩"变成了"默恩斯与索恩以及迈克李欧"。全书中只要出现引述"我们作者"的字样,就意味着两位主要作者:默恩斯与索恩。这就引出了第4版前言的最后一个问题,即这一版标志着布赖恩·索恩与戴夫·默恩斯作为《以人为中心心理咨询实践》首席作者的终结。本书会继续重复引述,但不会再出现"默恩斯与索恩"的字样。我们终于要告别咨询现场了。有关我们新的个人挑战的信息,请参阅本版附录。

我们希望读者能和我们一样感受到这本书的精彩。

戴夫·默恩斯教授,斯特拉斯克莱德大学(格拉斯哥)

布赖恩·索恩教授,东英吉利大学(诺威奇)

引　言

戴夫:那么这一次有什么不同?

　　　萨利及其咨询师在上一年里完成了咨询合约。按照咨询医生的建议,他们进行了一次跟进会议,来讨论来访者对这个流程的体验。咨询师(戴夫·默恩斯)偶然加入了这些回顾内容,主要是供他自己学习,但是他发现以往的来访者比他学到的更多。这个会议是付费的,而收费的是来访者。和早前的咨询一样,会议被录音了。萨利提到这是她第三次咨询,与其他两次都很不一样。

萨利:我理解的是我一直都有一个公开的自我和一个私密的自我。我那个私密的自我会观察那个公开的自我,观察它的"行为",但是它却总是保持着隐秘的状态。甚至在咨询的时候,它也是隐藏的——我会观察公开的自我在我的咨询师面前展现"真诚"。

戴夫:就好像,她真的真诚地在听我讲,而你的私密的自我却不在那里。

萨利:是的,她就坐在那里了,但并不参与其中……但是好像我又是完全参与的。只要我的私密的自我不在那里,我就不会受伤。

戴夫:那么这次呢?

萨利:这次我真的觉得自己完全参与进来了。

戴夫:为什么?

萨利:我觉得是因为我相信你。

(暂停)

戴夫:你能说得详细点吗?

萨利:第一次交谈的时候,我表现得很正常——好像参与了,但是实际上又退却了。我说和做的每件事都会首先经过"审查"来确定没有暴露弱点。你真可怜——我敢说你从来没有猜到过。

戴夫:你是对的——我完全不知道。在我看来,你似乎很真诚地听我讲。

萨利:是的,我很擅长看起来很真诚。我是一个好演员。

戴夫：那么第二次谈话之后又有什么不一样？你刚才说你"相信"我。

萨利：在第三次谈话的早期，我注意到一点，我意识到我说什么你就接受什么——你不会"评价"我。你不会说我"疯了"，并且建议我去医院，就好像以前那样。你不会吓到我——不管我提供给你什么信息。所以我就张开嘴，把能说的都说了。

戴夫：我记得我们曾谈论过这样一个事实，就是你经常会对同一个问题给出两个或更多的答案。

萨利：是的，这样做我们都很有趣。有时候我会说一些东西，然后你会看着我，而我就意识到这都是胡扯，然后再告诉你真实的答案。当然，每次当我说出不经大脑的话时，天没有塌下来，你也没有怪我，这就让谈话变得越来越轻松了。我们就这样渐渐地说出以前从没说过的事情。

戴夫：是因为我在第三次谈话时做的事情有什么不一样吗？还是因为你做了什么？

萨利：这个问题真的很好。那次我完全放开了——你真的是完全接触到我的内心了。但是后来我又冒了更多的风险。你也看到了，我实际上一直在变得强大——虽然当时我并没有意识到。所以这是强大的你和正在变强大的我的共同作用。

戴夫：说得很好——哪天我会把这个写在书里！

已经过去了很多年，而萨利如今真的来到书里。在这里她为我们展示了以人为中心的方法如何理解改变的过程。并不是咨询师都精通来访者的状态，而是来访者在与咨询师的关系中能够完全表达自己。萨利发现自己表达出了之前一直隐藏的自我，而且能够公开地探索一直保持私密的那些经验。这种公开的探索能够让她检验她之前对自己和他人的那些假设。这个过程给了她更有力的证据，在此基础上去面对她的社会圈子，进一步地发展她的自我主导（Bohart and Tallman,1999），使她能够表达她整个人。这种转变不仅仅是在咨询过程中发生的，在咨询结束后也是如此，因为来访者不仅得到"迅速治疗"，也得到持久的成长性转变。因此以人为中心的咨询有助于结果研究，此类研究不是针对立刻的"症状消除"，而是着眼于长期的成长性转变。

罗杰斯所认为的核心真理就是来访者知道得最清楚。来访者知道自己为什么痛苦，知道自己问题的症结所在，并且在最终分析中找到前进道路的也将是来访者。心理咨询师的任务类似于同伴，他与来访者发生关系的方式是使他或她发掘自身的智慧并重新找回自我的方向。多年来这一方法的各种名称表明了其主要原则。最早罗杰斯将自己的心理咨询方法称为**非指导性**心理咨询，从而强调了心理咨询师是一位不强人所难的同伴，而非他人生活中的向导或专家。由于批评者将非指导性解释为心理咨询师的机械性与被动性，罗杰斯随后将自己的方法描述为**以来访者中心的**，通过这种方式更强调了来访者现象学世界的核心性以及心理咨询师需要准确了解来访者的经验和对现实的知觉。世界各地的许多心理咨询师仍然称自己是"来访者中心的"。他们提出，当罗杰斯本人最早使用**以人为中心的**这一术语时，他所关注的是对心理咨询室之外活动的一种态度取向，这些活动包括团体工作、教育过程和跨文化理解等。他们认为，"以人为中心的方法"这一术语应该为了这些非心理咨询的内容而保留下来。在尊重这一观点的同时，我们在全书中都采用了以人为中心的这一表述方式。我们两个都是世界协会的忠实成员，并且我们坚持认为这一术语是完全恰当的，而且这种表述是协会名称的特征。

但是，我们决定采用"以人为中心的"这一术语并不仅仅只是想要与世界协会的用词相符。至少还有其他三个充分的理由。首先，罗杰斯本人并不总是用"以人为中心的方法"来仅仅指那些非心理咨询的活动。各种例子清楚地表明，他交替地使用着"以来访者中心"和"以人为中心"这两个术语，而且他很乐意参加"以人为中心"的心理咨询师和治疗师的培训课程。其次，更重要的是我们相信"以人为中心的"这一术语更准确地传递了对来访者的现象学世界以及心理咨询师存在状态的双重强调。就其本质而言，心理治疗活动是一种两个人之间关系的发展；在形成一种能最好地满足来访者需要的关系中，来访者和心理咨询师的内部世界是同等重要的。关系深度的概念对于治疗的有效性具有极大意义，而且心理咨询师能在多大程度上进入来访者的内心取决于她本人是否愿意无所畏惧地进入来访者的内心。以人为中心的心理咨询就其本质而言是两个人之间的关系，且两个人都致力于获得更完全的存在。最后，选择这一术语还与1987年罗杰斯去世后其工作的发展有关。当我们撰写本书的第一版时，罗杰斯还在世，并且在英国对该方法进行任何水平的培训的机会也非常有限。它导致的情形是：许多对以人为中心的方法有着错误的认识，甚至几乎完全不了解此方法的心理咨询师都打算把自己称作"以人为中心的"，他们肤浅的、混乱的、被误导的、毫无规范的心理咨询实践而使该方法陷入了纷争，而以人为中心的理论并没有为这些实践提供坚实的基础，对这一现象我们深感痛心。大约11年之后我们在第二版中指出，尽管造成20世纪80

年代那种状况的一些因素仍然存在,它们依旧让我们恼怒,但是现在已经有了一些较为规范的专门课程。简言之,可以越来越肯定的是,接受过该方法深层培训的心理咨询师同仁正在日益增多。与此同时,与这一方法相关的文献、专业协会、英国大学中的一些学术机构也都蓬勃发展起来。现在,人们很难再冒用"以人为中心的"这一术语,或者面对该方法在培训机构和学术活动中的逐渐壮大而声称可以忽视这一"真实"事实。

近年来,国内外的情况都已经发生了另一种转向(如果说有转向的话),那就是强调了应该保留"以人为中心的"这一术语,而这种转向使该领域变得更加复杂。也许正如一位伟大的领袖离世之后所无法避免的那样,那些深受其影响的心理咨询师开始走出了自己的道路,在抛弃了部分最初理论的同时又发展了另一些内容。在罗杰斯的方法中,这种结果几乎是预料之中的,因为他本人总是强调理论的暂时性,并且终其一生一直对新的经验和新的研究发现保持着相当大的开放性。同样,世界协会这一名称也说明了一些问题。名称中使用了"经验的"这一词语表明,该协会邀请那些受到了尤金•金德林及其关注导向心理治疗影响的心理咨询师也加入其中,还邀请以下心理咨询师的加入:重视来访者的经验过程,并将心理咨询师视为该过程中的一个有技巧的帮助者,同时在内容上坚持一种非指导性态度的心理咨询师。从可以被称之为经典来访者中心心理咨询的主枝上萌发出了新芽,而我们认为,这些分支的出现表明了一种健康状态。它们表明这种方法不是奄奄一息的,而心理咨询师们根据经验,以开放的态度来对待实践和理论中的新发展。与此同时,利塔尔(Lietaer,2002)、施密德(Schmid,2003)、桑德斯(Sanders,2000)等也进行了一种尝试,他们试图阐释以人为中心心理咨询的最基本原则或标准,以便能够分辨出哪些发展仍然与核心概念保持一致,而哪些发展则已经偏离了原理论,不再是玛格丽特•华纳(Warner,2000b)所形容的"以人为中心"部落中的"族群"了。对我们而言,"以人为中心"的心理咨询是一个恰如其分的词语,它涵盖了所有那些遵守了该方法的主要或基本原则的"族群";我们希望,本书对心理咨询师或受训心理咨询师都会有所帮助,无论他们将自己界定为"经典的"以人为中心心理咨询师,还是更愿意将自己划归到其他任何一个近来发展出的"族群"中去。就我们本身而言,根据自身的性情和经验,我们一方面把自己划归到这一连续体上"经典的"那一端,一方面又积极地对罗杰斯最初的理论结构进行发展和完善,而本书就将这两者结合了起来。在我们看来,以人为中心的心理咨询既不是僵化的理论教条,也不是一成不变的心理咨询实践方法。

虽然本书主要着眼于以人为中心心理咨询实践,在第 4 版中,我们将小心地强调研究意识。本书作为大型图书出版公司 Sage《实践》丛书之一,作者的目的是令读者将注意力放在其方法咨询的实际事务上。这是一种明智而相当成功的策略,我们大可鼓励我们的读者保持研究意识,以便努力实现它。回顾过去,在二十世纪八九十年代——正是英国咨询专业发展的形成时期——有一种关于研究的观念比较盛行。在这一时期的不同时间内,布赖恩·索恩及戴夫·默恩斯参与主持英国咨询协会的"课程鉴定小组"(BAC),后来重新被命名为英国咨询与精神治疗协会(BACP)。什么才是足够专业的培训,在确定这一核心尺度时,我们发现大部分大学课程都强调对咨询理论和研究的学术性学习,相对来说比较忽视技能和实践。它们都是有关咨询而不是咨询培训的课程。为了扭转这一趋势,我们界定了"被认可"的培训的核心领域,省略了研究部分。在短期内,这种做法强调了我们所需要的实践和技能,但是长期而言,我们是在为这一专业帮倒忙。最近几年里,咨询师以及更愿意被称为"精神治疗师"的那些人发现自己受到那些熟悉研究的人们的挑战,更不用说研究政治(见 www. davemearns. com/page10. html)。令人感到讽刺的是,我们是在以人为中心的方法范畴内做出这一误判的,而这一方法正是罗杰斯在这一领域作实证研究的早期所提出的。幸运的是,更为广义的以人为中心的方法近年来得到了大量熟练研究人员的支持。自 2002 年起,《以人为中心及实验性精神疗法》这一国际期刊也为理论与研究的讨论提供了平台。在第 4 版中,我们纠正了早期版本的失衡,引入了更大的研究维度,甚至专门花了一章的篇幅。这样做的同时,我们的目的不是让读者具备从事大型研究项目的技能和知识,而是帮助令他们更有兴趣了解研究意识的优势。

与先前版本一样,我们希望《以人为中心心理咨询实践》会对心理咨询师或受训心理咨询师有所帮助,无论是在欧洲、美国还是以人为中心的方法正在蓬勃发展的世界各地。不过,对于世界各地的读者,尤其是英国读者,有两个问题需要说明。首先,书中几处提到了心理咨询师要与其**督导师**共同完成的一些工作。这种对督导的强调反映了英国的情况,要想一直获得英国心理咨询与心理治疗协会认可的心理咨询师资格,它要求终生接受督导,而就我们所知,在美国和欧洲的大多数地区并没有这种要求。其次,读者要明白,在以人为中心的方法看来,心理咨询与心理治疗通常是无法区分的,因为无论如何称呼该活动,心理咨询师或治疗师与来访者之间所涉及的**过程**都是一样的。美国读者甚至会备感困惑,因为在英国,某些情况下心理咨询一词的使用要普遍得多,而相同情况下在美国则会使用**心理治疗**一词。在本书中,我们与该系列丛书的用法保持一致,将我们的工作称为"心理咨询",并将自己界定为相对较短的治疗关系。我们所提供的案例历时都没有超过一年。

在我们的印象中,英国的现状令人遗憾:女性心理咨询师和培训师大大超过了男性。部分出于此原因,但主要是为了行文的简略,我们用女性她来指代心理咨询师而用男性他来指代来访者,除非上下文中有明确要求。这种行文方式丝毫无损于我们对个体独特性的坚定信念,而由于性别或其他任何原因而似乎不经意间贬低了个体的那些文学技巧也不是有意的。

与前版一样,本书试图邀请读者走进以人为中心心理咨询的鲜活经验中。它探索着如何使心理咨询师们以及未来的心理咨询师们在情感和思想水平上都能有所感悟。它尤其探索着如何传递出与他人进行深度交流所带来的兴奋——有时会与焦虑和冒险为伴。我们同样希望,一些未来的来访者会阅读本书,特别是那些已有过不幸求助经验的人,他们遇到的心理咨询师要么出于性格原因,要么通过培训学习而不愿将来访者作为一个人来对待。前几章概括介绍了该方法的主要理论建构,以及对心理咨询师的自我觉知及其自我态度的要求。此后,呈现在读者面前的就是以人为中心的心理咨询师在工作中不可避免地会遇到的一切挑战与困境。书中详细考察了各种态度和技巧,尤其是当面对一些以前曾在背叛或辱骂的关系环境中深受伤害的个体时,会提高心理咨询师的能力或使其改变鲁莽行事的那些态度和技巧。本书很大一部分都是关于一段特定治疗关系的经验,而该来访者很乐意完全参与到对自己治疗过程的回顾中来,这段论述由此而增色不少。本书结尾部分是两位作者愉快地回答了一些问题,而新手、经验丰富的心理咨询师、来自其他方法的满怀好奇或敌意的心理咨询师经常会提出这些问题。我们欢迎这些提问,它们总是出现在令人疲惫不堪的演讲或工作坊即将结束时,而那时我们渴望获得鼓舞和激励。

我们希望本书能激发读者反省自己的治疗过程——无论是作为心理咨询师还是来访者——并且希望他们能够捕捉到令人兴奋的某种东西,而当我们试图用语言描绘出人与人之间的相遇(我们称之为心理咨询)的美好与神秘时,我们必然会有这种经验。

9 "结 束"

10 以人为中心心理咨询研究

附 录

人名索引

参考文献

术语对照表

1 以人为中心的方法：当代回顾与基本理论

时代精神

自我概念

价值条件

机体评价过程

评价点

为成长创造条件

时代精神

1988 年本书第一次出版时,大量证据表明以人为中心的方法与当时的主流文化格格不入。它坚持个体的独特性,坚持个体在成长中需要持续地被关注,坚持人类机体值得信任,而这些主张与贪婪的物质主义文化格格不入,在这种文化中,利益、短期目标、科技效能和复杂的监视技术统治着大多数英国民众的生活,而多数发达国家的情况也是如此。自那以后,这种日益丧失个性的文化已经深化到了以下程度:正在成长起来的整整一代人除了痴迷于一个残酷竞争的社会以外一无所知,而在这个社会中,快速的解答、谄媚的专家、技术的魔力以及市场的统治地位被作为所谓文明化存在不可避免的背景而接受。

在旧的千年就要结束而新的千年即将开始的时刻,这种情况甚至变得更加糟糕。继卢旺达、索马里、波斯尼亚、科索沃和车臣之间的剧烈冲突之后,出现了所谓的反恐战争,它开始于 2001 年对世界贸易中心和五角大楼的袭击。中东地区以色列人和巴勒斯坦人的冲突尚未解决,而阿富汗与伊拉克的绝望困境还在继续。伊朗和朝鲜境内的隆隆炮声预示着未来有更多的不稳定。如果这些还不够,那么人类愚蠢的行为所带来的日益严重的全球温室效应随处可见。这些巨大灾难所导致的直接后果就是引发了恐慌以及一种对全球化的无能为力感。在这种环境下,政府不可避免地要发展防御政策,并且开始受制于安全、监视以及严厉的措施以保证人们的生存。一种心理世界已经形成,人们缺乏信任,焦虑导致猜忌,个人自由由于社会安全而受到限制,处于威胁之中的社会产生了急速增多的问题,而人们采取了冲动的解决办法。

很难想象还有什么不利于人们接受以人为中心方法的价值观的更加恶劣的环境。当前文化并不重视个体的独特性及其主观现实的重要性。这种文化并没有赋予人性一种能力,使他创造性地充分发挥其内在潜力。它当然也不会试图去断言每一个体的个人力量,或者高度重视亲子、夫妻、朋友、同事和师生之间关系深度的发展。相反,这种文化对个体的自主性深表怀疑,并且试图控制人际关系的所有方面。我们日益生活在一个被控制的噩梦中,在梦中老师不敢对挣扎于痛苦之中的学生表达出同情,护士不再有时间与病人相处,甚至连相处的意愿都没有,心理咨询师和治疗师们发现,在对特别棘手的来访者的痛苦作出反应之前,自己就已经在心里把职业伦理、道德规范抛之脑后了。

十分奇怪的是,在一个似乎日益萧瑟荒凉的世界中,我们并没有感到绝望。相反,我们相信当前情形如此糟糕,也许我们正面临着黎明前的黑暗,而世界将会变得更加美好。来访者和受训心理咨询师以各种方式激励着我们相信这种希望。他们通常都曾饱尝了我们所描述的那种文化力量的残酷,但是他们在以人为中心的心理咨询中发现了力量和灵感的新源泉。特别是他们开始知道——也许是第一次——认识到自我的价值并了解自己的想法和情感意味着什么。他们逐渐认识到了自己的个人力量。这种认识使他们获得了进行决策并拥有目的感的一种崭新的自由。也许最大的改变就是逃离了孤独,它伴随着在深度关系中被某人所接受的经验,而这个人对他别无所求,除了要求他在咨询室中完全做一个人。

读者不要从以上最后这些话中完全错误地推断出略带福音的口吻。我们在心理咨询或个人生活中遵循了以人为中心方法的原则,而事实上正是这些经验使我们能够抓住位于绝望前方的希望。当我们遭遇到有些学者仍然对以人为中心的方法所表现出的轻视时,或者当我们再次目睹认知行为疗法在官方和医疗界获得了动机不明的肯定时,我们也不再沮丧。感谢我们的来访者和受训心理咨询师,我们发现了对自己所支持方法的作用和有效性的肯定。我们知道它具有坚实的理论和研究基础,并且最重要的是,我们知道咨询过程中有关等待的原则,知道来访者为咨询作好准备的重要性。我们相信,我们的文明即将面临一个转折点,那时人类的精神将不再是如我们当前所处的这般贫瘠困境。我们相信到了那时,对于接受以人为中心方法的重要概念,并且从中发现使自己与自我、他人和整个社会规范以一种更加积极、更加充满希望的方式联系在一起的方法,人们会有更充分的准备。现在我们就要介绍这些概念。

自我概念

以人为中心的心理咨询师极度不信任专家。要想成为一名疗效显著的心理咨询师,以人为中心的心理咨询师必须学会把专业知识当作一件隐身衣。人们希望专家运用专业知识,推荐做些什么,提供权威指导,甚至下达命令。显然,根据人类的某些经验,这些专业知识是必要而恰当的。不幸的是,太多寻求心理咨询师帮助的人已经花费了很多时间在他们身边那些危害极大的、不恰当地以他人生活中的专家而自居的人身上。结果,这些人因为自己无法达到他人(如父母、老师、同事和所谓朋友)的期望而感到绝望,并且毫无自尊感和个人价值感。然而,尽管那些试图为他们指明生活道路的人使自己遭受不幸,但是这些人常常还是会去找心理咨询师,希望另一个专家告诉他们该怎么办。虽然以人为中心的心理咨询师接受并理解这种对外在权威的迫切需要,但是他们会尽量避免掉进这个圈套而扮演这样的角色。这样做就会否定该方法的一个核心假设,即只要心理咨询师能够成为促进一种关系形成的伙伴,而在这种关系中,虽然是尝试性的,但是来访者能够感到安全并开始接纳自我,那么就应该相信来访者能找到自己前进的道路。有时它遇到了强大的阻碍,因为来访者对自己的评价不高,并且他们生活中那些过去以及现在的审判"专家"曾造成了如此强大的破坏。来访者自我概念的逐渐揭露,即个体对其自我建构性的概念(尽管表达得很不充分),会使聆听者十分难受。正是随着这种揭露,个体自我拒绝的整个程度也就变得清晰了,而这通常也对心理咨询师的信念提出了严峻挑战,既是对来访者,也是对治疗师在治疗过程中成为可依赖伙伴的能力的挑战。

表1.1中摘录的简单片段抓住了自我概念那种哀伤而又几乎坚定不移的特点,这种自我概念不断发展,它暗中破坏着个体当前的或者试图去做的任何

事情。有一种无价值感和命中注定会被拒绝和失望的感觉。一旦这样的自我概念被内化,那么个体就会强化它,因为以人为中心观点的基本原则之一就是在很大程度上行为表现出了我们对自己和所处世界的真实感受。就本质而言,我们的所作所为常常反映了我们如何评价自己;如果我们得出结论认为自己是愚蠢、没有价值和不被接受的,那么我们的行为方式就更有可能去证明这种评价的正确性。这样,赢得尊严和认可的机会将会随着时间的流逝而日渐渺茫。

表1.1　不良自我概念的形成

来访者:我不记得父母曾经为任何事情称赞过我,他们总是挑剔不满。我的母亲总是不满意我的邋遢和对任何事都不动脑子。我的父亲总说我笨,当我在中学考试中得了六个 A 时,他说我通常在错误的学科中干得不错。

咨询师:似乎无论你多么努力,多么成功,在他们眼中你总一无是处。

来访者:我的朋友们也这样对待我。他们总是取笑我的样子,说我是一个长满粉刺的书呆子。我只想躲在角落里不引起任何人的注意。

咨询师:你觉得自己很糟糕,甚至想变成隐形的。

来访者:不仅仅是过去,现在也一样。我的丈夫从来不认可我做的任何事,而且现在我的女儿说她把朋友带回家会感到丢脸,因为我让他们不高兴。所有人都认为我一无是处。如果我消失的话,也许会更好。

价值条件

幸运的是,很多人所经历的否定和拒绝并非彻底毁灭性的。他们还保留了一部分自尊,尽管它们非常脆弱,以至于对最终会遭受责难的恐惧从未消失过。他们似乎生活在一种法律契约中,会因为走错一步而遭受整个法律的惩罚。因此,他们努力去做那些会得到认可的事情,同时小心翼翼地避免或者压制那些会带来否定判断的想法、感受和行为,挣扎着把头保持在水面之上。在自己和对自己重要的人眼中,他们的价值感有条件地建立在赢得认可并避免否定的基础之上,而这意味着其行为受到了严格限制,因为他们只能遵照他人一定会接受的方式来做出一定的行为。他们是他人强加于其身上的价值条件的受害者,但是他们想要获得积极认可的需要是如此强烈,以至于他们接受了这件紧身衣,而不是去拒绝这些违背自己意愿的条件。

然而,有时候他们无法将这种契约游戏再继续进行下去,他们会遭到他人的否定以及很多的拒绝,随后他们最强烈的恐惧感会得以释放(见表1.2)。

表1.2　价值条件

来访者:刚开始时一切都很好。我知道他欣赏我机智的谈吐和穿着打扮。他也喜欢我向他示爱的方式。当他进来时,我总会与他聊天,并且确信自己神采奕奕,即使我在办公室里已经忙碌了一整天。

咨询师:你知道怎样赢得他的认同,而且你为此而感到高兴。

来访者:是的,但是当我怀孕以后一切都变了。我希望能谈谈宝宝的事情,但他似乎不感兴趣。显然他不喜欢我体形上的变化,而且我也很累,没有精力满足他所希望的做爱方式。他变得越来越喜怒无常,而我也感到越来越抑郁。

咨询师:你不再被他或者你自己所接受了。

机体评价过程

卡尔·罗杰斯相信有一种决定人类发展的动机存在。他称之为**实现倾向**。尽管有各种反对力量和潜在障碍,实现倾向会确保个体继续朝向他们可能达到的最大潜能而奋斗。有些人很幸运,他们的童年生活在充满关爱和支持的环境里,能够获得必要的强化来保证实现倾向的发展。他们同样也确信自己能够相信自己的想法和感觉,并有能力根据自身的感受和愿望而作出决定。用罗杰斯的话说,其**机体评价过程**将会有条不紊地发展,并使他们能够愉快地度过一生。

那些不够幸运的人非但没有这种支持关系,相反,他们因为遭受了很多惩罚性的**价值条件**而痛苦,并且很快就发现自己的**积极关注需要**太强烈了。这种需要对我们所有的人来说都如此重要,以至于满足它的渴望常常超过了实现倾向的发展,结果对机体评价过程造成了很大困扰(见表1.3)。认可的迫切渴望以及个人机体评价过程的智慧这二者间的冲突根源就是这种困扰,并且常常会导致内心的混乱,而这种混乱削弱了个体的自信心并使其无法作出有效的决策。

表 1.3　机体评价过程的早期混乱
孩子:(跌伤了膝盖,哭着跑去找母亲以寻求安慰或保证。)
母亲:这样多傻呀,不要哭了,别像个孩子似的,根本就没有流血。
孩子:(想:跌倒是愚蠢的;哭是错误的;我不应该寻求妈妈的帮助,但是我需要它。但是我想哭;我需要妈妈的怀抱,我不傻。我不知道该怎么办。我能相信谁呢?我需要妈妈的爱但我想哭。)

　　对机体评价过程丧失信任,并与传递了它的实现倾向失去联系,这样就会导致一种自我概念的形成,而这种自我概念被迫去压制或者否认来自于个体经验反应最深处的所有暗示。如果一个人被反复告知,例如抑郁是不好的、破坏性的,那么他可能就会对自己说:"我从来都没有感到过抑郁",或者,严重地警告自己说:"我应该受到惩罚,因为我总是觉得痛苦。"在第一种情况下,对抑郁的暗示被压抑在意识之外,而第二种情况则是自我谴责和内疚的原因。在这两种情况下,它们所导致的自我概念使个体完全无法信任机体的评价过程,也无法相信在对直接的、自由自在的经验进行评价时,它能够产生指导作用。心理咨询过程中最有成效的时刻是,来访者发现或者重新发现机体的评价过程是值得信赖的,即使它短暂或片面(见表1.4)。这样的时刻可以使心理咨询师更加相信来访者能够找到自己前进的道路。它同样说明了实现倾向是具有弹性的,它有时顶住了各种压力、排除了所有干扰正常运作的障碍而生存了下来。在最深层次,我们渴望自己变得比现在更好的想法似乎从未完全消失过。

表 1.4　重获机体评价过程
来访者:我感到很悲伤,这种感觉压倒了一切。
咨询师:看起来你除了悲伤就没有其他选择了。
来访者:这听起来很可怕——我好像失去了控制。可是我从来没有失控过。(突然痛哭起来。)
咨询师:你的眼泪说明了一切。
来访者:可男子汉是不会哭的。
咨询师:你是说你为自己流泪而感到丢脸吗?
来访者:(长时间的停)不……这么多年来我第一次觉得接触到了自己……哭的感觉不错。

如果对机体评价过程的讨论就到此为止了，这是不完整的。因为人类本质上是关系性的动物，所以他们不仅在整个人生中深受他人对其反应的影响，也深受其所处社会环境中的社会、文化规范的影响。机体评价过程不可避免地受到了这些规范的影响，事实上它们以下列方式渗透到了这一评价过程中：有时候个体被阻止作出一些鲁莽的，甚至是自我毁灭的行为。当心理咨询师遇到了一个挣扎着想依据机体评价过程所鼓励的方式而作出行动的来访者时，对于心理咨询师而言，我们所称的**社会调解**是一个重要因素。对这些鼓励——它似乎不惜任何代价地想要获得成长——的反应可能需要社会调解的适度影响以预防情绪的进一步恶化。实现倾向和机体评价过程有时要求社会调解起到缓冲刹车的作用，以保证来访者听到一个声音低声说，在此时此境，不成长是更为谨慎的选择。当然，这并非否认，在大多数情况下，社会或当前文化的规范阻碍了机体评价过程的运作，而不是传递或促进了其运作。通常，要想通过任何方法来区分以下二者并不容易：作为缓冲刹车的社会调解和作为价值条件的传播工具的社会强化，后者抑制了创造力，削弱了信心，并使人们在后半生受到责罚。对该问题的更深入的探讨，以及以人为中心理论的近期发展所带来的其他一些影响实现倾向的复杂问题，下一章中将会有所论述。

评价点

那些不幸被苛刻挑剔、吹毛求疵的人们所包围的个体会被迫竭尽所能以获得一点点的认可和肯定。大多数情况下，这会导致个体与其机体评价过程逐渐疏远，并且形成与个体天性禀赋和智慧发展相脱离的自我概念。这一自我概念很可能是消极的，不过在某些情况下，该个体会建构一种自我形象，通过与那些重要的感觉或"直觉"经验完全隔绝开来而使其能够维持一定程度的自尊。然而，在所有这种情况下，机体评价过程将不再会以任何有意义的方式为个体提供知识或指导。他会犹豫不决，或者很难明白自身的想法和感受。他会依赖于外界权威的指导或者孤注一掷地试图取悦任何人，而这常常会导致无法预测的、反复无常的和前后不一的行为。

心理健康的人很幸运，围绕在你身边的人所给予的接纳和认可使他们能够发展出至少有时能让其接触到自己内心最深处的情感和经验的自我概念。他们并没有与自己的存在环境相隔绝，而且他们很顺利地朝着罗杰斯所说的

"完全发挥功能"的人发展(Rogers,1963a)。这种人无所畏惧地敞开接受经验,也必然能够倾听自己和他人。他们很清楚自己和他人的感受,并且能够生活在当下。最重要的是,他们对自己的机体评价过程显示出了信任和信心,而这显然是那些不得不持续地与来自他人的相反评判作斗争的人们所缺乏的。在决策过程以及对当前想法和感受的觉知和清晰表达中,这种信任表现得最为明显。完全发挥功能的人能把握住自己内心深处的智慧源泉,并且体验到内心的混乱和空虚,而不是寻求外界指导。罗杰斯将这种自我指导称为内部**评价点**,而对于心理咨询师来说,治疗过程中的一个最重要时刻就是来访者第一次认识到了自己内心的这种指导(见表1.5)。

表 1.5　内部评价点

来访者:我觉得自己做这份工作是为了使父亲高兴,这也没有什么不对,而且有某种
　　　　事业似乎也不错。

咨询师:重要的是让你父亲高兴,并且就传统事业的角度来说感觉也不错。

来访者:是的——而且我觉得我和琼结婚是因为我父母喜欢她。我当然不爱她。

咨询师:是的,你和她结婚是为了使他们高兴。

来访者:昨天晚上我知道自己再也不能这样下去了。我讨厌我的工作,而且我的婚
　　　　姻就像一场闹剧。趁我还没有浪费掉自己的整个人生去取悦他人之前,我
　　　　决定去寻找什么是我想要的,什么东西对我来说有意义,并且我想我开始隐
　　　　隐约约知道自己必须做些什么了。第一次倾听自己的声音真让人很害怕。

为成长创造条件

以人为中心的心理咨询师相信所有来访者的内心都有发展的巨大源泉。他们能够满足其独特的认同,而这意味着自我概念并非不可改变,态度和行为也可以进行矫正和转化。如果发展遭到了阻碍或扭曲,那么它是以下关系所导致的:该关系轻视个体对积极关注的基本需要,并导致一种自我概念的建立和相应行为的产生,以保护自己不受攻击和获得认可。心理咨询师的任务是创造新的关系条件,以促进成长过程并纠正萎缩或扭曲。在某种意义上,心理咨询师试图提供不同的土壤和不同的氛围,使来访者能够从过去的剥夺和虐待中恢复过来,并作为独特个体或真实自我而快速发展起来。这种新的关系环境的本质,以及心理咨询师创造该环境的能力就是

整个心理治疗的核心。

对促成成长氛围的本质进行简明而清晰地描述是完全可能的。罗杰斯认为其特征是三个核心条件。第一个要素是心理咨询师的真实，或者真诚，或者**一致性**。心理咨询师越是能够在关系中成为真实自己，不戴上专家面具或讲求个人脸面，来访者就越有可能以积极和建设性的方式获得改变或发展。真实的心理咨询师向来访者传达的信息是，允许并期望他成为自己。他还对来访者完全敞开自己，不鼓励来访者将自己视为指导者、专家和无所不知的人。在这种关系中，来访者更可能去寻找自己内部的资源，而不会对心理咨询师将为自己提供答案抱有任何期望。创造出改变和发展环境的第二个要求是，心理咨询师能够向来访者提供一种完全接纳、一种尊重和一种**无条件的积极关注**。当心理咨询师能够持这种接纳和非判断主义的态度时，那么治疗就更可能会获得进展。在探索消极情感并进入自己焦虑和抑郁的核心时，来访者能够感到更加安全。他也就更有可能诚实地面对自己，而不是带着时常出现的、对遭到拒绝或责备的恐惧。此外，心理咨询师深刻的接纳经验也使他最有可能第一次感受到暂时的自我接纳。治疗关系中第三个必要因素是**共感理解**。当共感理解出现时，心理咨询师表现出了一种能力，他能够准确追寻并感受到来访者的情感和个人意义；他能够设身处地的知道来访者感受到底是怎样的，能够从来访者的角度感知世界。此外，他发展出了与来访者交流这种敏感的接纳性理解的能力。对许多来访者而言，以这种方式被理解是罕见的，甚至是独一无二的经验。它表明心理咨询师准备好了会给他们以注意和关怀，而不可否认的是这会使他们获得价值感。此外，当个体以这种方式获得了深层理解时，就难以保持长久的疏远和分离。共感理解使得孤独和疏远的个体重新找到了人类种族的归属感。表1.6总结了治疗关系中的这三个要素。在以人为中心的文献中它们常常被称为**核心条件**，而罗杰斯也是在不断地重申它们（Rogers，1951，1961，1974，1979，1980a）。

表1.6　核心条件
在治疗关系中，要创造出促成成长的氛围，要求心理咨询师能够：
1. 做到真诚或一致；
2. 提供无条件的积极关注和完全接纳；
3. 在沟通过程中心怀共感理解。

核心条件说起来并不难,但对心理咨询师而言,要想发展并保持这种态度则需要毕生的努力和一种承诺,这种承诺不仅对心理咨询师的职业活动,而且对其整个人生都有着深远的影响。实际上,本书大部分内容都是在探讨当心理咨询师试图做到一致、接纳和共感时所涉及的一些复杂问题。这听上去似乎没什么,但其意义却令人敬畏。

2　以人为中心理论的最新发展

实现过程

自从罗杰斯1987年去世之后,以人为中心的理论有了长足的发展。在这一章里,我们将罗杰斯有关实现倾向的独创理论与心理困扰的产生、默恩斯在扩展罗杰斯的理论上所作的努力,以及沃纳对其发展所作的贡献结合起来,共同进行讨论。

首先要说的就是罗杰斯的动机概念,即实现倾向,他将其描述为:

> ……机体维护其自身的一种倾向——摄取食物,在面对威胁时表现出防御性行为,实现自我维护的目标,即使实现这一目标的一般途径受到了阻碍。我们所说的是机体朝着成熟的方向前进,而每个物种的成熟定义各不相同。(Rogers,1951:488)

在罗杰斯的人格理论中,实现倾向是唯一的动机概念。它描述了使个体维持、发展并增强其机能的基本驱力。在某种意义上它是一种基本的"生命力量",它不会减弱,反而会不断促使个体向前发展。这种实现倾向驱使个体在自身所处的环境中获得最好的发展。一些并不理解这一概念的批评者认为,这是罗杰斯过分乐观地看待人类本性——即人们不断地以一种积极方式向前发展——的证据。然而,这一概念实际上并没有与诸如"积极的"或"消极的"价值观相联系,它仅仅只是一种指向持续发展的力量,依据不同观点可以对这种发展给予肯定或谴责。看看下面希拉(Sheila)和奈杰尔(Nigel)的例子:

希拉正被她与莫林的关系所困扰。尽管两人年龄悬殊,但是这一关系持续了15年(希拉35岁而莫林54岁)。但在过去的两年中,希拉不再看重这一关系所提供的安全感,而是渴望一种更令人兴奋的生活方式。

14岁以前奈杰尔一直在身体和精神上饱受父亲的虐待。他的父亲几乎每个星期都会因为一些小事而将他绑起来痛打一顿——稍有不从父亲就会拿出皮带揍他一顿。伤害不仅仅只是生理上的——奈杰尔在学校表现好的时候却会受到滔滔不绝的辱骂。奈杰尔作为一个人只有"苟且偷生"才能活下来。如今,22岁的他掌管着一家由40人组成的毒品交易组织。他高度控制着自己的组织与员工,有时公然残酷地向员工施加自己的权威。他在帮派争斗中获得了最高权力,这种权力部分是通过暴力而得,但最重要的一个原因是他很聪明。

希拉和奈杰尔的行为中都表现出了实现倾向。在早期与莫林的关系中,希拉认为安全头等重要,那时候她以此为出发点谋求其他方式的发展。也许希拉以及她的朋友们认为这是"积极的",但莫林也许并不这么认为,除非她同样也在向前发展。奈杰尔从童年生活中熬了过来,但他必须"苟且偷生"才能活下去。然而,他仍然展示出了实现倾向这一驱力存在的证据,实际上,他在扭曲的环境中尽量使自己发展得最好。他没有使自己一直成为"受害者",而是运用自己的才智来寻求自我表现和发展,尽管受到了亚环境的限制。正如他所说的,"我的校友中并不是很多人22岁时就成了百万富翁"。也许很多读者不会认为奈杰尔的发展代表了任何"积极的"东西。然而实现倾向并不是从社会价值观的角度而言具有指导性。它具有指导性只是从以下意义而言的:它将促使个体尽最大努力去生存、发展和提高。

当然,实现倾向是永不停止的。在希拉早期的成长中,获得安全感对她而言非常重要,但是现在她却渴望多样化,而这会驱使她朝着不同的目标而努力。如果说奈杰尔获得的不是社会意义上的成功的话,那么他当前的状况代表了心理学意义上的发展成功。然而,实现倾向会驱使着他继续向前发展。这种压力并不一定会导致即刻的发展——也许奈杰尔会困惑一段时间,无法朝着他认定的"向前的"任何一个方向前进。有时候挫折和沮丧反而可以成为次级动机(参见罗杰斯的第六个"假设",Rogers,1951:492-494)。也许,奈杰尔在随后的发展中会把自己的聪明才智与管理技巧运用到合法的事业中,也许他会成为一个更高明的罪犯。

罗杰斯发表了三篇主要的理论性论文来阐述自己的人格理论(Rogers,1951:481-533,1959,1963b)。在1951年和1959年的论文中,实现倾向——而它与困扰的产生有关——这一概念是相当一致的。然而,在他稍后写于1963年的一篇论文中则出现了一种标志性的转变,但这篇文章并不广为人知,他在文中写道:

> 我已经逐渐开始将这种(存在于自我建构和经验之间的)分裂、裂缝和疏远视为是习得的,是某种实现倾向被错误地导向了没有实现的行为……在这一方面,我的想法在过去十年中发生了变化。十年前,我竭力去解释自我和经验之间、意识到的目标和机体方向之间存在的裂缝,就如同某种必需但却不幸没有的东西。现在我相信个体的行为受到了社会文化的限制、奖赏和强化,而它们实际上却被误认为是单一实现倾向的自然方向。(Rogers,1963a:19-20)

较之于先前的文章,从这里可以看到他的观点已经发生了巨变。现在,对于可能抑制实现倾向表现的社会力量,他引入了一个消极的价值判断。当这篇论文在1963年发表的时候,罗杰斯也走完了他奉献给心理治疗的一生。这一工作的大部分是在芝加哥进行的,罗杰斯和比尔·库尔森(Coulson,1987)都将这位来访者称为"芝加哥神经症患者"。(注:当代的读者请注意不要把它看作一个轻蔑性的术语。在20世纪60年代的美国临床界,它仅仅用于描述来访者这一群体,以将他们与"精神病""精神病来访者"等区别开来。)在典型的"神经症"失调中会发现实现倾向与父母的强大命令相冲突,例如:不要相信你的感觉;你的自我表现是危险的;要三思而后行;诸如此类。对于这位来访者,罗杰斯在1963年认为限制了其实现倾向的力量是可以理解的。但是,其副作用是将**所有**可能阻碍实现倾向的影响力都归于消极。"正常的"社会制约没有了立足之地:任何社会制约都被视为一种消极影响。正是理论结构上的这一转变为罗杰斯赢得了极大的声誉,标志就是他移居加利福尼亚。罗杰斯成为了20世纪60年代反传统文化的先锋,这种反传统文化挑战了前辈们所强调的对自我表现的压制。

比尔·库尔森(Coulson,1987)对罗杰斯的这一新价值观提出了批评。该批评的更详细内容见其他文章(Mearns and Thorne,2000:179-180),不过,简言之,库尔森提出,许多社会制约实际上是"正常的",并且代表了个体与其所处社会环境之间的一种合理调和。然而,作为与这一运动的中心如此密切相关的人(他与罗杰斯在威斯康星州共同工作,之后又同赴加利福尼亚),库尔森提出的挑战被罗杰斯的许多同事认为是异端邪说,尽管在库尔森看来,罗杰斯自己并不这样认为(Coulson,2000)。反对者片面地认为,库尔森仅仅只代表了来自亲子社会化的压制力量。这种反应体现了对新发展的辩护,这是可以理解的,但是如果认为我们现在可以从一种更确定的立场来重新思考的话,那么这种观点就太狭隘了。对于库尔森而言,社会环境,尤其是家庭,代表的并不是抑制力量而是恰恰相反。它们为自我表现和自我发展提供了丰富的环境。在社会环境中关注与同伴的对话大大增加了个体自我实现的机会。

罗杰斯对"神经症"的社会化过程的关注限制了他对社会环境的思考。他对社会化不良影响所进行的观察重要而有用,然而这些观察的短期影响则是促使人们在相反方向走得太远——不欢迎所有的社会影响。看看这同一一过程如何在来访者身上概括出来是非常有趣的。一旦他们摆脱了使自己无能为力的社会制约,他们常常在一段时期内偏移到另一个方向,并且由于拒绝正常的社会影响而变得"难以相处"。幸运的是,在适当过程后,这种偏移获得了一种更加现实的平衡。

然而,根据罗杰斯的理论,与社会影响有关的防御和判断的立场抑制了它的发展,及其应用于其他文化和信仰系统的可能性,在那些文化和信仰系统中,个体被视为根植于社会环境中并无法与之分离——在这种文化环境中,**实现**的概念只在这种根植的背景下才有意义。在当今的日本文化中可以找到相关例子。日本人普遍感到**团体**很重要,并且这种基本感受交织到了现代结构中。因此,举例来说,一些以人为中心方法的学校心理咨询师在日本福冈的九州大学接受过培训,他们不仅与学生本人交流,而且还到学生家中与他的母亲或祖母交谈,然后返回学校会见他的家庭指导老师,甚至朋友。世界上其他地区的学校心理咨询师则可能会对以这种扩大范围进行工作的方法采取谨慎态度,并且会关注保密性。但是不能说这种严格控制范围的工作方式更好或者更坏——它仅仅是反映出了不同文化的差异。在日本,学生来访者希望心理咨询师结合自己的整个团体进行咨询工作,因为作为一个人,他不仅仅是团队的一部分,而且他的团队也是他的一部分(Ide, Hirai and Murayama, 2006; Morita, Kimura, Hirai and Murayama, 2006)。以人为中心的方法在当代有许多类似的机会,可以将自己应用于各种文化和亚文化,而该工作也面临着许多挑战(Balmforth, 2006; Boyles, 2006; Chantler, 2006; Khurana, 2006; Lago, 2006; Lago and Haugh, 2006; Sembi, 2006; Shoaib, 2006)。我们同样还在对话中目睹了引人注目的尝试,例如伊纳亚特(Inayat, 2005)将伊斯兰教中的自我概念与心理学理论结合起来。这些极有意义的发展表明,正如罗杰斯所做的那样,这个理论需要进行修订和丰富,从而使它从 20 世纪 60 年代的加利福尼亚发展到更符合现代世界观。

在论述实现倾向时,罗杰斯说:"最终,有机体的自我实现会朝着广义上的社会化的方向发展。"(Rogers, 1951:488)对社会维度的这一让步是不够的,它既没有反映出与各种遭受不同烦恼的来访者进行会谈的临床经验,也没有反映出在工作中接触到的世界上各种不同文化。人类是极其社会化的动物,其大部分发展途径在本质上是社会性的。我们与朋友、同事、伴侣,以及子女的关系代表了我们自身成长和发展的大多数潜在环境。因此,在发展罗杰斯的理论时,我们提出了作为实现倾向缓冲器的**社会调解**这一概念(Mearns, 2002; Mearns and Thorne, 2000:182-183)。除了个体具有维持和发展的驱力之外(实现倾向),我们还假设了一种制约力量,它同样也存在于个体内部,寻求与个体的社会环境形成一个整体。换言之,不允许促进成长的力量不经过某种检查或"调解"而不断增强。通过这一方式,个体不仅促进了自身的发展,并且还维持了充足的社会背景,而这些社会背景反过来又为进一步的发展奠定了基础。我们使用了**实现过程**这一术语来描述实现倾向和社会调解二者之间的结合。在其他地方,我们说道:

> 在这次理论的修订中,**实现过程**成为了核心概念,它被描述为实现倾向需要与在个体社会生活空间的不同领域中所进行的社会调解之间的内部平衡状态,以及为了对不断变化的环境作出反应而对该内部平衡的重构。(Mearns and Thorne, 2000:184)

换言之,个体将其**生活中的他人**也纳入到了自身维护和发展的过程中。

在罗杰斯的时代,他可能格外注意这种叙述,因为在芝加哥这一主要基地中,他与同事们所遇到的很多来访者都表现出了一种将他人愿望凌驾于自我需要之上的神经质价值观。根据这一新的理论,他们的实现过程失去了平衡,从而导致过于强调社会调解的力量,并低估了实现倾向的促进作用的价值。这类来访者在咨询实践中很常见。他们逐渐产生了这种失衡,以作为一种方式来适应自身经验和他人对自己的看法与理解这两者之间的不协调。正如第1章所描述的那样,他丧失了对其机体价值判断过程的觉知和信任,其自我概念的形成也不是通过自我经验与他人观点的对话,而是完全通过将他人关于他是谁的看法进行内化,正如雷切尔(Rachel)的案例所显示的那样,在接受培训的最后一年,她已经开始对自己选择做小学教师而提出质疑:

> 我突然发觉自己之所以在教学实践中陷入诸多困境,是因为我"不爱小孩子"。经常有人告诉我雷切尔与孩子们相处得如何好。也许这是使我扮演四个弟弟妹妹的保姆这一角色的一种方法。这是一个对我来说可以接受而又恰当的定义——它为我提供了一种简单的方式来了解自己并获得认可。不幸的是,我一直持有这种错觉并且浪费了过去的这四年。在现实的学校环境中,要继续假装不得不把自己视为"热爱孩子的人"是很难的。另外,你无法知道如果你**不必**喜欢这些孩子们时,你对他们的**真实**感觉又是什么。

在雷切尔的自我概念中,她对孩子的爱这一特定领域已经被扭曲了,它反映了其他人的看法而不是她自己的自我经验,但是这种扭曲会在自我概念中蔓延,对其产生消极影响。因此,个体在各个方面都逐渐变得脆弱,无法相信他自己的自我体验和自我判断。有时候他甚至无法相信自己的情感体验。他内心的悲伤体验可能不被父母所接受,他们认为对于男孩子来说,这是一种"软弱"。如果他将自己的感觉表现为愤怒并且表达出来,那么他可能依然会陷入困扰,但这是一种可以接受的"男孩式"的困扰。同样,在大多数西方文化中,女孩对愤怒的内在经验会被重新定义并且表现为悲伤。渐渐地,当人们放弃对自己的权威而接受他人的权威,并将其作为自我定义的来源时,前文所提到的个体的评价点就变得更加外化。

罗杰斯十分详细地探究了实现过程中的这一失衡倾向,但这只是困扰形成的一部分。当个体丧失了对其社会调解经验的信任时,另一种失调倾向就发生了。他变得仅仅依赖自我经验,而不是依赖发生在实现倾向的推动与社会调解的警告之间的对话。结果,他的自我概念没有机会以一种通过社会结合的方式而获得发展——能使之成为可能的对话已经丧失,并且他的自我概念是基于其自我防御的需要。一切都以"我"为中心以获得自我保存。他的过程是"以我为中心"的:他只允许自己从自我中心的观点来理解其社会环境,这就是为什么默恩斯(Mearns,2006a)借用了心理学术语**自我协调过程**来表示这一存在模式。这个术语值得详细阐述。

自我协调过程

自我协调过程的发展基础是情感虐待,尽管并不一定如此,但它有时伴随着其他形式的虐待。个体已经从父母的爱与价值评价是无法预测的养育环境中挺了过来。对结果的预期是积极的,但实际经验却是消极的——这种关系是不可依赖的。要在这种社会性上是不可靠的、具有破坏性的环境中生存下来,个体需要做三件事:

1. 收回自己的情感依赖;
2. 找到控制关系的方法;
3. 找到在关系中控制自己的方法。

一个电视纪录片讲述了布鲁诺·贝特尔海姆(Bruno Bettelheim)在芝加哥奥索杰尼克学校的工作经历,桑迪(Sandy)以前曾是一名患者,如今已经是成功的华尔街股票经纪人,他使我们以一种独特的视角去洞察作为一个年轻人在该情景中的感觉如何。桑迪曾经是学校里问题最严重的学生之一,具有严重的自杀和杀人幻想。他曾经描述过自己是多么想剖开怀孕的心理咨询师帕蒂(Patti)的肚子,并且杀死她肚中的胎儿。多年以后,桑迪描述了自己以前的感觉:

> 如果一个人的父亲喜怒无常,那么这个人就会认为世界也是如此。就我而言,我过去就是这样。当我来到学校的时候,我遇到了帕蒂(他的心理咨询师)。她人很好,很和蔼。我无法接受这种关爱,它甚至让我更气恼,因为每个人都渴望这种关爱。但是如果你拒绝这种关爱,因为接受它只会给让你再次失望,那么你就会不敢奢望那种关爱是真的,并且你会不断**试探**着去弄清楚它是不是真实的,而这就是你一步一步地去发现它是否真实的过程。从某种意义上来说,这或许解释了我为什么想要伤害

17

那些好人,因为我需要知道如果我伤害了他们,他们还会不会继续爱我……(Bettelheim,1987)

在与孩子的亲人沟通时,桑迪的话让人心有余悸。显然,大多数进行着自我协调的人并不像桑迪那样出现了如此严重的问题,但是他们成年后仍然缺乏社交能力,而这可能会长期反复地出现。他们为了从情感虐待中生存下来而发展出的自我防御系统泛化到了其他人际关系上。(见斯特恩的"RIGs"概念——"即对已泛化的相互作用的表征"——Stern,2003;Mearns and Cooper,2005:27-30。)这一过程的社会后果可能会迥然不同。在他人的眼中,该个体的问题变得日益严重,他可能会:

受欢迎却"无法接近"→独来独往并孤独寂寞→克制→冷漠→残酷→杀人或自杀

说得委婉一些,他们的自我协调过程导致该个体在人际关系中变得**困惑**并**恐惧**。他们知道自己出了问题,而且开始放任自流。但是他们的确不明白自己**为什么**出了问题。他们已经尽了自己最大的努力。他们甚至曾经尝试去思考他人希望自己怎样,并且**做到**那样(在一定限度以内)。但总是徒劳无功。当然,关系中的另一方注意到的却是没有持之以恒地进行这样的努力,并且缺乏有效的共感。

在自我协调过程的另一种表达方式中,这种人吸引着他人但却无法与其建立起关系,因为最终他们不得不如此**克制**。他们需要对现实世界进行界定,并且防范其变化无常。他们在物质层面上做得很好,并且在较浅层的人际关系中恰当地发挥着功能,但是他们需要在人际关系中成为"明星"——他们所重视的关系是:以自己为中心,并且,当然,不会对自己提出持久要求。同样,当对方结束关系时,他们真的很惊讶,因为他们已经竭尽全力了。

说得更严重些,这种人对自己和他人都很危险。人际关系对他们产生了巨大威胁,以至于其自我防御没有显示于困惑或克制中,而是显示在了**冷漠**甚至暴力中。他们的恐惧是如此深入内心,他们所作的调整是如此微弱,以至于冷漠甚至破坏性(对自己或他人)可能成为他们剩下的唯一防御。

本章的目的在于概述新的以人为中心理论,所以我们将不会探寻自我协调来访者的咨询案例。不过,读者可以参看默恩斯和索恩(Mearns and Thorne,

2000)以及默恩斯和库珀(Mearns and Cooper,2005)所描述的来访者"博比"(Bobby)的案例。

以人为中心理论的近期发展拓宽了这一方法的来访者适用人群。不仅在以人为中心的方法内,从整个心理咨询职业来看都存在一种将适用性界限窄化,从而创造舒适地带的趋势。对于心理咨询来说,把工作范围仅仅限定为所谓的"神经症"人群是很容易的。除非遇到伴随有**脆弱过程**的那些极富挑战性的来访者(见本章随后部分),通常该人群符合心理咨询师选择运用的咨询工作日程与界定。出现其他形式心理问题的来访者会给治疗关系及咨询工作日程带来新的挑战。有些人喜欢把心理咨询看作与一个相当配合的来访者进行定期会面,对这些人来说,他们可能会抵制对心理咨询工作的这一更广泛的界定。但是这一挑战必须引起注意,因为在目前,可能该人群中只有10%的人认为应该接受心理咨询。如果我们要扩大适当性的范围,那么就需要修订我们的理论,使它与更广泛的文化信仰系统相一致,并且在我们界定治疗背景的方式上更加灵活而富有创造性。经典心理动力学对心理咨询的日程和界限存在一些成见,而这些成见一直统治着心理咨询职业性质的界定,应该向这些成见提出挑战,它们限制了这一职业的发展并且可能最终会使其丧失活力。

理论假设 1—4

我们提出了四个有关心理问题根源的理论假设,以对新理论进行一个概括。这些在默恩斯和索恩(Mearns and Thorne,2000:181-184)以及默恩斯(Mearns,2002)中有更详细的论述。

假设1:实现倾向是唯一的动机。

将实现倾向视为唯一动机的观点反映了罗杰斯最初理论构架中的假设4(Rogers,1951:487)。不必更改这一假设。与任何一个好的理论一样,它体现了一种精美的简练。

假设2:实现倾向的促进作用激发了其自身在个体的社会生活空间内的抵制。

该抵制称为"社会调解"。对于实现倾向的"亲社会能力"来说,这是一个更加明确而有力的架构(Brodley,1999)。它将个体经验到的社会环境放到了其加工过程中的一个更核心位置。个体考虑到了自己的社会、关系背景。当实现倾向促进了某种反应时，该反应的一部分会激发一种反平衡的向量，它代表了社会性的而非纯粹个人的对成长的关注。这不是罗杰斯在 1963 年所挑战的取悦他人的神经症焦虑，它是一种理性地为他人考虑的行为，并且是对他人在该个体的持续发展中所起到的重要性的一种感谢。

假设 3：在实现倾向的驱动与社会调解的限制这两者之间发展出了一种心理内部平衡。这种内部平衡的配置与再配置就是"实现过程"。

实现过程是这种新理论的核心概念，全部来自于临床实践的观察。个体并非受单一驱力支配，比如实现倾向。人类的功能运作要复杂得多。打个比方，我们能够驾驶只有一个加速器的汽车，但是我们增加了一个刹车后控制就变得更复杂了。与此类似，在生理运作中，控制一般是通过分泌具有相反作用的荷尔蒙而完成的，同样，在心理运作中，也存在着双重控制，它就是实现倾向与社会调节这两种力量之间微妙而精确的平衡。此外，随着时间的变化以及个体生活领域的不同，这些平衡可能截然不同。在心理咨询工作中观察这一实现过程是很吸引人的——看看人们如何进行新的平衡，以使其适合于他们生活中正在发生变化的那些方面。这些调整不仅仅只是使个体适应外部压力；它们是在自我内部以及人际关系之中所进行的富有建设性的复杂对话——这些对话促进了个体与他人的发展。当刚步入成年期的年轻人在其生活空间的许多方面出现了急剧变化的平衡，以迎接父母身份的挑战时，实现过程以及这些内外部的对话就会显而易见。在更年幼者身上观察到的这种实现过程同样也很显著。青春期甚至更早阶段的特征就是青少年开始对平衡的配置与再配置进行抗争，不仅仅只是为了生存，也是为了使生活更加丰富多彩。

假设 4：当个体在其实现过程中长时间处于停滞，从而导致内部平衡无法再配置以对变化的环境作出反应时，"紊乱"就产生了。

在以人为中心理论的这一架构中，是流动性的丧失造成了系统的紊乱。固着代替了流动性，罗杰斯经常使用的术语是："个体前进……从固着到变化，从刻板结构到流动，从停滞到前行"（Rogers, 1961：131）。默恩斯在其他地方将这种固着的起源描述为：

个体可能已经发展出了自我防御系统，使自己能够应对心理压力和痛苦,以及对其存在或认同构成威胁的东西,还有其他在生活中遇到的各种挑战。在正常系统中,实现倾向将允许他们向前发展——当危险增加或减少以及社会环境发生改变时对平衡进行再配置。然而,如果固着继续存在,那么个体将会发现自己的生活难以向前发展,尤其在社会环境中。我们在许多"幸免于难"的来访者身上发现了这种情况。(Mearns, 2002:24)

因此,如果我们要反思刚步入成年期的年轻人如何面对为人父母的挑战时,我们可能会发现这种实现过程起不了多大作用——没有对平衡进行流动的再配置。以前的平衡点很难奏效但也不会轻易放弃。再平衡的感觉很像是放弃自由,但又不能确保或者体验到再平衡会实现。调节不是积极发生的,而是对他人的一种消极反应。只有当个体体验到了改变的"丧失"维度时焦虑才会产生增加。处于这种过程中的个体的伴侣也会感到焦虑。

艰难过程

本书的两位作者都认为,近年来有关该理论的最有意义贡献是玛格丽特·华纳完善了**艰难过程**。与其他任何人一样,处于艰难过程中的个体试图使自己的社会经验具有意义,或者创造意义,但与他人不同的是,他们不得不在身处极端抑制发展的环境中时这样做。例如,在**脆弱过程**中,由于其父母的"共感失败"(Warner,2000a,150)而使个体备受困扰。在早期发展中,我们依靠看护人的共感而帮助自己学会处理自身的经验。在共感中,看护人对孩子表达出的东西给予了反馈,从而使孩子能够逐渐让自身经验和表达获得一致,并且能够发展出强大的能力来觉察自己的感觉,控制自己的感觉,并从自己的情感世界出发而有效地与他人相联系。但是,在共感失败中,他得到的反馈可能是不存在的、最小限度的,或者完全扭曲的。如果他碰到了膝盖并痛苦地大叫,那么他可能会从父母那里得到不同的反应:

- "哎呀,你一定很疼吧"(并拥抱他)
- 父母对他的痛苦视而不见
- "得了——没必要像这样尖叫"
- "好了,好了,男子汉不哭"

第一种反应对他进行了共感理解,但其他反应是失败的、最小限度的,而最后一种反应造成了一种复杂的扭曲,将他的伤痛等同于软弱或者不成熟。

看护人的共感程度每天都会不同。有时他们很关心孩子,而有时他们可能忙碌于自己的事情。这种变化是正常的,从发展的角度而言不会对孩子造成伤害。实际上,这种围绕着坚实基础的变化有助于孩子在处理自身经验上甚至变得更老练,因为有时他们需要处理自身经验与父母反馈之间的分裂,他们或许会得出以下结论:"妈妈对我的喊叫置之不理……但还是很疼。"然而,当孩子没有这种坚固的共感基础时——通常是共感失败时——他们的处理过程变得脆弱。长大成人后,他们强烈感觉到了这种脆弱处理过程的缺陷。玛格丽特·华纳描述了具有这种处理风格的来访者所表现出的束手无策:

> 具有脆弱处理风格的来访者易于以极低或极高的强度体验核心问题。在启动和停止具有个人意义或与情感有关的经验上,他们感到束手无策。此外,他们难以在既听取他人意见的同时又保持与这些经验的接触。例如,来访者可能在大部分治疗时间里谈些无关紧要的东西,而仅仅在治疗快结束时才觉察到了内心深处的愤怒情绪。这时他可能觉得自己无法平息愤怒而重返工作。因此他可能在公园里行走数小时,试图平息这种情绪。来访者能够与治疗师谈论这种愤怒,并迫切希望这些情绪能被理解和肯定。但是来访者会认为,治疗师对情境的解释或者不赞同自己的看法是在试图消减自己的经验。(Warner,2000a:150)

玛格丽特·华纳也描述了**分裂过程**。她指出的第一点是,自己遇到的每位表现出分裂过程的来访者都在 7 岁之前遭到了身体或性虐待。随后她描述了该过程:

> 在这样早的年龄,儿童具有较高水平的催眠感受性。面对无法抵抗的创伤,而又缺乏更年长些的孩子会具有的更复杂的应对方式,来访者采用了分裂这种解决方式。例如,一位来访者发现,当她凝视着墙纸上的小圆点时,她能将自己从被父亲强暴的恐惧和痛苦中分离出来。一些来访者述说自己有过脱离自己身体的经验,并从天花板上观看着发生的事情。
>
> 不难理解,这些情境下的分裂极具强化作用。儿童从极度焦虑变得

不再感到很痛苦,并且能够在第二天将所有事情抛之脑后。这种能力使生活变得似乎可以忍受,并使某些人产生了幻觉,认为自己拥有正常的幸福家庭生活。(Warner,2000a:160)

分裂过程能够以多种形式出现,个体的不同部分形成了各自不同的特点,个体在不同部分之间转换,有时是有意识的,而有时却显然不受自己的控制。将分裂过程与**结构形态**心理学进行比较是很有趣的(Mearns,2002;Mearns and Thorne,2000)。结构形态是自我的"各个部分",它的形成是为了显示自我内部的不同主题(见本章后面的内容)。分裂的"各个部分"与之类似,但是它们彼此之间分裂得更深,有时甚至不承认彼此的存在,并且在分裂的各部分中具有程度更深的人格化——它们可以看上去是完全不同的人。一种有趣的假设认为,分裂过程是结构形态的彻底延伸。在试图应对创伤时,个体形成不同的部分来表征不同的主题,并创造一个可控制的自我防御系统。但是,尽管该过程在心理冲突不那么激烈时可以产生作用,但是在处理深层创伤时它就无能为力了。各个部分无法共同容纳与表现冲突,而是各自单独处理冲突(Warner and Mearns,2003)。

在艰难过程中,我们看到了实现过程的结果,该过程试图应对恶劣的发展环境,并且尽其所能来帮助个体生存下去并获得发展(虽然在严格的限制以内),而如上所述的自我协调过程可能是艰难过程的另一个例子。艰难过程最初并不是一种"紊乱",一种"病理学"或是一种"疾病"。它是指个体要使自己生存下去时的一种努力,正如发烧不是疾病而是身体的抗争。这是以人为中心方法的一个显著特点。该方法的目的不是"消除症状",而是使来访者能够去探索和理解其过程。此外,艰难过程不是个体的全部。它代表了个体过去曾经努力要在恶劣的关系环境中生存下来。

显然,个体会有其他的关系经验,并且同样,它们也会产生影响。在我们的临床经验中,个体通常都会有其他某个部分或者多个部分反映了与艰难过程不同的某种东西。通常,最初它在咨询中以非常微弱的、不和谐的声音表现出来。它使个体在艰难过程占据主导地位时还能支撑下去。以人为中心的心理咨询是一种关系导向疗法,这种关系导向疗法的优点之一就是,治疗关系能够促使这种不和谐的声音表达出来,尽管最初只是很小一部分。在这种新的健康关系背景下,它能够更频繁地表现自己。随着这种声音逐渐增强,更完全的自我对话建立了起来,自我内部的不一致变得更明显,对话变得可能。

自我对话

人们对"自我内部的对话"这一概念并不陌生,因为我们对"自言自语"这种说法都很熟悉,但是近年来各种不同治疗方法的心理咨询师们通过临床观察都认为,自我对话是普遍存在的(Berne, 1961; Gergen, 1972, 1988, 1991; Brown, 1979; Bearhrs, 1982; Schwartz, 1987, 1997; Rowan, 1990; Hermans et al., 1992; Hermans and Kempen, 1993; Schwartz and Goulding, 1995; Hermans, 1996; Honos-Webb and Stiles, 1998; Rowan and Cooper, 1999; Hermans and Dimaggio, 2004)。这个领域被称为**自我多元论**而广为人知,该理论认为个体对自我的表征包含了不同的**部分、声音、潜在人格、潜在自我**,或者我们已经使用过的词语:结构形态(Mearns, 1999; Mearns and Thorne, 2000)。我们将该概念定义如下:

> 结构形态是一种假设建构,指的是关于情感、思维和行为偏好反应的一种连贯模式,它们被个体作为自我内部的一种存在维度的反映而进行象征或前象征。(Mearns and Thorne, 2000:102)

以上文献对该定义进行了详细分析(2000:102-103),不过重要的是要知道,我们所论述的并不仅仅只是人们的倾向、取向或反应各不相同这一事实,而是一个发达的"自我内部的自我",它包含了数量庞大的组成部分——一系列思想、情感和行为,它们共同代表了个体存在的一个重要维度。两个或多个结构形态可以彼此之间进行**对话**。这种对话通常被体验为冲突,但是该过程却比这个词语所代表的含义更具建设性,由于不同结构形态促进了选择,因此个体能够倾听所有的可能性。

在以人为中心的方法中已经对自我多元理论进行了大量相关研究(Müller, 1995; Gaylin, 1996; Keil, 1996; Elliott and Greenberg, 1997; Stiles, 1999; Stinckens, 2000; Stiles and Glick, 2002; Stinckens, Lietaer and Leijssen, 2002; Cooper, 2003; Cooper et al., 2004; Barrett-Lennard, 2005)。虽然这些研究有大量证据支持自我的不同"部分"是可能存在的,但是我们不得不小心谨慎。当然,尽管自我多元论的概念适用于许多人,但这并不代表它对**每个人**都有意义。我们所提出的结构形态理论是针对那些以多元方式来象征自己的来访者。假设该理论应该适用于每个人是不合逻辑的。认为来访者将会获得结构形态这一假设不符合以人为中心的观点。相反,我们针对他所呈现出的真实自我而展开心理咨询。如果他呈现出的自我是一个整体,那么我们针对这一整体开展工作。但是如果他呈现出的经验来自自我的不同部分,那么我们就针对所有这些部分开展工作。

当我们在心理咨询实践中遇到从各个部分象征自己的来访者时,新理论有助于应对这一挑战。如玛丽(Mary)和乔(Joe)的例子:

玛丽:在大多数时间里我是一个**小公主**——甜美而快乐,老老实实。我的小公主对每个人都很友好而且通常人们对她也很好。她是在童年时期形成的,而且现在还在我身边,但是我同样也有蛮横的一面——程度就如小公主的温柔一样。我把这个部分称为**泼妇**。我一想到她就会战栗。她会把我的眼珠挖出来——千万不要和她争吵。她也是在童年时期因为各种原因而形成的。

乔:我既有**坚强的我**也有**软弱的我**。过去多年以来坚强的我痛恨软弱的我,但是通过心理咨询这种情况改变了。现在我明白了软弱的我是如何产生的——他不仅仅是"可悲的"——他害怕,非常害怕。坚强的我帮助我生存,但是我同样也需要软弱的我——他是坚强的我之外的其他的我。

玛丽和乔对自己的结构形态很熟悉,甚至赋予了它们反映其主题的名称。其他人虽然对自己的结构形态不太熟悉,也不那么清晰,但是仍然具有一种多元感,正如在一场人质事件中获救了的特莉(Teri)一样,她发现了自我的另一个维度:

特莉:最开始我只是一个劲儿地哭。我觉得那是自己唯一可以做的事。然后某些事情发生了——我停止了哭泣并且冷静下来,思维清晰而且意志坚决。我开始有计划地行动。我曾经读到过当人质使自己与劫持者相互"认识"时,他们有更多生存的机会。因此我停止了抽泣并开始与那些人交谈。我很惊讶——那不是**我**在讲话,但是,实际上,那就是我。我不是在"扮演"角色——我就是"我自己",只不过那是我以前从来没有认识到的自我的一部分。

我们已经记载下了对一些来访者的咨询,他们当中不仅有用两个,而且还有用多个部分来象征自己的,同时这些部分之间还存在着复杂的相互作用(参见"亚历山大",Mearns and Thorne,2000:120-126)。我们的首要任务是,针对那些以多个部分对自己进行象征的来访者,论述对其进行心理咨询的一种方法。这个阶段花了八年的时间,总结在了第一篇正式论文中(Mearns,1999)。难点在于,如何在将各个不同部分联系起来的同时又始终如一地保持以人为中心的方法。此前,该理论中被广为接受的观点是我们应该"对整个来访者开展心理咨询工作"。我们不得不学会将它与"对来访者整体性地开展心理咨询工作"区别开来,因为许多来访者并没有将自己经验为一个"整体"。由我们提出并论述(Mearns and Thorne,2000:127-143)的这个系统与以人为中心的家庭疗法很类似(O'Leary,1999):所有部分都相互联系,但是有些部分目前相互冲突,我们必须对**每个**部分提供一种治疗关系。最后的任务是,建构一种能够描述结构形态的形成与存在的理论。这一过程需要将罗杰斯本人的自我结构理论与来自我们临床观察的新证据融会在一起。这样就产生了其他四个理论假设。(注释:它是将先前版本中的五个假设合并而成的。)

理论假设 5—8

假设5:结构形态可以围绕对自我的内部投射而建立起来。

自我的内部投射携带了来自他人的信息或评价。将这种内部投射保存下来的一种方式就是把它聚集于一种"结构形态"中,而对该结构形态的感觉则反映了内部投射。内部投射的这种具体化使其更加明确并且具有功能性,同时也使其他结构形态可以对自我进行相当不同的表述。例如,来访者洛兰(Lorraine)内化了以下命令:我必须是完美的/我只有完美时才会被接纳,但是她可能没有发现这一命令支配了她的整个存在。它可能会成为其自我的重要部分,表征为需要变得完美的那部分自我。该部分会使洛兰难以接纳自我,并且可能形成一种复杂的行为方式以避免模糊情境。然而这并没有界定其全部自我。这是结构形态作为心理机制而具有的适应性的美。它们使我们适应于能够对自己进行界定的那些情境,但是他们也能将该界定局限于自我的某一部分(Mearns and Thorne,2000:108-113)。

假设6：结构形态也可以围绕不一致的自我经验而建立起来。

同样，个体需要找到一些方法，以对与其他自我维度不一致的自我经验作出反应。这些不一致的经验可以在自我结构形态内进行压缩和体现。再次地，这一功能的作用在于允许自我"拥有"相当多样化的甚至是相互矛盾的经验。（Mearns，1999；Mearns and Thorne，2000）。例如，来访者洛兰可能已经积累了一些自身经验，这些经验**不是**被完美命令所驱使的而是自己能够接受的。同样，这些经验可能聚集于一种结构形态中，而该结构形态是以反对必须做到完美的那部分我来表征的。现在洛兰有了一个包含这两种相互矛盾命令的对话系统。她既可以追求完美，又可以反对追求完美。她可能会发现，不同的结构形态在其生活的不同关系中获得了各自不同的位置——人们经常报告说自己在不同的社会情境中表现得如何不同。

罗杰斯在该领域的理论符合他那个时代对**单一性**的强调，而且，事实上，也符合社会心理学中该领域的各种"一致性理论"（Festinger，1957；Heider，1958）。从该单一框架出发，他只能将**否认**视为处理不一致的一种方式，正如他在"假设13"中所描述的那样：

> 在某些情况下，行为可能是尚未被象征化的有机体经验和需要所造成的。这种行为可能与自我的结构不一致，但是在这些情况下行为并不被个体所"承认"。（Rogers，1951：509）

对于"假设13"，我们想在此补充以下说明，以避免误解：

> 在某些情况下，行为可能会被"承认"，但是却被分配到了自我内部的一个部分或结构形态之中。这种结构形态可能与自我的其他部分不一致而且限制进入。

如果我们不局限于将自我视为一种单一现象，而是认为它包含着一些结构形态，而这些结构形态的界限和动力包容了它们之间的不一致，那么现在我们拥有的这个系统就可以更加全面地描述人类的经验。

假设7：形成的结构形态同化了其他一致的组成部分。

一种结构形态是自我内部的一种有组织的规则。它可以对个体的思维、情感和经验赋予结构和功能。例如,洛兰的结构形态最初是为了集合其完美需要的内部投射而形成的,它会收集更多带有相同信息的部分。尽管内部投射的最初源头不再支持结构形态,但是结构形态本身能够生成更多的组成部分。因此洛兰在其整个成年时期"应该是完美的"。毋庸置疑,按照这种后果相当严重的命令,洛兰只能集合到失败信息。当然,她的其他结构形态,即反对必须完美的那部分我同样也会增加一些部分,例如,当她与伴侣分手而不是继续试图做一个"完美妻子"的时候,以及当她告诉经理他应该自己冲咖啡时,她所感觉到的勇气(还有恐惧)。

随着这两种结构形态的存在不断扩大,每一种都变得更加真实了,分歧会不断加大直到无法再包容它。这是包含在对话框架以内的人类发展过程的本质,同时也是改变的动力,有时在心理咨询中起到了主导作用。

假设 8:结构形态彼此之间相互联系并进行重构。

比起客体关系理论,这是对潜在自我的一个更动态的界定(Fairbairn,1952),前者认为"客体"在一生中是相当静态的。在当前的观点中,结构形态并非如同"心理创伤的愈合伤口"一样长期固定不变。来访者谈到了各个部分在变化并且彼此之间的关系也在变化。通常来访者会对正在变化的结构形态赋予一个新名称。我们的观点是,这种重构既有助于自我内部的发展变化,又使自我防御系统变得十分复杂。自我防御系统可以随着个体社会生活空间的改变而发展。但是,也许我们从未失去先前的自我防御:它们只不过是以一种限制得更少,但保留了"保护"作用的方式发展了起来。

可能还有与结构形态动力有关的其他假设。例如,显然某些结构形态始终与**自我防御**有关,同时,其他结构形态则与**自我表现**更有关。然而,在针对这些观察而提出更多假设之前,我们要小心谨慎,因为明确提出假设就会有损于我们的心理咨询工作是现象学的这一重要本质。也许,关注这些不同命令之间的相互作用,并将理论的其他部分留给我们,对每个独特来访者——这是以人为中心心理咨询的科学方法的本质——的研究就足够了。

就本质而言,我们所描述的是为了发展自我而形成的一个系统,它产生了大量针对适应性的限制。自我可能形成了许多部分或结构形态,它使个体能够扮演不同角色以应对各种社会挑战。个体不是单一的"自我",而是各个不同部分的组合,每个部分都有着各自明确的主题并保持连贯,从而使个体表现得一致。可能是自我发展的这一方面使人类成为了熟练的"演员"。演技高超的演员会发现其自我的某一方面是可以进入的,以达到更熟练进入角色的目的。在自我内部的这种结构形态多样性中,展现在我们面前的是创造性和表现性,以及一种令人难以置信的复杂系统,该系统甚至能够使个体表现出自我的对立面,而这些对立面在不同的社会情境中是全等的。

以人为中心的方法对心理咨询过程的现代界定

本章概述的新理论使我们能够用以人为中心的方法对心理咨询过程的最新观点来作为结束。见图2.1。

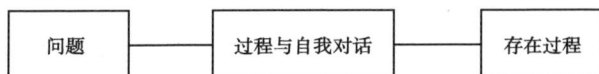

问题 —— 过程与自我对话 —— 存在过程

图2.1 心理咨询过程

图2.1描述了心理学工作可以关注的三个可能领域。来访者会将自己的问题表现为以下事实:虽然他拥有许多短暂的友谊,但是却从未有过持久的关系。以问题为中心的心理咨询方法会思考他可能采用以改善状况的各种策略,从而试图寻求在此层面对其开展心理咨询工作。然而,大多数心理治疗会考察得更深入一些,并针对造成其关系问题的**自我协调过程**而开展心理咨询工作。这一工作同样还会对各种**自我对话**采取开放性的态度,这些对话使个体的自我协调过程具有了各自的特点。以人为中心的方法属于范围更小的一组疗法,它没有将个体的自我协调过程或自我对话界定为所有内容,而是开放地对待其整个个体,包括潜在的、有力的自我经验,这些自我经验支撑着个体的自我协调过程以及个体存在的其他基本方面——我们将该领域称为个体的**存在过程**。

我们仅仅只是将"存在的"作为一个形容词来使用,它来自于"存在"(并非源于"存在主义"),以此来指代对于个体具有特别重大意义的某种经验。由于这一概念是完全现象学的,即它描述了每一个体所独特经验到的一种现象,因此很难对其进行描述,并且根据心理学已有的一般定义,可能无法对其进行界定。同时,提出个体案例可能会导致误解,因为每个案例只在该个体的生活中是重要的。同一个例子,对于其他人,也许并没有同样的存在意义。但是,既然我们已经对它命名了,那么我们还是试着对该存在过程进行一些描述。

根据我们对来访者的经验,其存在过程是一种内容丰富的混合物,其中包括了自我经验、自我假设、希望、恐惧、幻想、惊骇、与他人交往的经验、对他人的假设以及根深蒂固的价值观。比起正常展现给世界的自我各个方面,对于个体的存在而言,他们对这些组成部分和动力的经验更加在意和怕别人知道,而结果就是他们被严密地保护了起来。他人根据我们所展现出的自我而进行评价是一码事,但是,他人根据我们对自己的本质看法而对我们进行评价则尤其危险,实际上,它也许存在毁灭的危险,正如来访者桑德拉所言:

> 我的内心充满了仇恨。我从来不能把它真实地向任何人展现出来。它以很多方式展现了出来,但我不能将它以内心真实的方式展现出来。我不能表现出愤怒、报复和脏话连篇。我不能表现出它的本来面目——我甚至不能将它本来的面目展现给自己。它太具有破坏性了。

保罗所描述的一些东西看上去截然不同,然而,在存在的意义上,它也包含了同样具有潜在毁灭性的意义:

> 我不能按照别人能理解的方式而对自己描述我是怎样的人。它在我的脑海和身体里盘旋,就像梦幻般的波浪,有时潮涨潮落。它非常丑陋。它全都是关于我如何极度丑陋——我怎样坏到了骨子里。我可以感觉到蛆虫在我体内四处蠕动,要把我吞噬。也许它们会把腐烂的部分吃掉并帮助我。我怎么能把这些展示给别人看呢?我怎么能允许自己看见它呢?

通向存在过程的道路被严密封锁了,这并不令人惊讶。在桑德拉(Sandra)和保罗(Paul)的案例中,令他们恐惧的是这些内容的潜在破坏性,但是这种恐惧也可能与被他人毁灭的危险有关。伯纳德(Bernard)很好地表现出了这一点,他所表现出的自我外向而充满力量,这符合他在商界中的较高地位。然而这却并不是他心目中的真实自我:

> 有时候,真正的我冷眼旁观着正在工作的我。它看到了熟练的工作者,完全自信并且用我的自信去对他人咆哮。似乎它是真我相反面的放大。隐藏在所有表面之下的我是一个哭泣的小男孩。我蜷成一团,颤抖着,抽泣着。我的脸因终生哭泣而肿胀。我的眼睛永远紧闭——我几乎无法忍受真

我带来的痛苦——我不敢睁开眼睛去看其他任何人，如果我看见他们在看我的话。

来访者有时候把这种存在领域称为"真实的我"。当我们对来访者进行心理咨询时，我们需要去跟随他们自我的这种现象学感受。但是我们不一定要将它延伸至更普遍的心理学理论中去。实际上，这并不意味着有一个核心，或者存在过程中的这些内容比外在自我的各个维度更重要，尽管有些人感觉如此。

个体之间在存在过程的**通路**上具有相当大的差异。对于有些人，这一领域就像一个虽然很熟但却从未完全了解的老朋友。他们的存在过程是对自己的一块持久试金石——他们准备好了去反驳当前的经验，以获得一种价值感。在另一种极端情况下，个体对其自身存在过程的恐惧使他完全不了解它，除了梦境般的一闪而过。对于该个体，选择将心理咨询工作的层面定位于自己的存在过程，就是潜在地面对其自身的恐惧。

当然，以人为中心观点的关键就是，心理咨询工作的层面是由来访者决定的。不过，来访者并非孤独地作出这一界定，而是建立在来访者与心理咨询师的关系之上，以及该关系在多大程度上缓解了来访者的担忧，有时是恐慌。对于某位来访者，这不会给他带来比行为问题更糟糕的结果，而这就足够了，至少当前如此。对于另一位来访者，这一关系将足以将他带入脆弱过程的痛苦之中，或者其分裂过程的恐惧之中，而这就足够了。对于一些来访者，也许将其已取得的进步和他们与心理咨询师的关系深度进行结合之后，他们就能够进入最私密的领域，在那里，他们先前的自我经验、怀疑、恐惧、希望和绝望都有待探究——这是一个从未向任何人展现过的领域，包括他们自己。帮助来访者鼓起这种勇气的并不是心理咨询师的技巧，而是他给予的关爱。本书将要继续探索的正是这种关爱。

2

以人为中心理论的最新发展

3　心理咨询师对自我的运用

严格的训练

　　心理咨询师不是胆怯者的工作,人们有时提出,采取以人为中心方法的心理咨询师要遵守尤其严格的纪律。当然很多方面都支持了这一观点。与其他许多方法相比,以人为中心的心理咨询师无法通过其诊断技巧或使用一系列治疗技术来保护自己。他还必须避免身披专家的外衣,而这能很容易使他获得一种优越感。如果他要培养一种使来访者感到自己被平等接受的关系,而且逐渐准备好了去冒险使自己变得易受伤害,并开放地去探索艰难而痛苦的领域,那么他必须抵制诱惑而不去阻碍亲密关系的发展。每次新会谈都是对心理咨询师能力的一次挑战,看他是否能使自己准备好了去进入关系深度,并且敢于投入来访者的内心,在那里来访者能面对隐藏的痛苦并冒险尝试新的存在方式。

　　这种对投入、亲密关系和情感冒险的强调与当前文化格格不入。以下结论难以避免:对于许多心理咨询从业者来说,当前的环境促使他们采取小心谨慎的态度,而近来的许多立法又加剧了这种态度,它导致了许多心理咨询从业者对那些通常最需要帮助的人没有任何投入,这种非投入应该受到指责。以人为中心的心理咨询师必须设法找到勇气来对抗这种倾向。他不能保持"客观"或者甚至有意识地疏远,他进入来访者世界的能力以及提供深度关系的能力将决定心理治疗工作的效果。这并不意味着,以人为中心心理咨询师的工作不需要理论支撑。相反,了解人格发展和治疗过程是相当重要的。然而,它的确强调,心理咨询师最初关注的既不是获得理论知识,也不是心理治疗技术的发展,而是对其自身存在的理解和珍视。以人为中心的心理咨询师对于每位来访者的内心智慧和潜能都深信不疑,他知道自己的任务是提供一种关系,在这种关系中智慧和潜能可以得到释放和提高。然而,如果心理咨询师对其自身的存在都无法持有同样积极的坚定信念,那么这种信仰将会毫无根据。除非他认为自己有资格获得相同的无条件积极关注以及她希望来访者体验到共感理解,否则他就无法向来访者提供这种必要的关系。如果以人为中心的心理咨询师是自我拒绝或自我惩罚的,无法对其自身的存在进行理解和共感,那么他就会身处字谜游戏的危险之中,多数来访者,当然还有那些受伤害最重的人很快就会觉察到这一点。

心理咨询师对自我的态度

世界上很多助人者的行为是一种孤注一掷的、避免面对自己的方式。这种自我逃避有时被误解为无私,并且由于对基督教传统的错误理解而导致强化,而在基督教传统中经常完全混淆了自私与自爱的概念。根据这种误解,个体需要必须始终服从他人需要,并且过度反省个体自身的存在甚至也是不健康的。一旦这种思维方式与常见的、对反省的怀疑相结合,那么所造成的情形就是,帮助他人被笼罩上了一层挥之不去的殉难感,而这又进一步影响了被帮助者的自尊。实际上,对于以人为中心的心理咨询师而言,接纳与肯定自我的能力是其治疗工作的基础,如果缺乏这种能力,那么就会极大地削弱治疗关系的有效性。如果这些反应被抑制于自我之外,那么就不可能在最深层次向来访者提供接纳、共感和真诚。

缺乏自爱的自我接纳是很难获得的,而且它一旦建立后需要小心呵护。从本质上讲,它要求心理咨询师愿意给自己时间、重视和关心自己,这不是出于自我放纵,而是出于对心理咨询中的来访者所肩负的责任感。通常这将意味着准备好了在一致的基础上,去寻找朋友或同事的支持,心理咨询师可以对他们敞开心扉,表现出自己的脆弱和困惑。定期对当前的心理咨询工作提出建议、提供支持的可能是同一个人,也可能不是同一个人。然而,在以人为中心的传统中,督导师通常会关注心理咨询师的个人成长。在治疗条件的形成中,当心理咨询师本人的存在质量成为了一种基本因素时,也许这就根本不足为奇了。在很大程度上,心理咨询师与其自身的关系决定了他对来访者的心理咨询质量,因此这自然成为了督导师所关注的问题。

倾听自我

要与自我形成一种珍视并肯定的关系不是一蹴而就的。与许多来访者一样,以人为中心的心理咨询师可能以前也曾经有过判断与惩罚的关系,而这种关系使他们几乎丧失了自尊。他们的内心深处可能同样也背负着沉重的内疚感。如果不想自欺欺人,那么自我觉知与自我认识就很重要,而它们可能不得不通过以下痛苦过程来获得:正视价值的责备条件,并与有机体的评价过程建立接触,而在最好的情况下,该评价过程的提高是断断续续的,最差时则根本毫无进展。正是由于涉及了潜藏的痛苦,因此对很多人而言,倾听自我是一个令人恐惧并被抵制的过程。这样的话,对于接受培训的以人为中心心理咨询师而言,他们无法逃避一个任务,而在他们当前正在接受的培训中,该任务将成为一种重要活动。倾听自我需要全神贯注,并且对于以人为中心的心理咨询师而言,它可能会成为家常便饭,这种经常性的倾听不仅对于发展与保持自我觉知很关键,而且它同样也是确保一致性或真实的基本要素,而这种一致性或真实将最终成为心理咨询师与来访者关系的特征。以这种方式倾听自我使心理咨询师能够对自己的内心世界进行掌控,这使他不会因为来访者的坦白而丧失防卫。它同样也有助于建立内部信心,相信自我认识是一个基本构成部分,并且由此减少对于投入他人困惑或痛苦的恐惧。这种恐惧的减少是进入深度关系的先决条件,而缓解存在的痛苦就需要这种深度关系。

对于大多数受训心理咨询师,最好是有他人在场,并能提供熟练帮助的情况下进行倾听自我训练。在许多情况下,可能是一位治疗师使自我的各个部分敢于第一次发出自己的声音,尽管一个受训学员小组常常能提供一种值得赞赏的、安全与关注的环境。以人为中心的培训从不坚持让受训者进入一对一的咨询,尽管有些选择这样做。然而,毫无疑问,建立正式的咨询关系并不总是能使他们最好地倾听自我。通常更多选择小组的方式,在这里可以进行冒险,并且探查那些在一对一的咨询中可能会继续隐藏起来的方面。同样,对于另外一些人,值得信赖的朋友可能在倾听自我的过程中被证明是理想的伴侣。还有一些人,对他们而言,冥想或者某些形式的默想祈祷能够同样有效,而另外一些人则在独自散步。仅仅是伫立,或凝视某处非常美丽的自然风景时,就能够最敏锐地倾听自我。然而,无论形式、环境如何,几乎可以肯定的是,需要刻意地或有意识地去寻找或引发这些机会。内心世界是心理咨询师最宝贵的资源,而如果我们多数人都生活在狂热的环境中,那么对它的挖掘就要凭运气了。

一些人能够从有结构的倾听自我以及它必然会引发的自我探索中获益,而这些人可能是大多数。他们会采纳自己设计的方法。例如,他们可能会设计一些练习,以帮助自己进入更深层的自我领域。这些形式可能是直接提出一些问题,如:这些天来什么让我最快乐? 什么时候我最焦虑? 我最怀念的是什么? 如此简单的一种方法就可以给长时间的、获益匪浅的反思提供广阔的范围。广为人知的"关注"这一方法是由罗杰斯最早的伙伴之一尤金·金德林发明的,它是一种更为复杂而完善的方法,其目的也是为了找到并清晰地说出内心体验,我们将在第 4 章重温金德林的工作。一些心理咨询师每天刻苦地练习关注心理状态和情感世界而不是内心事件。有些心理咨询师在试图探究内心体验并与可信赖的朋友或同事分享自己的发现时,甚至重新开始写信这一伟大的艺术。同样,近来对于一些心理咨询师,写诗也已经成为了表达复杂或狂躁心理状态的一种弥足珍贵的方法,而且有意义的是,一些经验颇丰的以人为中心心理咨询师常常发现,诗歌式语言是一种理想方式,它传递了对最深层自我的倾听结果。

自我接纳

倾听自我是一回事,由此产生的自我认识则是另外一回事,而且可能并不总是那么容易被接受。尽管这种认识远比涉世未深的固执无知要好得多,但它可能给心理咨询师的自我接纳形成重大挑战。如果自我将获得珍视和肯定,那么自我接纳就是通往那条道路的极其重要的第一个阶段。此外,缺乏自我接纳的以人为中心的心理咨询师面临着进退维谷的危险,该危险位于其心理治疗事业的最核心地位,因为他会抑制自己不作出一种态度反应,而该反应对来访者的幸福很重要。既不应该将我们所说的自我接纳与自满相混淆,也不能将它视为一种逆来顺受。自满或逆来顺受的人不再倾听自我,既无心也无力去继续进行自我探索,而我们认为这种自我探索是以人为中心心理咨询师的毕生承诺。与此相反,自我接纳驱使个体渴望成长并希望面对真相。然而,真相是残酷的,如果它导致或加重了内疚感或深深的无价值感,那么就尤其残酷,这时寻求自我接纳就会变得极其艰难。在这种情况下,以人为中心的心理咨询师所处的环境就非常重要。

受训心理咨询师,尤其是过去曾遭受无数消极评价的那些受训心理咨询师,要想获得自我接纳就肯定需要那些能够自我接纳并对他人内心世界产生共感的人一直陪伴其左右。对于受训心理咨询师,这个人很有可能就是训练小组内部的成员,他也许接受了培训师、督导师或个人治疗师的强化训练。忠实可靠的亲戚朋友也可以发挥重要作用。这些人为自我探索创造了一种安全的环境,以便在困难、痛苦来临或者内疚感出现时提供支持和接纳。他们还会帮助个体区别以下两种情感:没有达到他人要求或期望——即他人所赋加的一种价值感条件——而产生的不当内疚感,以及由于背叛自我而导致的恰当的内疚感,这时个体会对自己感到失望,并因而不能实现自我存在的意义。在第一种情况下,需要对内疚感给予承认、抛弃并不再受其影响,而恰当的内疚感能够触发个体与其机体评价过程重新建立联系,并且能够有力地推动成长与改变。具有讽刺意义的是,以人为中心的心理咨询师通常能够很熟练地区分来访者的不同内疚感,并且在来访者清理混乱思绪时显示出极大的耐心。然而,轮到自己时,他们会很快就失去了耐心,并陷入病态的自我责备。如果心理咨询师的伴侣或亲人轻视他们或其工作,并且总是给予消极评价甚至冷嘲热讽,那么这种情形尤其容易发生。遭受批评甚至日常的轻视都会对正在奋力追求自我接纳的人产生破坏性的影响。悲哀的是,通常以人为中心的心理咨询师不得不在他们所从事的工作与一种关系这两者之间作出选择,而由于这种关系的消极影响,从而阻碍了他们通往自我接纳的进程,而这种接纳对于其个人和职业幸福感至关重要(还参见 Thorne,2002:39)。

如果自我接纳是以人为中心心理咨询师对其自我态度的基础,那么可以说,自爱促成了人格的蓬勃发展,而这种人格使心理咨询师在最棘手的来访者面前也能够在情感上无所畏惧。自爱是对自我的一种珍视和肯定,它与自私截然相反。它基于对自我优缺点的现实评价,但也贯穿着不断变化的温柔关爱。如果一个人认为自己所有的缺点和弱点都是惹人喜爱、受欢迎的,那么其结果就是完全忘乎所以。对于自爱的人,自我不再是问题,也能向他人毫无畏惧地呈现自我。相反,自私的人如此关注自我、自我的需要和欲望,以至于既不承认也没有真正体验到自我的其他部分。没有自我接纳,以人为中心的心理咨询师渐渐就会发现自己根本无法开展工作。有了自爱,他将会惊喜于自己找到了每天都能带来乐趣的工作(还参见 Thorne,2002:23)

共感的发展

当心理咨询师不仅理解了他人,而且自身的共感能力也获得了不断提高时,当然其自我接纳肯定会得到增强。共感不应与同情相混淆。同情源于被他人经历所打动而心生怜悯,并在一定程度上分享它,而共感过程则更加复杂、微妙得多,它要求设身处地地从他人的眼中看世界,然而又不脱离于自身现实。这种能力可以通过刻意努力地跳出个体正常社会环境或生活圈的限制而得以加强。如果遇到知之甚少或令自己感到威胁或害怕的人,这对心理咨询师有益。这种丰富的社会经验所带来的好处远远不仅只是增强了对遇到的实际人群或群体的理解。从更一般的角度而言,它有助于增强自信和谦逊,而这两者都能促进共感的发展。

狭隘主义是共感的大敌,它既是态度问题也是地理问题。在本质上,如果心理咨询师要发展共感能力,那么需要激发和增强的就是想象力。正是在这一点上,心理学训练几乎没有提供有益的帮助。相反,许多心理学著作为了给人以客观科学研究的印象而通过实验室徒步主义来压制这一精神。当人们试图通过应用更多的人本主义范式来考察主观经验时,例外就发生了,而且幸运的是,随着质化研究项目的增多以及对来访者经验的日益强调,这些尝试开始与日俱增(如 Alexander,1995;Sands,2000;Bates,2006)。然而,以人为中心的心理咨询师很可能仍然要从小说家、诗人和戏剧家的作品中为想象力汲取营养,一个不错的方法就是要求受训心理咨询师深入地学习世界上一些最伟大创造性作家的作品。不阅读小说或诗歌的心理咨询师错过了发展共感的一个重要途径。

学会真诚

心理咨询师在治疗过程中做到真诚的能力与他在社会关系中表现自我的一

般方式密切相关。有些心理咨询师显然能够在治疗开始的那一时刻就"打开"真诚,似乎一致性是某种行为技术,能够在需要时应用,而这些心理咨询师有些令人后背发凉。第6章对真诚在治疗关系中的意义进行了长篇讨论,但是这里我们只大致看一下"存在的方式",它使心理咨询师的整个存在,而不仅仅只是其职业行为具有了某些特点。比起思考真诚在人际交往中的意义,"全局的"观点可能更不相关。

学会真诚通常是一个渐进的过程,它需要以人为中心的心理咨询师投入持久的承诺,需要他能敏锐地感受到自己对他人和事件的真实反应,并欢迎他人对自己的看法作出反馈。不可避免的是,这种对自我的"考察"不会局限于心理咨询情境。他会更加相信自己,并在面对困境时也更能够做到真诚。朋友、同事,特别是爱人可能会注意到这些不同。通常周围的人会对心理咨询师的变化给予评价。例如,一位身为人母的心理咨询师可能开始更自发地向孩子们表现出爱;她与伴侣的亲密接触会变得更加直接,或许她还会更加积极地参与家庭活动。但是,心理咨询师正在发展中的真诚也可能会造成其他结果。对于自己对孩子的一些不是太关爱的情感,她可能不会再那么刻意地隐藏,她可能会更加坦白地说出与伴侣之间存在的问题,更加坚定地要将时间和精力投入到家庭以外的兴趣上去。

心理咨询师正在发展中的真诚所导致的所有这些结果都是改变,而无论采取何种形式,改变都会破坏关系内部的微妙平衡和模式。这种转变会为增进关系提供契机,但是与任何改变一样,它也会带来危险。例如,受训心理咨询师有时会报告出情绪表现增强了。显然,该作用增强了心理咨询师与其伴侣的关系,然而,即使这种明显积极的改变也会存在威胁,在某些案例中不受欢迎。同样,在培训过程或一对一的工作中,心理咨询师会发现,自我的一些存在部分(我们称之为"结构形态")在此之前已经潜伏或者也许压抑了多年。这一发现可能伴随着希望表现出新的结构形态,而它可能导致的一些行为会使那些自认为很了解该个体的人感到惊讶甚至厌恶。自我觉知越深,在生活中做回真实自我时就越有可能面临新的挑战。

心理咨询师和来访者之间的"健康关系"

迄今为止所谈到的一切内容都指向心理咨询师与其自我关系的核心重要性。他是否能够自我接纳甚至自爱?他是否有足够的动机去有意识地寻找扩展自己共感能力的方法？他是否能够充分信任自我、表达真实自我并冒险对密友敞开心扉并坦诚相待？心理咨询师对此类问题的回答（见表3.1）会在很大程度上决定他是否能够向来访者提供一种健康的关系。然而，在继续对这种健康关系的本质进行探究之前，必须再次强调，以人为中心的心理咨询只是一种助人形式，还有其他许多形式并不需要以上所述与自我的这种关系。例如，非共感的外科医生就能做得非常出色，而且人所共知，世上一些最伟大的圣贤给他人带来了无尽的祝福，但他却认为自己毫无价值。我们即将讨论的健康关系关注的是以人为中心的心理咨询师和来访者。它不是所有助人关系的模板，更不用说建立一般性的有效人际关系。但是，毫无疑问，有一种能力将极大地减少当前文化所特有的抑郁和焦虑，即按照以人为中心的心理咨询师所希望的方式与自我建立关系的能力。

表3.1　　以人为中心心理咨询师的自我提问

1. 我能够区分自我接纳、自爱和自私，并承诺使自己具备前两种品质吗？

2. 我能够接纳自我吗？如果不能，那么问题的症结在哪儿？

3. 我有意识地试图提高自己的共感技巧吗？

4. 我能够足以真诚到把自己的思想和情感都展现给朋友和密友吗？尤其在我生气、愤怒、脆弱或不讨人喜欢的时候？

如果以人为中心的心理咨询师在面对自己的内心世界时有"宾至如归"之感，并对自己的存在方式感到心满意足，那么一些因素就会成为其咨询工作中的特点，总体而言，这些因素都指向一种健康的治疗关系，正如以人为中心的传统所定义的那样。所有这些因素并不一定都要在每段关系中表现出来，但是在心理咨询师面对的不同来访者中可以辨认出它们，并且它们源自于前面几章中所概括的基本态度和信念。

心理咨询师注重在一种平等的基础上与来访者建立关系，并提醒自己不要扮演诊断或治疗专家的角色，而这意味着他将尽其所能使心理咨询过程不那么神秘。他也会竭尽所能公开自己的工作方法，并且不会逃避任何直接问题，而这些问题是来访者在努力决定是否应该开始一种咨询关系时可能会提出的。如果需要的话，他会准备好与来访者讨论以人为中心心理咨询的潜在基本原理，并且可能会强调这一活动的合作本质。他会明确或含蓄地指出自己不打算**替**来访者负责，但会竭尽全力**对**他负责，他会承诺建立起一种关系，而在这种关系中他可以在支持和理解的环境下探索自己关注的问题。这种对目的和意图的公开是一种健康关系所具备的首要且必要的标志,而且非常有利于最初就"打倒"心理咨询师并建立起一种情境,在这种情境下来访者迅速地认识到自己当前的困境,以及如果他今后的生活要发展,那么就必须作出的改变,他不得不担负起自己应有的责任。

重要的是,在这一开始阶段以及心理咨询过程中,心理咨询师都要不断控制好哪些是自己准备为来访者提供的东西,而哪些是自己承诺之外的东西。对这一点没有严格的限制,而对于将其自我和精力提供给来访者所做的准备,则在不同咨询阶段、不同心理咨询师之间千差万别——同一心理咨询师对于不同来访者,以及不同心理咨询师对于相同来访者都会存在差异。然而,如果一种关系要保持健康,那么关键就是心理咨询师要尽可能清楚地表达出自己想要提供什么,并且来访者也知道这些。有些心理咨询师不知不觉地掉入了陷阱,向来访者描述了一个美好前景,然后很惊讶或苦恼于来访者在美好前景没有到来时所产生的日益增多的失望和愤恨。如果缺乏开放性并且没有说清楚承诺的范围,那么来访者还可能会以一种具有潜在破坏性并常常会造成伤害的方式进行幻想。这些幻想迥然各异。对于某位来访者,他可能一直害怕自己会在会谈的最后,或者下次会谈之前被抛弃,仅仅只是因为心理咨询师没有讲明咨询持续的时间,或者它最终将会如何结束。对于另一位来访者,他会渐渐幻想心理咨询师爱上了自己并且永远不会离开他。否则他怎么能如此亲切地对待来访者,并给予他如此敏锐的理解呢?只有当心理咨询师准备好了公开而清晰地说明心理咨询的目的和承诺时,来访者才不会产生这些幻想,并且通常只有经过心理咨询师在语言和行动上的反复重申,才能最终杜绝他们。

以人为中心的心理咨询师如果不对来访者保持透明,那么就会一无所获。他并不自称知道什么对来访者是"好的",因而也就不去刻意练习操控技术,以获得"好的"结果,尽管他是出于好意。健康关系的一种表现就是,心理咨询师对"进步"几乎没有先入为主的成见,因为他知道自己并不是这方面的恰当评判者。实际上,一个时常有趣的发现是,当心理咨询师认为显然没有任何进步时,来访者的看法却可能完全不同,毕竟他们知道了评价的标准,而心理咨询师却有可能没有觉察到它们的存在(见表3.2)。如果那些相信自己非常成功的心理咨询师询问了来访者,并且来访者有足够勇气说出了真相的话,那么这些心理咨询师常常会感到极其震惊,不过承认这一点则不是那么有趣了。

表3.2　　谁知道什么是"进步"？

以下内容摘自一段心理咨询录音,到目前为止他们已有了七次会谈,心理咨询师刚刚说出了自己想知道来访者从中有何收获。

来访者:我从中得到了什么收获吗? 哇! ……它使我觉得自己还活着,就这些! 当我和你在一起的时候,我总是在原地一圈圈地打转,看起来好像我哪儿也没去,但是自始至终我都是我自己:我变成了和任何其他人在一起的时候都不敢成为的自己——我困惑、心烦意乱……疯狂。我是说我现在知道自己没有疯……但我以前并不知道。似乎和你在一起的时候,我能更好地体会到这些东西,我不再那么害怕它们……我不再那么害怕自己。

如果一种健康关系的标志是心理咨询师无意于控制来访者向"好的"方向发展,那么另一个标志就是他准备好了被一位显然有所计划的来访者所操纵,甚至有时是驾驭。回顾一下,以人为中心的心理咨询师对人性有一种基本信任,相信我们每个人的内心都渴望着一种真诚以及建设性的社会交往。这一信念并不意味着心理咨询师会轻信他人并无视人类的刚愎自用,但它暗示了他准备去相信那些显然不值得信任的人,这样他们才能逐渐发现自己是值得信任的。心理咨询师甘愿受骗同样也是健康关系的一个标志。心理咨询师并不试图揭穿来访者,也不会不断质问来访者的动机。心理咨询师认为来访者在特殊的环境下,他正在竭尽所能而获得成长并保护自己。如果这意味着从此时起,他不得不控制并欺骗他,那么心理咨询师准备好了在这种欺骗中与他共处,而不是揭穿他并维护自己的骄傲,享受由此所产生的令人怀疑的快感。通过表现出自己对权力游戏或赢得比赛没有兴趣,心理咨询师希望来访者能够渐渐不再需要依靠谎言和操纵来保护自己脆弱的认同。一旦来访者在一种关系中感到安全,感到受尊重,尽管自己以前无法互相交换这种尊重,那么欺骗行为就会不复存在。不幸的是,有些心理咨询师急于表现自己的聪明并操纵来访者,他们很可能会使那些已经感到自己一无是处并羞愧难当的人变得更加自卑。

在情况需要时甘愿屈服于他人的操纵是一种标志,他表示心理咨询师决心与来访者共同渡过千难万险。一种健康的关系不会因为来访者的敌意和防御或者心理咨询师对来访者的厌恶而削弱。相反,就提供一份可靠承诺的意义而言,其特点就是准备好了为这种关系而"战斗",这份承诺能够克服理解的各种困难,并经受由于来访者的心情和怀疑所产生的、难以预料的奇怪行为。当然,偶尔在关系中心理咨询师对来访者的厌恶,甚至是直接敌意非常强烈和持久,以至于为了保证真诚相待就必须将它们表达出来。不过,这种表达也标志着心理咨询师对这种关系的承诺,并且他愿意面对自己的痛苦以及与来访者的互动所产生的消极情感。这种表达不是防御性或攻击性的反应,而是试图加深这种关系。心理咨询师为了逃避责任和承诺或者为了摆脱一位令人厌恶又不合作的来访者而表达出自己的厌恶是说不通的。

有些来访者的生活经验告诉他们,自己会遭到他人的拒绝,他人反复无常而且不可靠,对于这些人,心理咨询师要准备好去花费一段很长的时间来使他们明白自己的承诺,这一准备是极有意义的。与此同时,心理咨询师必须注意的是,自己的目的是为了阐明承诺,不要让来访者将心理咨询师的这一想法理解为自己是一种负担或者不受欢迎。如果一位特别害羞或者自我拒绝的来访者度过了一个艰难的前期阶段后没有按时来见心理咨询师,那么这时无法避免的"危险"常常就会显现出来。这种人更容易认为自己是"毫无价值的"来访者,与先前很多次失败一样,他们在咨询关系中的抗争似乎再次标志了失败。另一方面,他们没能按时赴约可能另有原因,与这种失败感无关。心理咨询师面临着两难选择。要么他顺其自然,从而使来访者认为他并不真正关心自己是否会来吗?或者他冒着被视为干预者或"主动的"心理咨询师的危险而与他联系吗?如果他是私人开业,那么他仅仅将失约账单寄给来访者而一言不发吗?在实践中,许多以人为中心的心理咨询师会给这种来访者写信,试图说明自己继续的承诺,同时给来访者绝对自由,让他决定下一步怎么做。这种信件通常难以提笔,并且显然信件要因人而异。表3.3中给出了这样一封"危险"信件的例子。在有些情况下,收到这种信件的来访者短时间内不会有任何回应,而且似乎会消失得无影无踪。然而,通常这个人会在很多月之后重新与心理咨询师联系,并且会感谢心理咨询师的承诺以及"允许"自己在一段时间里停止咨询。

表3.3　没有负担的承诺
亲爱的迈克尔,今天你没有按时赴约我感到很遗憾,我真的希望事情不是太糟糕。如果你愿意,就给我打电话再约定会谈时间,请不要犹豫。无以言表的是,我真的很高兴能见到你,但是如果你希望现在就停止咨询,我也非常理解。最诚挚的祝福,琼。

人们一般错误地认为,咨询过程持续的时间相对来说往往比较短。当然,有许多案例只需要5或6次会谈就足以帮助来访者从此以后走自己的路了,甚至有时候一次疏导性会谈就足以帮助来访者自己继续前行了。不过,随着渐渐对自己和生活进行了重新定位,有些来访者希望能与心理咨询师进行数月的接触。在这种情况下,心理咨询师下定决心进行"战斗"以建立健康关系则是一个重要组成部分,这种决心可以使心理咨询师与来访者避免陷入一种"舒适"而非动态的关系模式,或者更糟糕的是,一种诱导来访者并强化其负面想法的模式。心理咨询师下定决心为了健康关系而进行"战斗"的一个明确标志就是,他在咨询过程中小心谨慎,以确保他对来访者的承诺不会导致权力的微妙滥用,从而将来访者囚禁于同情心的"监狱",让他感到如果不伤害善良的"看守",自己就无法逃走。表3.4表现了这种行为上的谨慎。在很多方面,以人为中心的心理咨询师对来访者的坚定承诺,以及他同样强烈希望来访者自由地找到自己前进的道路是他在该关系中的存在方式的两个基本参照点。通过不同方式、不同程度的强调,他会试图说:

> 我愿意使自己投入到与你建立的这段关系中,让你认识真实的我。与此同时,我投入其中但对你没有任何要求。你想怎么做就怎么做,想停止这段关系就停止。我承诺一直陪伴着你,只要这种承诺促进了你的发展,但是当它不再起促进作用时,我同样承诺要帮助你离开我。

表3.4　承诺不是陷阱
咨询师:现在我们一起进行咨询已经有六个月了,我觉得你已经改变了很多。我想知道你对我们现在的进程有什么想法。
来访者:我想还有很长一段路要走,但是也许我很快就不需要你的帮助了。
咨询师:再过几个星期,然后……
来访者:这就是我现在的感觉。

如果要概括以人为中心的心理咨询师所面对的复杂艰巨任务,那么顺其自然、任其成长、放开双手并不是一种完全不恰当的方式。为了完成这项任务,他努力去提供一种"健康关系",其主要特征见表3.5。

表 3.5   "健康"治疗关系的特征

1.心理咨询师公开自己的目标和意图

2.心理咨询师对来访者负责而不是替他负责

3.心理咨询师并不控制来访者而是准备好了被控制

4.心理咨询师并不声称自己知道什么对来访者是"好的"

5.心理咨询师并非"成功"导向的

6.心理咨询师清楚地知道自己在每个阶段想向来访者提供什么

7.心理咨询师向来访者作出承诺并且会为了这种关系而"战斗"

8.心理咨询师准备好了使自己投入到这一关系中而没有任何要求

9.心理咨询师希望来访者自由地做他自己

心理咨询师的独特自我

不证自明的是,无论以人为中心的心理咨询师在建立其咨询关系时如何谨遵相同的潜在原则,他们都会在气质和个人特点上存在很大差异。本书作者也不例外。一个是有些知性而带文学气质的英国人,有时会夹着一把雨伞在天主教堂中嗅闻芳香,而另一个则是起初学习自然科学的严肃的苏格兰人,爱好是耐着性子垂钓毫无防备的鳟鱼。这两种完全相反的人格显然为他们的咨询关系带来了不同的益处以及极其不同的生活经验。作为以人为中心的心理咨询师,我们所关注的是确保自己独特的优势——以及就此事而论的弱点——能够应用于心理咨询工作中,服务于来访者。简言之,我们既希望在工作中做我们自己,也由此迫切地想将自己的**所有**相关才能运用到咨询关系中去,而这样做并无不妥。我们不希望被局限于一组狭窄的治疗反应中,似乎接纳、共感和真诚只能用某些一成不变的方式来进行交流。每一位心理咨询师都有自己独特的技能,如果他能够最大限度地利用这种技能,并且合理运用自己独特的才能,那么心理咨询事业将会更加蓬勃地发展。

心理咨询师的独特天赋通常在其最初工作中并不明显。有意义的是,全神贯注于"干好工作"确保了心理咨询师认真遵守该方法的规范,以及对建立核心条件的完全恰当的强调。心理咨询师会尽力向来访者表示出自己的接纳,并且在自己控制之下使用所有共感技巧来追踪来访者的内心世界。同时他还会煞费苦心地避免带上专家的面具,而当咨询进程变得艰难时他本可以在此面具后寻找庇护。然而,作为初出茅庐的心理咨询师,他可能不敢大胆进行各种冒险,如果他自己的更深层人格将会为来访者服务,那么风险就会出现。只有当他逐渐相信,自己能够作为一个"足够好的"心理咨询师而开展工作时,他才可能会去发现并随后应用这些他自身所独有的特点。

以我们其中一人(索恩)为例,直到几年前,他才发现了自己的一个特点,然后认识到它在很多治疗过程中都具有根本性的重要作用(Thorne,1985,1991a,2002)。然而,正如他所描述的那样,如今这一亲和特点是特殊才能的一种重要表现,而这种才能源自于他独特的人格和经验。这些才能对于咨询过程的含义已经在其他地方探讨过了(如 Thorne,2002:72;2006:35-47),但是就当前目的,我们所关注的是心理咨询师开始信赖其自身存在的各个部分和他本人的经验,而这些部分在他以前的咨询工作中是微不足道的。这让索恩的研究变得有意义。

对独特自我展开冒险

多年来我认识到,自己时常对某些来访者产生一种几乎压倒一切的息息相关感。这些来访者的背景和生活经验都极不相同,而且通常不是那些我可能本来预期会自然而然吸引我的人。我对这种情感的第一反应是不相信它们,并且怀疑我那些心理动力学的同事所说的投射或反移情过程发生了。我告诉自己,我应该警惕这种可能性,然后极度谨慎地继续进行咨询。

然而,有一天,不知出于何故,我决定将这一切顾虑都抛至九霄云外。我想可能是在某种程度上我提醒自己,我不是遵循精神分析传统的心理咨询师,而是相信人类从根本上而言是值得信任的,我属于这一类心理咨询师。我知道自己是一个经验丰富而负责任的心理咨询师,并对来访者的幸福许下了承诺。我自己的一致性——它是我接受了自己所选择的疗法的训练后所产生的——使我意识到自己有一种强烈的感觉,感到自己与某人有了深层次的情感投入,而这个人显然与我没有太多相似之处。无论它有多么神秘或令人费解,我决定相信这种感觉,跟随它而不是无视它或用我惯常的慎重态度来对待它。这一决定意义深远,因为我发现对这种深刻联系(而且它通常毫无预兆地发生)的信任引领我进入了一个似乎超越时空的世界,在这个世界里我与来访者能毫无顾虑且异常清晰地进行交流。我曾经试图用如下语言来描述这种经验：

> 来访者似乎能更加准确地进行关注：他从周围的环境中凸显了出来。他使用的词语是其独有的，肢体动作进一步确定了他的独特性。似乎在一个空间里，无论多么简洁，两个人是完全鲜活的，因为他们给了彼此冒险做到完全鲜活的机会。此时此刻我会毫不犹豫地说——我与来访者沐浴在爱的溪流中。在这个爱的溪流中，我们能毫不费力地、凭直觉地相互理解，而让人吃惊的是，这种理解竟是如此复杂！有时候我似乎接受了来访者的全部，因而不通过任何传记资料就能了解他或她。这种理解是极为个人化的，它必然影响了来访者的自我觉察，并导致了态度与行为的巨变。对我来说，作为一名心理咨询师，伴随它的是一种愉悦感，而当我对它进行求证时，来访者也总是感受到了这种喜悦。（Thorne，2004：10-11）

如今我非常清楚地看到，决定相信这种联系是我迈出的第一步，我希望了解自己对现实的精神体验，并且希望花费大量时间来进行祈祷和礼拜。反思以前的治疗工作，我从前似乎拒绝关注这种经验。我以前对它并不热心，而这似乎刻意使我自己在与来访者的交流中不去理会一些重要资源。但是，一旦我敞开心扉面对自己，我就能够进入灵魂的交融，或与他人的友谊之中，而这是精神生活的基础。当然，我仍然坚信利用咨询关系来传教是不正当的。我再也不会像以往那样在工作中谈论上帝和宗教。区别在于，我现在努力将自己完全呈现给来访者、督导师和受训心理咨询师，而这意味着我不会否认自己永恒的灵魂然后将其置之不理。非常有趣的是，这还意味着与我刚刚从事心理咨询工作时相比，在过去二十年中，我的行为已远远不那么空洞了。对精神自我的欢迎使我能够自由地运用全部自我，包括我的肉体。当我勇敢到足以接受自己的独特性时，似乎我就能够在亲切地拥抱肉体（有时的确如此）的同时触摸到灵魂。在写下这些文字时，我丝毫没有感到困窘，因为我相信，以人为中心的心理咨询师尤其有责任去诚实面对自己所有的特点，并且准备好去承认和探索它们对咨询关系的潜在价值。就我而言，我知道，如果我还是一直否认某些最深层的自我存在部分具有治疗意义，那么也许我会永远无法看到我能从身体和精神上表达出亲切关怀的事实。大概正是由于这种天赋,我的独特自我得到了最充分的体现,而这也正是它为什么会让人觉得是一项冒险的任务,因为脆弱与力量是同等的。然而,如今我知道除了冒险我别无选择。此外,就工作误解甚至诬陷而言,这种冒险的代价有时是巨大的。

心理咨询师正在改变的自我

大概在 20 年前,有人请卡尔·罗杰斯回顾一下他成长的经历。他写了一本名为《逐渐成长》(*Growing Old*)的书,但在出版前他把书名更改为《逐渐成长——或年龄渐长并成长》(*Growing Old-or Older and Growing*)(Rogers,1980b)。该轶事传递了一条重要准则,不仅仅只是对以人为中心的心理咨询师,而且也对咨询关系中的所有人,对自我的探索永无止境,而且如果心理咨询师要遵守其承诺,那么他一生都要面对这个任务。如果这种要求听上去太过分了,那么要记住,心理咨询就是关于改变和成长,而一个始终不变的心理咨询师很可能会成为职业骗子。不仅如此,实际上,心理咨询师不断成长的责任可以使他最充实地生活着。以人为中心的心理咨询师所遭遇的最大挑战不是面对未知时的恐惧(尽管有时可能如此),而是在自我发现的旅途中,知道还有许多最令人快乐的地方还有待探访。正是由于心理咨询师敢于用这种方式拥抱生活,正是由于心理咨询师准备好了向来访者提供一种深层关系,所以在他们那里来访者可以逐渐脱掉伪装,也许生平第一次可以真实地生活。

关系深度经验

在第 2 章的结尾,通过探讨以人为中心理论的新近发展,我们提出在以人为中心的心理咨询中,我们希望不仅能够对来访者当前出现的问题开展心理咨询工作,而且也能够对隐藏在该问题下面的过程和自我对话开展工作,甚至考察这些过程的背后,以在来访者的**存在过程**中与其相遇,而这对来访者是有意义的。我们想跨越有时所谓的**表现自我**(Mearns and Cooper,2005),来访者会在日常与他人的相互作用中运用它。人类擅长带着"面具"面对世界;实际上我们有许多适用于不同社会环境的面具。虽然我们的这些表现是真实而重要的表象,但是它们并没有描述出我们的全部。特别是,它们没有从根本上描述出我们的感觉和信仰，即使我们无需对他人或自己进行伪装。为了使呈现出的面具既适合于社会情境，又是自己希望在该社会情境下被他人所看到的样子，那些日常表象都经过了精雕细琢。许多社会心理学研究都致力于研究那些我们在不同社会情境下所呈现的面具，而这些发现只会让我们对人类高超的技艺惊叹无比。有待争议的是，儿童期的最重要技能之一就是学会如何在不同情境中表现自己。对于只是在一定条件下而没有被广泛接纳的儿童，学会如何多变地呈现自我显然具有重要意义。

咨询关系的独特之处在于它向个体提供了一种情境，而在此情境中他既不被评价，又不被期望用特定方式**存在**。此外，关系显然取决于个体的喜好，因为心理咨询师不要求他给予相等的个人关注。所有这些条件提供了一种情境，使来访者不仅能够表现出自我的表象维度，而且也能够表现出更多的存在自我。然而，如果我们真的去审视多数心理咨询工作的现实情况时，就会发现在很大程度上，来访者还是隐藏于各种自我表象的背后。有时，这些自我表象与在其他生活情境中所呈现出的表象不同，但它们毕竟还是表象，因为他呈现了一种形象，他相信该形象合适于当前情境，并且会给他和心理咨询师留下所期望的印象。为什么来访者倾向于继续采纳这种呈现方式呢？在某种程度上它是习惯成自然——表象及其应用的社交技巧，以及对不同社会情境的适应性已经成为了我们社会生存中的一个重要而根深蒂固的方面，以至于我们很难将其弃之不用，并展现出我们真正体验到的自我与自我经验。这也是为什么参与"会心小组"的经历能如此解放自我的主要原因。通常在最初参加会心小组时，人们还是会隐藏在自我表象之后——有时基于先前会心小组的经历，这些表象会相当复杂。但是会心小组持续的时间越长，他人就越可能看透其表象并开始提出挑战。

在以人为中心的心理咨询中，我们极其认真地区别了应对自我的各个表象与更为基础的、存在性的自我。我们并不满足于仅仅与来访者建立一种良好的**治疗联盟**。研究已经明确表明，在各种治疗方法中治疗联盟都是与疗效相关的一个重要变量（Lambert，1992；Krupnick et al.，1996；Asay and Lambert，1999；Hubble et al.，1999；Keijsers et al.，2000；Hovarth and Bedi，2002；and Beutler et al.，2004）。但是我们希望建立一种更加牢固的关系，因为我们希望来访者遭遇挑战，并对这种关系的强度感到足够安全，从而进入到对他而言人类关系的新领域。我们希望他能勇敢地用其存在自我与心理咨询师建立联系。这对来访者提出了很高的要求，因为他的大部分人生可能都是在隐藏那些他认为如果表达出来，他人会无法接受的自我组成部分——实际上，可能是他自己无法接受。

我们来描述一下以人为中心的心理咨询师为了解决**关系深度**这一挑战所做的工作，关系深度被描述如下：

> 一种两个人之间的深层接触与承诺状态，两人彼此完全真诚相待，并且能够在较高水平上理解和重视对方的经验。（Mearns and Cooper，2005：Ⅶ）

作者进一步描述了心理咨询师的关系深度经验：

> 一种与来访者深层接触和承诺的感觉，心理咨询师同时体验到了来访者的水平较高并始终如一的共感与接纳，并以一种高度透明的方式与其相联系。在该关系中，心理咨询师感到来访者认识到了自己的共感、接纳与一致性——内隐或外在地——并且在该时刻完全是真诚一致的。（Mearns and Cooper，2005：36）

换言之，在建立关系深度的过程中，心理咨询师的作用就是提供共感、无条件积极关注与一致性这些核心治疗条件，所有这些条件都要达到较高水平，从而使每个条件都能促进对方的体验。实际上，试图将关系深度分割为如核心条件这样的亚变量多少具有误导性。关系深度大于这些部分的总和。当来访者体验到了心理咨询师共感的力量，并感到自己被完全接纳——无论他展示出了什么——同时还认识到所有这些都与心理咨询师的自我完全一致而不仅仅只是各种表象时，这种复杂现象的力量就远远大于对单个条件的任何部分的体验。

当然，提供关系深度并不一定意味着它要被接受或作出反应。心理咨询师只能提供：来访者必须选择是作出反应。有时候情况会变得略微复杂一些，因为来访者体验到了心理咨询师提供的东西并将其储藏起来，并为将来可能作出的反应进行准备。同样，来访者的反应也并不一定反映了心理咨询师的愿望。只有在某些情况下，来访者才会有意识地将此刻的关系力量象征化；更为常见的是，来访者的反应会朝着一种更加一致的经验与表达模式而发展。

关系深度经验的相互依存这一概念常常被误解为其中隐含着心理咨询师和来访者的经验具有**共同性**。然而这种情况并不多见,因为心理咨询师和来访者通常关注不同的方面。对于心理咨询师而言,**图形**,即他关注的焦点是关系。但是对于来访者而言,图形是其个人进步而**背景**是关系。在来访者的经验中关系深度是一扇扇打开的门,帮助他放弃自我防御,从而更加完全而一致地表达自己。心理咨询师与来访者的这种经验差异在麦克米伦和迈克李欧(McMillan and McLeod,2006)的一项研究中得到了很好的说明。

表3.6向我们展现了来访者萨莉(Sally)的经验,心理咨询师通过将各个核心条件有力地整合起来而向她提供了关系深度,表中还向我们展现了与以前的咨询经验相比,该关系深度的不同之处。

萨莉使我们了解到了其经验的独特性。她指出了心理咨询师所提出的挑战的力量,而她能够对此作出反应,因为它来自于心理咨询师对她的理解和重视。但是在陈述的结尾,萨莉还给了我们另一个有趣的洞见,她试图向我们描述是"放弃防御"使她不再那么恐惧,而不是心理咨询师实际上做的任何事情。这提醒我们,以人为中心的心理咨询在提高来访者**能动性**上的重要性(Bohart and Tallman,1999;Bohart,2004)。我们不应将心理咨询简单地理解为心理咨询师提供关系深度,使来访者作出反应,从而使咨询过程产生疗效。对来访者的变化产生重要影响的核心变量是来访者的**能动性**,即来访者作为一个自主的人而能够进行思考、感受和行动的程度,而自主的人在并不忽视其社会情境限制的同时,又有信心相信自己的经验。我们的目标就是试图激发和促进来访者的能动性。在随后的三章里,我们将系统地介绍共感、无条件积极关注以及一致性这些核心条件,但是我们希望记住两件事。首先,将关系深度分成这些组成部分会有助于我们更详细地了解每一部分,但是任何一部分离开了其他部分,就会相对而言没有意义了。我们需要记住的第二件事是,这些条件本身并没有决定来访者的改变能力,是来访者自己决定了这些条件所产生作用的大小。不过,我们可以肯定的是,在改变的神秘炼金术中,以及在来访者逐渐学会充分运用其能动性的过程中,心理咨询师那种完全做到真实的自我并真实、勇敢地进行生活的能力对来访者的改变起到了关键性的作用。

表3.6　"我不必再伪装了"

　　我不再需要伪装了。以前我曾经接受过三次心理咨询。他们的经验都很丰富，我想我从他们那里获益匪浅。但是这次完全不同。刚开始我不知道怎么接受玛丽（心理咨询师）。她的"直截了当"让我无法习惯。我的第一个念头是她对我有些"严厉"。我更习惯温和的方式。但是，她比以前任何人都能够更加全面地了解我。她甚至可以**穿透**我的防御来了解我。有一次，她向我提出了挑战，问我是否在以一种特殊方式与她谈话——用一种可以让她对我有好印象的方式。这真可怕——但她的确说得很对——我觉得这来自于她对我的了解，而不是对我的任何"判断"。我回答说，是的，并直视她的眼睛。我甚至没有找一些通常会用的借口。从那一刻起一切都不同了。我认识到自己对任何问题都有两种回答——"伪装的"以及"真实的"回答。我开始把两种回答都告诉她。我开始用一种不同于以往任何时候的方式和她说话。甚至我说话的语气也不一样了——不再那么尖刻，而是更加严肃，总而言之，更加"令人讨厌"了。我开始更加充分地体会到一切事情，当我有了情绪时，它们更加强烈了——同样，更加令人讨厌了。我心存恐惧地认识到，我在以前的生活中几乎从来没有"真实"过，我已经习惯了"戴着面具"来面对这个世界。

　　随着我放弃了防御，我们来到了以前从未进入过的领域。除了我过去常常有的情感以外，我还看到了其他的情感。对于母亲的死，我不仅仅只看到了自己的悲伤，我还感觉到了对她的憎恨和悲哀。有趣的是，"放弃防御"实际上减少了我的恐惧。这很难解释，却很重要。她不仅仅只是让我感到安全，而且她让我不再需要防御。她作为一个真正关心我的人对我提出了挑战，而我作出了回应。正是我的回应和不断作出反应而使我不再那么害怕——我并没有依赖她。这很不寻常。

4 共 感

共感

治疗关系的中心维度之一是**共感**。简洁的定义无法传达出这一过程的全部含义,但是作为本章更为全面论述的引言,以下内容可能就足够了:

> 共感是一种持续的过程,在该过程中心理咨询师把自己的经验和觉察现实的方式放到一边,而让位于对来访者的经验和知觉进行感受并对其作出反应。随着心理咨询师切身体验到了来访者的想法和情感,就如同它们源于自身,这一感觉会强烈而持久。

按照表4.1中再现的顺序,心理咨询师对来访者比尔(Bill)作出了五次反应。所有这些反应,包括他触摸比尔的肩膀,都是共感反应,只要它们准确地反映了比尔当时的状态。

从咨询录音里选出共感的例子并不容易,因为共感不是心理咨询师对来访者作出的单个反应,也不是如表4.1中所描述的那样是一系列反应,而是一个过程。它是一个与来访者**同甘共苦**的过程。

表4.1 对一名失望教师比尔的共感

比　尔：我想我应该早就知道把它仅仅"当成一份工作"来做不会那么容易；我是说……我本来以为只要自己"不那么投入"就能够拯救自己。

咨询师：但是你发现这并不能"拯救"自己——情况还是很糟或者更糟糕了，是吗？

比　尔：是的，更糟糕了。我以前不相信事情会更糟糕。我本来以为没有什么会比发现自己对孩子们尖叫、有时关上门一个人哭更糟糕的了……至少那时我还活着。

咨询师：而现在你不是了。

比　尔：我现在只是行尸走肉……实际上有时我连行尸走肉都不如。

咨询师：……有时候你甚至连行尸走肉都不如。

比　尔：是的——现在我常常不想去（学校）——我一想到要去就几乎要吐——可能我得了学校恐惧症——想想看！……教师得了学校恐惧症！真可笑（笑声）！

咨询师：听起来你并不感到这很可笑。

比　尔：（停顿……开始哭泣）。

咨询师：（温和地把手放到他的肩膀上，一言不发）。

尽管生活在相同的物质世界里，但我们体验它的方式却各不相同，因为我们是从不同的角度或者以不同的**参考架构**去观察它。当心理咨询师对来访者进行共感时，他要将自己的参考架构置之一旁，并从那时起采用来访者的参考架构。这样他就可以在自己的世界里了解来访者如何体验事件。实际上他甚至可以体会到他如何感受事件，就好像这些感受是他自己的。例如，在表4.1的末尾比尔在笑，但是心理咨询师明白这并不是他此时此刻的感受。他已经采用了比尔的参考架构，并且知道他对于学校以及自己在学校的地位而感到极度失望。他不仅仅只是在思考他的感受；在比尔哭泣之前，仿佛他也即将感受到同样的"紧张"或喉咙发紧。对于比尔的感觉他感同身受，但是自始至终，共感感受性的释放都处于他的控制之中：他没有在比尔的参考架构里"迷失"，而且可以随时从中抽离出来。共感的这一**似乎**(as if)特点是以人为中心的心理咨询师所应具备的一项关键专业技能。他能够以这种强烈而富有感情的方式对待来访者，而同时又使自己不受控于那些感受。心理咨询师的这种控制对于来访者而言至关重要：它提供了一种安全感，使来访者知道虽然他在自己的世界里感到绝望和迷茫，但心理咨询师会是一个值得信赖的、始终不变的、能够理解自己的人。

有时候这些特别强烈的共感经验会使我们忘记,在以人为中心的心理咨询中,共感不仅只是发生在一些重要时刻,而是出现在大部分时间里。自从该关系开始的那一刻起,心理咨询师就在尝试走进来访者的参考架构,并陪伴他漫步于自身世界中。当我们陪同某人一起旅行时,我们可能会对途中见闻有所评论,而这在共感之"旅"中同样也会发生;心理咨询师也会评论自己的所见所闻。这些评论通常被称为**共感反应**。这些反应本身并不是共感,但它们是分享来访者的旅途(即共感)的产物。

这种把共感视为一个过程而非一种反应的观点在过去曾遭到了极大的误解。研究者们发现,与共感过程相比,量化的共感反应更易于进行研究(Truax and Carkhuff,1967;Carkhuff,1971)。基于逻辑实证主义的研究必须尽可能地限制和减少人为过程,以便于对其进行考察。不幸的是,这种狭隘的共感观不仅存在于研究中,许多人还认为它是共感训练的基础。它导致的结果就是基于以下错误假设而对心理咨询师进行共感反射训练:如果他们表现出了这些行为,那么共感就发生了。在表4.2里心理咨询师表现出了貌似共感的反应,但是单凭这一点还无法得知他是真的陪伴在来访者旅途中还是仅仅作出了一般的反射性反应。

表4.2   简单的反射性反应
来访者:我似乎真的在那儿飞——像是飞进了一间黑暗的大屋子里。我现在并不害怕……我喜欢这种黑暗……
咨询师:你进入了那个黑暗的地方……相当地快……感觉不一样……现在不害怕……甚至很快乐……
来访者:是的……

在表4.2中,心理咨询师的回答表明他听到了来访者的话,但是他的反应表明他不能肯定他完全理解了来访者此刻的经验。单凭这个反应不一定会对来访者造成影响。然而,如果来访者能在一系列的互动中始终感受到心理咨询师的理解,那么他就会觉得融入到了与心理咨询师共感的过程中。

如果研究是要考察共感的过程,那么要考虑的就不只是心理咨询师的语言反应以及来访者怎样知觉这一回应,还要包括导致这种反应的连续互动以及先前就已经建立起来的相互理解。假如研究真正考虑到了所有这种相关的行为和经验,那么就有可能开始发现共感过程的本质及其影响。否则,它就是一种过于简单的还原论者的游戏,只能看到共感的"交流技巧"方面。

总之,共感不是对来访者的一种反应"技术",而是一种与来访者建立关系的方法。共感的感觉常常像是与来访者同乘一辆火车或过山车!不论前途多么崎岖,心理咨询师都参与并陪伴在来访者的旅途中。有时路途平坦,有时停停走走,前无道路,步入僵局,疑惑迷茫。这些旅行有着同样的即时性与紧张性,不论是在游戏室里面对一个六岁孩子,还是在监护病房里面对一个精神分裂症来访者,或是在学校咨询室里面对一个无法决定是否离开大学的学生。共感就像一部电影,而共感反应是情节发展过程中的一些静止镜头。然而,最开始是从考察这些技巧而起步的;通过探究各种不同的共感反应示例,受训心理咨询师会从中获益匪浅。

共感量表

从**共感量表**这一概念开始会对我们有所帮助。共感量表只关注心理咨询师的共感反应,但它是一种有效的方法,能使我们认识到共感的准确程度各有不同。对于熟知来访者、经验丰富的心理咨询师,充分地保持在共感状态相对较容易;可是对于受训心理咨询师,要找到通往来访者内心世界的道路则需要大量努力、需要经历一些失败以及一些部分成功,从而获得一些经验而不只是技巧。共感量表讨论的就是命中、不中或部分命中这一问题。

特鲁克斯和卡克胡夫(Truax and Carkhuff, 1967)设计出了复杂的共感八点量表。它们不仅只用于研究而且也用于心理咨询师的培训,用录音带记录下心理咨询师的共感反应后,然后运用该量表对其进行等级评定。通过讨论这些等级评定,以及受训心理咨询师可能作出的其他反应,能够使受训者获得更多交流其共感的途径。

就我们的目的而言,共感四点量表就足以说明共感反应的差异了。在该量表中,有以下几种不同水平:

水平0:该反应表明倾听者并未理解来访者所表达出的感受。它可能只是对来访者感受的评论,或者是判断性的反应,它可能是建议性的、伤害性的或拒绝性的。

水平1:该反应表明倾听者部分地理解了来访者的感受,并对来访者作出了一些非常肤浅的反应。共感的这一水平有时也被称为**减损性**共感,因为倾听者在作出的反应中已经丢失了来访者经验中的某些东西。

水平2:在该反应中,倾听者理解了来访者所表达出的感受和想法。这一水平有时也被称为**准确共感**。

水平3：该反应表明倾听者对来访者的理解已经超越了其当下的觉知水平。倾听者不仅表达出了对来访者表层感受和反应的理解，而且还表现出了对**潜在**感受的理解。它有时也被称为**添加性**共感，不过更常见的是被称为**深度反映**。

这些不同水平可以用以下咨询案例来解释。心理咨询师作出的实际反应符合水平3的描述。不过，除了再现该反应，我们还列举了可能出现的其他水平反应。

举 例

在该摘录中，来访者是一个成年学生，其自尊心的成长主要是基于她发现自己是一个颇受欢迎又有能力的学生。然而，她却为夫妻间的相处模式而感到苦恼。她咬牙切齿地说：

他把我当成一个孩子——总是照顾我，宠着我……都要把我憋死了！他没有意识到我进入大学之后，就不再是个孩子了……我是独立自主的……我能照顾自己。

可能出现的四种水平的反应如下：

水平0：男人都一样——你最好甩了他们！除了过早提出建议这一不恰当的判断性反应之外，该反应并没有表明倾听者是把来访者当作一个人来理解。这更像是朋友或熟人并不想来访者进一步深入探索自身想法时所作出的反应。

水平1：天呐，这一定很难熬。这种反应似乎表明倾听者部分了解了来访者的感受。至少心理咨询师体会到了来访者的痛苦与艰难，尽管在这种减损性反应中，其感受的性质并没有反映出来。

水平2：似乎他没有理解你……你再怎样改变……他仍然像过去那样对待你，这种方式以前可能很不错，但现在已经不合适了……而你对此非常生气……这里心理咨询师的反应准确地反映出了来访者感受的性质和强度。这种敏感的反应不仅考虑了来访者所说的话，还涉及了来访者说话时的咬牙切齿所明显流露出的气愤。心理咨询师用自己的话把来访者的反应反馈给了来访者自己，这也进一步证明心理咨询师理解了来访者。

水平3：我看出你很生气，他不明白你正在改变……那种愤怒真的很强烈……可是我也想知道……你看上去好像在发抖……你是因为愤怒还是另有原因？在这段摘录的真实咨询过程中，心理咨询师的反应导致了来访者长时间的沉默，似乎心理咨询师触及到了她的意识边缘。来访者在这一沉默之后回答说："是的……是的，我很害怕……我害怕会失去他。"该案例证明了深度反射的重要性，因为心理咨询师使来访者意识到她不只是对丈夫感到生气，而且她还极度害怕他们可能会离婚。随后来访者找到了这种恐惧的源头，即事实上尽管她的确变得越来越独立，但她还没有完全独立。

有时心理咨询师试图作出水平3的共感反应，但却碰壁了。例如，在上例中来访者可能会在思考了心理咨询师的话后回答说："不，我只是对他很生气!"这种反应可能表明了以下两种情况其中之一：要么是心理咨询师正确地感受到了隐藏于表面情绪之下的某种东西，而来访者还无法意识到它或者将其表达出来，要么就是心理咨询师搞错了。不管两种情况中哪个正确，都并不那么重要，因为以人为中心的心理咨询师可能会暂时将它搁置一下。打个比方，以人为中心的心理咨询师想在来访者更深层的经验水平里"敲敲门"，但他并不想破门而入。

如前所述，探究共感反应能够带来启发，因为它们有非常具体的形式，但是这也带来了危险，即受训心理咨询师也许会假设存在一种能适合于任何情境的完美反应。在上例中，心理咨询师在水平3作出的反应非常适合于他与来访者的关系。来访者信任并尊重心理咨询师，而且绝不会被他所威慑，但是面对说出同样话语的另一位来访者，作出这一完全相同的反应也许就不是共感。在该例中，共感之所以发挥了作用是因为心理咨询师感觉到了处于来访者觉知边缘的其他某些东西：**这种感觉就是共感**。换言之，这些话、这些共感反应只不过是共感进行过程中的路标。对于受训心理咨询师来说，仅仅照搬该例中的反应将是毫无意义的行为，因为他们将语言和感觉分离开来。语言并不重要——对于上例中的相同感受，心理咨询师可能已经通过很多不同方式而将其表达了出来。例如心理咨询师也许身体前倾并在关注的沉默中握住了来访者的手。这样一种非语言的却强有力的反应也许能帮助来访者接触到其觉知边缘。

对于来访者和心理咨询师之间非语言表达性行为的各种例子，书面文字是无法恰当再现的。深度反射极大地取决于心理咨询师在多大程度上感受到了这些表达性行为对该来访者所具有的意义，如低垂的头、沙哑的声音、握紧的拳头、眼神凝视或身体的颤抖。来访者的全部交流包括其语言和表达性行为。有时这两个部分甚至可能传递出不同的信息，而心理咨询师的深度反射将会反映这一差异;例如:"你说你现在感觉好些了,但你听起来还是很紧张……现在真的没事了吗?"来访者自相矛盾的语言和非语言行为的这一问题也在第7章的**伪装**与**线索**部分进行了探讨。

心理咨询师的表达性行为是其共感反应的重要组成部分,特别是在深度反射的情况下,例如:心理咨询师和蔼的语气可能反映了来访者经验的性质,而不是心理咨询师实际上所选择的语句,或者心理咨询师也许通过低下头、声音颤抖、握紧拳头、眼神凝视或身体颤抖的方式来传递其理解深度。

尽管深度反射代表了共感的深刻程度,但它绝不是心理咨询师使用最频繁的反应模式;水平1和水平2的反应更为普遍。在这些水平中,心理咨询师在不同程度上成功地表现出了愿意追随来访者的意识,而在水平3中,实际上他稍微超越了该意识。然而,水平1和水平2为咨询过程提供了营养和水分。它们使来访者和心理咨询师能够控制他们在旅途中的关系密切度。甚至水平1的反应也许足以向来访者表明心理咨询师愿意并且努力试图去了解他——通常这一意愿和努力比其他任何东西都要重要。

甚至当心理咨询师对来访者的经验只表现出了部分的理解时,来访者也常常会为心理咨询师(有时也顺便为自己)继续去澄清那段经验,例如:

来访者:我觉得自己完全被它束缚了。不能放弃这份工作因为这样太冒险了……! 我不知道以后会怎么样……这真的让人很绝望。另一方面,我不能继续干这份工作了,因为它正在缓慢而持续地摧毁着我——并且这种摧毁变得非常严重。

咨询师:所以真的很难作决定?

来访者:不仅仅是难以作决定……(停顿)……是不可能作决定——我似乎很绝望,害怕自己根本就不能走……似乎这是我第一次看见了希望,也是第一次认真考虑辞掉这份工作……当然这也是我在生活中第一次如此不知所措。

在以上摘录里,心理咨询师只是表现出了对来访者经验强度的部分理解,但是,正如通常出现的那样,来访者会帮助两人一起进行下去,并且在该过程中他认识到了自己正在体验到的"不可能"。

共感与评价点

以人为中心的心理咨询师对来访者、他们之间的差异和他自己力量的影响力很敏感。不同来访者之间差异的一个重要维度是第 1 章中所描述的**评价点**。通过敏锐的观察,心理咨询师会发现,面对评价点**外化**或相当**内化**的不同来访者,自己传递共感的方式会大不相同。具有外化评价点的来访者对于外界评价极度敏感。他完全处于恐惧状态下,无法相信他对自己的判断;在极端情况下,他甚至不能相信自己对自身感觉的判断。这令人恐惧不安,而在这些情况下他甚至会绝望地抓住他人对其评价的可能性。对于这种来访者,心理咨询师应该对自己的添加性共感所具有的潜在侵入性保持小心谨慎。特别是心理咨询师不应该说出自己在来访者身上感受到的任何潜在情感,因为来访者将不得不把这些标签当作事实而接受——他不会像评价点更为内化的来访者那样对心理咨询师的话进行审视和校正。表 4.3 举例说明了心理咨询师在作出反应时考虑到了来访者的评价点方式。默恩斯(Mearns,2003:80-83)进一步探讨了对来访者的评价点给予敏感关注的重要性,其中谈到了在这种易受影响的来访者身上诱发出**虚假记忆**的危险性。

表4.3 对评价点的共感感受性

这位来访者,阿德里安娜(Adrienne),具有深度的外化评价点——她很难作出判断,甚至对自己的经验。我们呈现了缺乏经验的和经验丰富的心理咨询师可能作出的反应。

阿德里安娜:我对过去也许是"虐待"的记忆很模糊。事实上,我甚至不知道它们是记忆——也许它们只是我的想象。我也有一些感受,但是它们在所有地方都有。我感到很伤心——我哭过很多次,所以我想我一定很伤心。我很沮丧……但是我不知道沮丧是针对别人还是我自己。

缺乏经验的咨询师:那么愤怒呢?愤怒是你其中的一种情绪吗?(这个人正在努力成为一名心理咨询师,他曾上过一次关于"童年曾受虐的成人"的课。他知道了愤怒通常是一种被压抑或压制的情感,而治疗过程的一部分就是让来访者表达出这种愤怒。不幸的是,当面对具有外化评价点的来访者时,这个问题是入侵性的,并且会导致来访者假设她一定很愤怒或者应该愤怒。来访者的自我感觉甚至可能会更糟,因为她无法感受到这一假设中的愤怒。)

经验丰富的咨询师:记忆也许不是……哭泣也许是难过……沮丧也许是针对别人或者是自己。你**现在**感觉怎么样……在你说这些事的时候?[以人为中心的心理咨询师没有指导来访者表达什么而是提供了一个**过程指导**(Rennie,1998),在这种情况下,使来访者关注此刻并把感觉集中到当前。通过这样做,心理咨询师还使她学会将自己作为评价点。]

共感为何在咨询中重要以及如何重要?

多年的研究已经很好地证明了共感与有效的咨询存在相关(Barret-Lennard, 1962; Lorr, 1965; Truax and Mitchell, 1971; Gurman, 1977; Patterson, 1984; Sachse, 1990; Lafferty, Beutler and Crago, 1991; Burns and Nolen-Hoeksema, 1991; Orlinsky, Grawe and Parks, 1994; Duncan and Moynihan, 1994)。并且这一积极发现在跨文化(Tausch et al., 1970, 1972)甚至在考察其他治疗方法如认知疗法(Burns and Nolen-Hoeksema, 1991)和短期动力疗法(Vaillant, 1994)的研究中都是一致的。其意义不仅表现在对神经官能症来访者的治疗中,而且还表现在精神分裂症的诊断中(Rogers, 1967)。事实上,在后者的研究中发现,高水平的准确共感使精神分裂来访者的症状明显减弱,而共感水平低的精神分裂来访者的症状出现了小幅的增长(1967:85-86)。这不仅表明共感对问题严重的来访者有所帮助,同时也说明没有成功创造共感过程的心理咨询师实际上可能会伤害来访者。不同学派的资深心理咨询师都对共感过程表现出了类似的关注(Fiedler, 1950; Raskin, 1974),这突显了共感的重要性。

然而,共感为什么会有如此积极的影响还有待讨论。当然,共感表现了心理咨询师对来访者的理解,而这一事实本身就可以提高来访者的自尊("天呐,有人理解我!")。或许,正如我们在第1章所说的那样,是心理咨询师想要努力了解来访者的愿望使共感产生了效果("我对这个人很重要,他努力想了解我")。在某些情况下共感的重要性在于它能够化解疏远感,因为面对一个以很私人的口吻向你展示深刻理解的人时,保持疏远状态几乎是不可能的。这种观点可能有点愤世嫉俗,但是在一些情况下,心理咨询师共感的重要性可能与来访者很少在其他帮助者身上获得类似的理解有关。("这个人真正试图努力了解我……他没有把我当成宠物而是真正在聆听我")。如果共感产生作用的原因可以多种多样,那么它产生作用的过程同样也可以多种多样。当然共感的一大作用是通过关注来访者表面和潜在的感受,从而使他提高对这些感受的认识。觉察到以前所否认的情感是来访者对其负起责任的第一步。例如,一个女人可能意识到了内心潜在的对丈夫的愤怒,而她以前否认了这种愤怒并将其感觉为"烦恼"。已获研究验证的另一个共感结果就是,它鼓励来访者对自己进行更进一步的、更深入的探索(Tausch et al., 1970; Bergin and Strupp, 1972; Kurtz and Grummon, 1972)。换言之,当心理咨询师表现出自己理解了来访者当前的感受和想法时，来访者自然地向着打开更深层次的觉知迈进了一步。显然"被理解"的感觉将对此有所帮助，但是共感过程同样也激发了来访者的"自我能动性"（Bohart，2004；Bohart and Rallman，1999），正如第 3 章的末尾所提到的那样。不是心理咨询师改变了来访者——而是心理咨询师帮助来访者找到了自己的能动性并引发他们自己开始改变。心理咨询师的共感积极促进了来访者的能动性。共感通常提出了一个与来访者有关的问题——但它从来就不是对来访者的回答。心理咨询师的共感潜在地要求来访者回顾自己的经历并对其过程作出自己的判断。以人为中心的心理咨询师甚至在自己的用语上也表现出了对共感这一唤醒功能的觉知。心理咨询师不是通过明确和结论性的话语来结束咨询，例如："所以你对那件事很生气"，心理咨询师会通过更试探性的、提问性的话语来鼓励来访者进行更深层的探索："所以……你对那感到……'生气'？"通过提出这一试探性的问题，心理咨询师不仅验证了自己的理解，而且也潜在地鼓励来访者继续思考在其觉知边缘上还有什么东西。这时，他正在进入一个特殊的共感特定领域——关注。

关注"觉知边缘"

在本章中我们已经谈到了关注和觉知边缘。在使用这些术语时，我们想到了尤金·T. 金德林对我们认识共感过程所作的贡献（Gendlin，1981，1984，1996）。他指出，重要的不是来访者对某一事件的当前感受，而是来访者尚未完全觉知的潜在情感和反应。在**深层反映**的例子中我们已经看到了潜在情感可能产生多大的影响。有时候这些感受和表面情感是一致的。然而，在有些情况下，潜在情感可能与表面正在经历的情感完全相反。例如，来访者可能表面上出于礼貌而默认了某事，而与此同时，在他并没有完全意识到的情况下，其内心对此是不满的。其他时候，潜在情感既不与表面情感一致也不与其矛盾，而是以一种完全不同的方式来看待该事件。例如，表面上来访者难以作出现实决策，但是事实上它隐藏了对失败的强烈恐惧。在所有这些例子中，认识到潜在的情感对于获得进步至关重要。

金德林进一步指出，潜藏于表面情感之下的东西并不总是能够恰当地被描述为种情感本身——有时它比情感更加模糊和微弱，称为**感觉**可能更为恰当。它可能是一种感觉，例如"紧张""黑暗""坠落""变好""烦恼""柔软"或者"温暖"。金德林使用了术语**觉察感受**来探讨我们处于已知和未知之间的觉知边缘。"知道的"可以是来访者表面的情感以及对事件的其他行为反应,而"未知的"可以包括所有更深层的情感水平,它们与先前事件有关,或者是对未来的期望。已知的是可达到的,而未知的则不能仅仅通过关注已知的而被触及。适当的关注位于已知与未知的觉知边缘上。仅仅关注已知的表面情感可能只是回顾先前事件,而关注边缘(觉察感受)则是通向未知的大门。在表4.3中第二位心理咨询师请来访者关注其当前的觉知边缘而不是停留在罗杰斯所称的**已排练材料水平**上(Rogers,1977)。

在与来访者进行的共感旅程中,心理咨询师可能时常关注来访者的话语以及相伴随的情感,但是完全与来访者**同甘共苦**则意味着心理咨询师要关注和考察来访者对于该问题的觉察感受。表4.4中说明了彼此间的轻松转换。在该表中心理咨询师和来访者都试图寻找金德林所说的**关键词**,以求准确描述觉察感受。最初心理咨询师尝试着用"紧张"来描述来访者扭曲的面部和身体所表达出的感受。通过重复该词,来访者尝试了这一关键词"紧张"。金德林谈到了来访者在深层感受上与关键词产生了**共鸣**。在我们的摘录中,来访者随后将关键词改为"绷紧"并进一步变为"上了发条"。这时来访者已经达到了其觉察感受,它随后打开了通向恐惧的大门,而这种恐惧通过发条玩具的比喻表达了出来。在极短时间内来访者已经从已知的——即通过被上了发条的觉察感受而表达出的兴奋感——而到达了未知的,即他害怕自己的行为可能对生活毫无意义。

表4.4　　关注来访者的觉察感受

咨询师:自从我们最后一次见面,你已经制订了很多计划。我可以看出来你对此感到兴奋……但这是你所有的感受吗? 当你考虑自己的计划时没有其他什么感受吗?

来访者:(停顿)不,我只是感到兴奋——真的很希望有所改变(停顿)。但是(长时间的停顿)我确实感到了其他的什么……但并不明确……那是一种(扭动面部和上身)……

咨询师:……一种……"紧张"?

来访者:是的——一种紧张——绷紧……我就像小孩子的发条玩具一样被上了发条——我似乎迫不及待地要行动——疯狂地行动……并且可能随后就像玩具一样停下来,而所有的事又会和从前一样(他剧烈地颤抖着)!

有时关键词以**比喻**的形式出现,就像表4.4中来访者关于发条玩具的比喻。比起单个词语或词组,令人惊叹的是比喻通常能够更充分地描述感觉的性质和强度。更令人惊讶的是比喻可以跨文化分享,例如:**感觉就像大男孩们刚刚偷走了我的新玩具**。这个几乎通用的比喻表达出了遭受侵犯后的深深失落感,至少在西方文化中它是通用的。

一个问题的觉察感受可以根据其**滋味**而进行比喻,无论我们关注的是整个问题还是仅仅一个小的方面,觉察感受都是一样的。表4.5说明了这种觉察感受的性质。

表4.5　觉察感受的"滋味"

在此摘录中,来访者唐纳德(Donald)有段时间一直拒绝谈论他与妻子的关系。心理咨询师引导他不去从一般角度来思考这种关系,而是只关注于其中一个方面:即将与妻子进行的度假。关注于这一细小的具体部分使唐纳德感受到了自己对与妻子关系的觉察感受的滋味。

唐纳德:我想我和海伦真的相处得不错。我们已经从婚姻中收获了很多——而且孩子们看起来都很快乐。孩子们都长大和独立了,也许现在我们可以一起做更多的事。

咨询师:你们要做的一件事就是去度假。我记得你说过这将是二十多年来你们第一次一起度过的假日。想到那个假日你有什么感觉?……或许花一点时间专心想一下。

唐纳德:(停顿)(唐纳德僵硬地坐在椅子上)我觉得……害怕……恐惧……太可怕了——我像要喘不过气来……"窒息"。

唐纳德:(几分钟后)……当然不仅仅是因为假期——只不过这使我们的关系成为明确的焦点。我真不知道我们的关系会变成什么样。我们已经太久没有单独相处了。我很害怕自己会发觉它令人窒息——即使孩子们已经不在了,但是他们在时我们定下的所有制约仍然还会存在……没有什么好的东西会留下来。

心理咨询师在聆听来访者时,试图对来访者的觉察感受进行**回应**以使他能听清它。来访者能够思考心理咨询师的话,以及它们在多大程度上与自己的觉察感受产生了共鸣。通常来访者对自己重复这些话是有益的;来访者实际上会在很大程度上对自己重复一遍这些话,而他们这样做似乎是为了看看它们是否与自己的觉察感受产生共鸣,事实上这很有趣。也许它们的确产生了共鸣,而也许他能够进一步改进。找到了正确的关键词后,它们与觉察感受的共鸣通常会让来访者从紧张中释放出来。事实上,来访者通常会深呼吸或者用语言表达出这一解脱。金德林还谈到了**身体回应**。它是指来访者所说的话与其真正的觉察感受之间明显缺乏共鸣。表 4.4 对此进行了说明,当时来访者停顿了一下,试图接触其觉察感受,但是他接着说"不——我只是兴奋"。这些话显然并不符合其觉察感受,正如随后证明的那样。在对自己说这些话时,很可能他的身体会对这种不符有所反应。有时它体现为一种突然的紧张,或者仅仅只是心理有一种强烈的错误的认知和对自己的不可原谅。这种回应有许多其他强烈表现。例如,当人们必须作出一个非常重要的决定时,一种类似现象有时就会发生。当人们确实要作出决定而又认识到其他选择对自己的重要性时,它通常就会出现。例如,当一对伴侣最终决定要分手时,通常只有在那一刻,他们其中一人或者两人都发现在自己内心深处其实希望在一起;当人们真的要结束自己的生命时,有时也会出现一种类似现象。只有在他们选择结束自己生命的那一刻,他们才清楚地感觉到这并不是自己的本意。

关注本身就是一个独特的过程,在广泛的人类环境中具有适当性,同时它也是以人为中心心理咨询的一个组成部分。心理咨询师常常通过十分简单的方式,潜在地引导来访者去反思自己当前的体验。一字不差地重复来访者自己的话甚至就为他树立了一面镜子,使他能够感受到深层体验。其他学派的心理咨询师常常忽视这种反射的效用。表面上它看起来只不过是对来访者的话鹦鹉学舌。但是,如果它来自于心理咨询师的共感感受性,那么它就能够帮助来访者在其觉知的边缘而接触到其内心的真正想法,正如下例:

> 来访者:……嗯……我只是为此感到有些沮丧……仅此而已。
>
> 咨询师:……嗯……你只是为此感到有些沮丧……仅此而已。
>
> 来访者:(停顿)……可恶……根本不是这样……我对此感到一团糟。

在该例中,心理咨询师只是对来访者重复了他自己的话,但他这样做是因为来访者的经验感受告诉心理咨询师,来访者很清楚事情对自己产生了什么影响(关于心理咨询师的共感反应如何帮助来访者进行关注,更多内容参见 Mearns,2003:84-87)。

无须理解

心理咨询中的一个常见误解是,心理咨询师**理解**来访者在说什么十分重要,而这就是共感。事实上,心理咨询师的理解不是目的——真正的目的是创造条件使来访者认识自己。在培训的早期,心理咨询师会为了验证自己的理解而打断来访者的思考。来访者一般都会彬彬有礼地肯定或更正心理咨询师的理解,然后再回到自己的思绪。

如果心理咨询师更关注于贴近来访者当前的体验而不仅仅是理解他的话,那么共感会更有助于建立深层关系。与来访者感到心理咨询师理解了自己的话相比,让来访者感到心理咨询师此刻真正地贴近了自己——心理咨询师正在设身处地地感受着他的感受——会对来访者产生更大的帮助。

我们来看看以下两种共感反应:

理查德:我不知道该怎么办——我快被撕裂了(低下头开始哭泣)。一方面我需要离开罗伯特。另一方面我不能离开他。我要离开他才能生活下去(紧握并晃动拳头)——我们的关系对我来说实在太沉重了。但我不能离开他,因为这样会要了他的命,而且这样我也活不下去了(摇头并且哭泣)。我该怎么办呢?我究竟该怎么办呢?(看着心理咨询师)你会怎么做?

咨询师A:这的确很难作决定——离开他还是不离开他——无论哪种选择你都会难过。你想知道我会怎么做——对吗?

咨询师B:这快要把你撕裂了——我能感受到你的内心。你渴望得到自由——但是后果又很严重——你摇头哭——你觉得太可怕了。你请求我与你一起分担沉重的压力。

不是说反应A比反应B更短而且更简略,咨询师A就比咨询师B差,而是理查德感受到的关键不同在于心理咨询师B更接近于他自己的情感体验。她感受到了他的经验,并且能够用语言表达出来而不是仅仅表现为理解了他的话。这才是对建立深度关系产生重要影响的东西。

在实际上不可能理解来访者所讲述内容的情况下,以人为中心的方法在探究共感上比其他大多数方法做得都要多(Zinschitz,2001)。例如,在面对有精神创伤的来访者时,创伤的影响是如此之大或奇异,以至于如果心理咨询师不理解来访者所说的话,那么他就会艰难抗争。我们在表4.6中给出了一个例子,它曾在早期著作中出现过(Mearns and Thorne,2000:129-130)。

表4.6 聆听表述

托尼(Tony)很痛苦。他一早上都坐在房间角落的地板上,不停地哭泣。对于托尼来说这是第一次哭泣。托尼的更多特点是要么极其合群要么一声不响。托尼23岁,是曾经去过越南两次的"老兵"。他没有谈及自己的战争经历。托尼的心理治疗师比尔坐在他身旁的地板上,挨得非常近但是没有碰到他。在一个小时里他们两人一句话也没有说,交流一直处于紧张状态。现在托尼第一次说话了:

托尼:我不能,我不能,我不能⋯⋯

比尔:对,⋯⋯你不能。

托尼:没有人能。

比尔:(沉默)

托尼:(用拳头敲击地面并大叫)我应该杀了我自己。

比尔:(沉默)

托尼:我应该走⋯⋯我必须走⋯⋯我必须远离自己。

比尔:(沉默)

托尼:我不知道怎么才能做到。

比尔:这很难,托尼⋯⋯这很难⋯⋯毫无办法⋯⋯

托尼:毫无办法⋯⋯毫无办法⋯⋯人们是怎么做到的呢?

比尔:只有上帝才知道,托尼。

托尼:你能抱抱我吗,比尔?

比尔:(抱住了托尼)

很久以后,比尔这样评价这次会谈:

这个例子说明了在根本不知道发生了什么的情况下,如何与一个人**感同身受**并与其进行沟通。然而你一直可以**感受**它们——并置身于这些感受之中。几个星期以后我发现了这次会谈的"内容"。托尼一直生活在犯下战争罪恶的那部分自我里。人们会在战争中犯下罪恶,而战争结束后却无法原谅自己。托尼一直感觉到了那一部分——他想摆脱它——想去掉它或远离它——一个较恰当的比喻就是"驱除"它。但是,当然,无法做到这一点——因为这是我们的过去。

在表4.6中,如果比尔觉得自己必须理解托尼所说的话,那么他就不会获得深入进展。然而，即使不理解，但他仍然能够通过倾听托尼的经历并以强有力的共感方式而与托尼感同身受。在另一个案例中，正如第 6 章中默恩斯和库珀（Mearns and Cooper，2005）所再现的那样，心理咨询师面对的挑战是如何对受到精神创伤的来访者里克（Rick）进行共感，他在最初的 26 次会谈中完全一言不发。

在以来访者为中心的预先疗法中，心理咨询师、护士或者主要工作人员遇到的挑战是如何与严重交流障碍者（例如，深度学习障碍或急性精神病来访者）建立关系。（Prouty，1994；Portner，2000；Lambers，2003；Prouty，Van Werde and Portner，2002；Van Werde，2003a and b；Kreitemeyer and Prouty，2003）。预先疗法的创始人加里·普劳蒂（Garry Prouty）将该过程与共感紧密联系了起来：

> 预先疗法的实践就是共感接触的应用……预先疗法就是"指向具体事物"……它是一种逐字逐句的具体的共感反应形式。（Prouty，2001：158）

预先疗法体系告诉工作人员怎样以一种十分具体的共感方式而对来访者表现出的特定行为或者会谈环境作出初步反应。这时工作人员试图帮助来访者与自身体验有更深入的接触，并且在工作人员与来访者之间建立某种心理接触，从而使有关来访者体验到的有意义的交流能够持续下去并获得发展。在描述预先疗法时，范·沃德列举了几种不同的、试图建立接触的**反射**，例如，关于会面环境因素的情境反射、表情反射（"你在笑"/"你看上去很生气"）、肢体反射（你在椅子里摇晃）、学舌反射（即来访者的话被重复）、重复反射（即重复之前成功的反射方式以进一步加强接触）（Van Werde，2003b：122）。这些可能只代表了很小的、具体的步骤，而这项工作的对象是情感生活曾被极度忽视的人。在以来访者为中心的预先疗法中，我们有一个能够应用于整个支持性环境——医院病房、护理室或者熟悉的家——的交流体系。

预先疗法反射的一个有趣的特点是，在来访者中断交流时心理咨询师会自然而然地使用它们。如果在预先疗法中没有任何背景，心理咨询师会在来访者遭遇交流障碍时采用更具体的方式："约翰，你的脸在扭曲""玛丽，你坐得很僵硬""威廉，你在盯着窗外"。在跟随来访者进入具体情境中时，以人为中心的心理咨询师运用自身的感受性来试图寻找与来访者进行共感交流的新天地。共感就是我们在与他人的联系中释放自己的感受性。

释放我们的共感感受性

共感的心理咨询师是天生的还是造就的？关于我们共感能力的基础有各种各样的假设。有些人假定我们要么生来就有，要么生来就没有。如果这种假设是真的，那么许多心理咨询师培训就是多余的——我们需要的不过就是一种挑选具有共感能力者的方法。一种截然相反的假设认为共感能力完全是习得的。这样就更强调培训而不是挑选，因为我们有可能在任何人身上训练出共感能力。

本书作者的立场与第二种看法略有不同；我们把共感视为心理咨询师**本人集中于来访者的智力与情感的感受性**。通过多年在不同环境中生活，对他人的观察和联系，人的这种感受性获得了不断地发展。甚至三岁幼儿也有足够的感受性来判断父母的心情并对小错误作出反应。长大成人以后，这种对他人的感受性已经在成千上万的与他人的交往中建立了起来。我们每个人都拥有这种感受性的巨大潜能，它使我们能够关注他人。因此，培训的目标就是释放这种感受性，培训的作用应该是帮助心理咨询师根据需要，更频繁、更充分、更多变地释放出自己的感受性。我们把这种感受性的逐渐释放视为心理咨询师的一个成长过程——培训师、督导师和咨询经验能够促进这一过程，但它本质上还是处于心理咨询师的控制之中。在这一成长过程的早期阶段，心理咨询师的问题可能会是他希望开始进行共感。留在自己的参考架构内并对来访者的情况发表意见要简单得多——也安全得多。只要咨询过程完全遵循医疗模式，来访者甚至可能会预期并接受心理咨询师的这种置身事外。但是以人为中心方法的心理咨询师会不满足于这种表面接触，他会逐渐释放自己的共感感受性。

多年的研究一直证明了以下发现：比起缺乏经验的心理咨询师，经验丰富的心理咨询师对来访者提供了更大程度的共感（Fiedler，1949；Barrett-Lennard，1962；Mullen and Abeles，1972）。但是除了经验以外，另外一个变量是心理咨询师**整合**的程度。在一种极端情况下，个人成长不完善的心理咨询师不仅会导致较弱的共感理解力，甚至会因为不适感以及对关系缺乏信心而削弱了其共感理解力（Bergin and Jasper，1969；Bergin and Solomon，1970；Selfridge and van der Kolk，1976）。后面这一发现尤其有趣，因为它提醒我们，共感并不一定是我们在任何情境下都表现出的固定性质。心理咨询师运用其感受性，并相信其自我的能力取决于他与来访者的关系以及他作为一个人有多专注。心理咨询师**清空自己**以接受来访者的经验,任何扰乱心理咨询师稳定状态的事物都可能打断其共感感受性的释放。这些因素通常称为**共感障碍**,随后将对其中一些进行讨论。

共感障碍

理论问题

在心理咨询师的共感障碍中,也许最令人惊讶的是他自己有关人类行为的理论(还参见 Mearns,1997a:129-132)。他用来预测个体行为的任何理论都是潜在的威胁,它们随时会妨碍心理咨询师把自己高度发展的感受性集中于来访者的个人世界里。有时候这些理论有研究基础,可以称为**心理理论**,例如:

- 抑郁者无法清晰地思考。
- 智力较差者不善于表达出自身的问题。
- 来访者对我的愤怒或喜爱可能是移情的表现。

虽然其他理论没有研究基础,但是心理咨询师同样也可能会对其坚信不疑;通常这些**个人理论**以偏见的形式出现:

- 富人没有**真正的**问题。
- 直接面对困难是获得进展的最佳方式。
- 女人可能比男人更脆弱。

无论心理理论还是个人理论都对预测**单个**来访者的行为毫无用处。即使是以心理学研究为基础的理论也只反映了人类行为的趋势或平均水平,它们不可能有效地告诉我们某一独特来访者会有什么感受或行为。与其被理论误导,还不如与来访者产生共感,以发现其个人独特的反应。也许这就是有些心理学者觉得以人为中心的方法如此困难的原因之一。在他们能够完全体验到来访者的个体性之前,他们必须把自己的满腹学识和自己关于人类行为的理论放在一边。

但是我们都有关于人类行为的理论,并且在某种程度上我们会在情感上相信它们会实现。我们不仅希望它们是正确的,而且从情感的角度来说我们也**需要**它们是正确的。出于这一原因,以人为中心培训的一个重点就是发现并挑战个人理论。然而,即使已经发现了个人理论,但是正如表 4.7 所示,它们仍然可能是心理咨询师理解个体来访者的障碍。

表 4.7　个人理论可能成为障碍
一位心理咨询师报告了他以前对一位来访者所作的咨询: 　　我记得曾对一个刚失恋的来访者进行的咨询。我一直等待着,希望找到一些悲伤、失落或者抑郁——但都没有。我始终以为自己看到了这些情感的征兆,但她否认了。因此我开始考虑她一定压抑了所有这些情感,于是我试图帮助她寻找克服这些障碍的方法。我觉得她对此相当厌烦。一直到几个星期错误的共感之后,我才认识到起阻碍作用的是我对刚失恋者的个人理论:认为他们会感到悲伤、失落、抑郁。在此之前,我一直很难认清这位活泼乐观的、想在生活新体系的重构中获得一点帮助的女士。

需要特别指出的是,有一种特殊的个人理论会极大地扰乱共感。这种理论可以陈述如下:"如果我也曾遭遇和来访者一样的情境,那么来访者可能会产生与我相似的经验。"具有这种**共同经验**常常可以使交流变得容易,并且使来访者和心理咨询师之间更容易建立起早期的信任。经验实际上是相似的,就这一方面,它也会有助于进行共感:心理咨询师可以敏锐地猜测来访者此刻的经验。然而,心理咨询师也应该认识到,共同经验有时候也会成为咨询的障碍,会使共感更加困难。心理咨询师会开始感同身受,这是危险的。这可以称为**错误共感**,因为它貌似共感而事实上不是。它是指心理咨询师将自己置于来访者的位置,并错误地认为自己在这一位置上的感受就是来访者的实际感受。[注释:在高水平的功能上,心理咨询师会在治疗中有效地应用其个人的许多自我经验,这些自我经验被当做"试金石"而使他与来访者进行更深入的接触(参见第6章)。不同之处在于,他知道这种个人经验并不是来访者的经验而只是一种途径,它使自己(心理咨询师)进入一种情感状态,能够更充分接纳来访者。]

因此,显然心理学的和个人的理论都能阻碍我们释放出自己的共感感受性。心理咨询师的成长将帮助他认识到自己所持的理论,以及它们如何影响了他对来访者的知觉。有时以人为中心的心理咨询师根据这一点而提出,在与来访者会面之前,他们应该尽可能少地了解来访者及其生活——任何了解都可能阻碍共感。我们认为这种看法过于简单。心理咨询师所面临的更大挑战是允许这些了解去激发他们对来访者的想象,以便准备好从他那里领略更广泛的经验。心理咨询师不允许这些信息去定义自己的来访者,与此相反,而是要扩展他已准备好去面对的更多可能性。与该态度显然有关的一个方面是不同文化中普遍存在的共感。拉戈(Lago,2006)明确指出,她对共感的特别强调将以人为中心的心理咨询师置于一种从不同种族背景下来认识来访者的坚定立场上。然而,这会成为一些以人为中心心理咨询师的捷径,他们会认为不必了解来访者的种族背景,更糟糕的是,他们会从来访者本人那里了解其背景。这看上去似乎合情合理,但是来访者必然会感到沉重的负担。它导致的结果就是已有大量文献指出了以人为中心方法的这一缺陷,不仅只是种族差异(Inayat,2005;Khurane,2006;Lago and Haugh,2006),还包括如何处理同性恋、双性恋、变性人团体,尤其是在"粉红"系列中所呈现的那样(Davies and Neal 1996,2000;Neal and Davies,2000)。显然,在我们看来,以人为中心的心理咨询师应该渴望了解来访者的差异性。事实上,它是以人为中心心理咨询师成长计划中的核心要点——扩展对人性的认识(Mearns,2006b;Mearns and Cooper,2005)。例如,学习伊斯兰的自我概念有助于心理咨询师认识更多的概念,比如 qalb(**精神世界**)、nafs(**自我**)、ruh(**灵魂**)、fitra(**潜在神性**),这些概念来自于一种神学,这种神学饱含了持续性个人成长和对他人负责任的观点。当然,这种学习不能告诉心理咨询师下一位穆斯林来访者的情况,或者如同任何宗教一样,要考虑的差异实在是多如牛毛,但是它会拓宽心理咨询师的想象,并让他更敏锐地发现来访者经验中潜在的差异。同样令来访者高兴的是,他无需向一无所知的心理咨询师解释自己的宗教信仰。

心理咨询师的需要和恐惧

到目前为止,心理咨询师的共感所遇到的影响最广泛、最棘手的阻碍是咨询关系中他本人的需要和恐惧。"饱受困扰的人无法进行共感",这句话经常应用于来访者,而有时它同样也适合于心理咨询师。例如,有些事情可能会阻碍心理咨询师进行共感,诸如心里想着其他突发事件、尴尬或者甚至是对来访者的痛苦感到恐惧。对来访者强烈的同情或憎恶也可能成为阻碍,使心理咨询师无法设身处地感受来访者当前此刻所深受的困扰。有时候,以下需要会给经验不足的心理咨询师造成障碍:希望看到来访者"每次会谈都有所进步",或者在更一般意义上"希望自己能有所帮助"。后一种毛病的主要症状就是每次会谈都必须以积极评价而结束;从来没有完全正视过痛苦;而共感的旅途只是沿着安全却逐渐无效的道路在进行。

当心理咨询师强烈需要来访者喜欢或需要自己时,那么停滞也就有可能发生,因为在与这种强烈需要进行抗争时,心理咨询师可能会丧失其共感经验的完全性。在这种情况下,心理咨询师是在通过需要而与来访者相联系,这使他无法对来访者的改变敞开自己,因为这种改变会从根本上影响他自己。所有心理咨询方法都认识到了这一困境,它是过度投入中的一种(参见第 8 章)。去聆听一个其改变会影响自己的人要困难得多。这种情况的一个特例是心理咨询师与其同伴的关系。一个常见的潜在假设是,花时间聆听陌生人应该比聆听自己的同伴要有效得多。但是当然事情并不如此简单,因为我们多少都"投入"到了同伴中。因为我们敞开自己聆听同伴的变化时,我们可能会听到自己的生活也将发生改变。受训心理咨询师有时会使自己在这种预期中度过一段痛苦的时光。

释放个体的共感感受性是一种给予的行为。心理咨询师把自己当做一面镜子给予来访者。卡尔·罗杰斯(Rogers,1986)逝世前写了最后几篇文章,在其中一篇里他提醒我们保持这面镜子清晰的重要性。他引述了一段话,它来自早些时候西尔维亚·斯莱克(Sylvia Slack)所写的一篇文章,作者在文中评论了自己与罗杰斯的一次咨询会谈:

> 罗杰斯博士就像一面充满魔力的镜子。在会谈中我将光线射向那面镜子。我从镜中看到了真实的自己。如果我感到镜子被接收到的光线影响了,那么反射出来的东西似乎就是扭曲的、不可信的。(Slack,1985:41)

当心理咨询师陷入困境时——并由此变得脆弱——他没有准备好进行共感,而且即使他进行共感,它也可能被他自己的混乱所扭曲。当个体变得脆弱时,一种正常的反应就变成了**自我防御**——不是通过共感而敞开自己,而是退缩并与来访者保持距离。随着心理咨询师通过训练、经验,以及督导而成长,他们有希望变得充分的**自我接纳**,这样他们在与来访者接触时就会不再那么需要进行自我防御。对于以人为中心的心理咨询师来说,培训和持续成长过程中的一部分就是要逐渐认识到对诸如共感等技巧造成阻碍的那些个人因素。实际上,个人成长是培训的一个基本方面(Mearns,1997a),我们在本书的第 3 章深入探讨了心理咨询师的自我接纳这一重要问题。

我们关注于共感感受性释放障碍这一概念,这是以一种相当消极的方式来看待心理咨询师的成长。我们同样可以从"战胜阻碍"这一角度来进行论述,因为随着心理咨询师的信心和能力的增强,他能够以更多方式去释放自己的共感感受性。他能够相信自己,并且能够在与来访者的接触中越来越多地运用自己。随着这一成长不断发展,共感、和谐和无条件积极关注这三个人际关系的基本维度会变得更加整合,直到它们成为应有的状态——不可分割。

对来访者不同自我组成部分的共感

当心理咨询师寻找来访者的这一整合时,部分来访者的各个自我**组成部分**之间可能表现出了明显的分裂。第 2 章已经对**自我多元观**进行了描述,自我多元观成长心理学的典型特征之一,是各个不同学派和取向的研究者都发现了相同的现象,只不过他们使用了各自不同的语言来描述自己的发现(Cooper et al.,2004)。

心理学中以人为中心的分支创造了**自我整合**这一术语并由默恩斯和索恩(Mearns and Thorne,2000:chapter 6)进行了详细阐述,整合的以人为中心治疗理论也在该书的第 7 章有所阐述。在后者的探讨中,以人为中心的心理咨询师所遇到的挑战与其共感有关。例如,当来访者的自我不同组成部分指向不同方向并且甚至可能处于你死我活的斗争中时,心理咨询师怎样对来访者进行共感呢? 来看看来访者阿琳(Arlene):

> 阿琳:我的一部分自我说,我能够平静下来的唯一方式就是杀了我自己。
> 而另一部分自我则是一个哭泣的胆小鬼,用小女孩的尖叫来哀求宽
> 恕。她越尖叫我越想杀了她——我对她越愤怒。我想要割断她的
> 喉咙,看着她流血而死。我想要看她苦苦哀求,然后微笑着杀死她。

对阿琳的心理咨询工作很棘手,因为她内心的自我冲突很剧烈,而这可能会对她本人带来危险。某些自杀出现的可能性之一就是自我的一部分想要杀死另一部分。自杀未遂后的第二天接受咨询的来访者中有 50% 都对自杀没有成功而感到庆幸(O'Connor,Sheehy and O'Connor,2000),这一事实使我们想

知道该原因有多普遍。在该领域我们将会发现以人为中心的心理咨询师之间存在着差别。对于如阿琳这样的来访者,一些心理咨询师会严格遵守非指导性原则,并针对他们所表现出的一部分自我或几部分自我而展开咨询工作,相信阿琳会渡过难关并提高自己,而事实也的确如此。其他心理咨询师,如本书作者,并不那么相信这一过程无法避免。我们会努力与阿琳的这些自我组成部分进行共感接触,希望如果我们能够与所有部分都建立起某种对话,那么阿琳将会在更加全面认识自己的基础上作出决定,而这一希望同样也备受争议。因此,在面对自我的不同组成部分时,我们所支持的以人为中心方法的原则是,努力对所有自我组成部分进行共感,正如与阿琳继续进行的对话所表明的那样:

> 戴夫:你真的很想毁灭她——还不止这些——你想要看到她受折磨——你想要她知道她快要死了……并且……你想要她苦苦哀求。
>
> 阿琳:天呐——她必须乞求。这个婊子只能乞求。她一次次地让我不得安宁。她必须乞求……然后发现她还是要流血而死。
>
> 戴夫:她一定对你干了特别坏的事儿。
>
> 阿琳:哦,是的,哦,是的。

需要指出的是,尽管阿琳这些不同自我组成部分的特点很明显,但她并没有分裂。这些部分还没有非常彼此分离和人格化,它们之间也没有信息阻塞,而分裂过程中则会出现这种阻塞。她仅仅只是显示出了内心剧烈的冲突。

这种情况下,心理咨询师的最糟糕行为就是由于剧烈的冲突而变得恐慌害怕、手足无措,或者试图将该冲突封闭起来。阿琳正在讲述危险的事情,而这些是在她与心理咨询师治疗关系的背景下发生的。比起孤立无援和没有对话,这给她提供了更多的希望。

迄今为止,在对话中心理咨询师正试图对阿琳身上想要破坏其余部分的那部分自我进行共感。该对话导致了随后的发现,即阿琳与他人建立的关系模式最终会使她遭受虐待。然而,阿琳的另一部分自我在这次会谈中还没有发言,而这很重要。以人为中心心理咨询师的责任就是聆听来访者的**全部自我**,而不仅仅只是那个最大的声音。因此,在随后的会谈中,我们发现了如下交流。

戴夫:阿琳,你的某部分自我给你带来了如此多的困扰,你已经说了很多对她的厌恶——不,说"厌恶"不对——你对那一部分是憎恨。但是,她是你的一部分。我想知道她来自哪里呢?

阿琳:那该死的婊子是个妓女——她是个妓女。

戴夫:她还在那里——还在这里——仍然是你的一部分,但是……天啊,你恨她……你真的很恨她。

阿琳:(沉默……)

戴夫:(沉默……)

阿琳:她在哭。

戴夫:(沉默……)

阿琳:她只能那样做。

除此之外,读者会感到还有很多东西意犹未尽。不过阿琳所说的东西已经足以使我们作出判断。正如本书作者所支持的那样,以人为中心的原则是努力与来访者的所有部分产生共感。有时候,来访者以不同部分来象征其自我,这时就要求心理咨询师努力与不同部分进行共感接触。它可能意味着一种沟通,例如对阿琳的心理咨询。但它不仅仅只是"沟通"——它是心理咨询师人性的体现,该"沟通"不只接触到了来访者的一部分人性,而是接触到了其全部人性。

4

共

感

75

5 无条件积极关注

如果说很难将共感局限于某些特殊行为反应，那么无条件积极关注同样也令人难以捉摸，因为它是心理咨询师的一种**态度**。不过，我们可以用相当直接的语言来定义这种态度：

> 无条件积极关注是以人为中心的心理咨询师对来访者所持的基本态度。持这种态度的心理咨询师非常重视来访者的人性，并且不会因为来访者的任何特殊行为而影响这种重视。这种态度体现在心理咨询师对来访者始终如一的接纳和持久的温暖中。

以人为中心方法持该态度的特点在于其始终如一性。无论来访者的行为如何，以人为中心的心理咨询师都能够对各种来访者表现出这种态度。对于那些勤奋工作并一贯尊重心理咨询师的来访者，心理咨询师很容易对其给予重视，但是如果来访者不断自我挫败，认为自己一无是处，积极操纵他人，或者直接攻击心理咨询师从而掩饰自己的脆弱，那么心理咨询师则会很难对其保持这种态度。对来访者的这种接纳态度不仅表现在对不同来访者都一视同仁,而且贯穿于以人为中心的心理咨询师与任何一位来访者的关系之中。尽管实际上来访者本人可能并不重视自己,而且即使心理咨询师并不喜欢或者赞同其所有行为,但是来访者感觉到在他们的关系中心理咨询师自始至终都重视自己。心理咨询师可以将来访者接纳为有价值的人,尽管他不喜欢来访者的某些所作所为。通常,那些言行举止有时令人很不愉快的来访者会对这种基本接纳提出严峻考验。表5.1列举了这样一位来访者,她很不招人喜欢,但是一旦心理咨询师迈出了接纳这一步,那么其行为也就变得可以理解了。

表5.1　一个害怕爱的、一无是处的人
玛丽是一位教师,她受朋友的推荐来找心理咨询师。在第一次会谈中她始终都冷若冰霜,有几分疏远,对于咨询能给自己带来些什么并不特别热心。她热衷于谈论自己对学校里的孩子们的憎恨。 　　"我憎恨某某。他们每天都会嘲笑你。当你冲他们大吼时,他们就窃笑,并且安静不了一分钟。要想教他们法语那很困难:我试图做的一切就是教会他们最基本的礼貌行为,虽然是用法语。也许我获得的唯一快感就是让他们不安地扭动。他们有些人太狂妄自大,你就不要去指挥他们,但是你对付一些年纪更小的很容易。把他们弄哭了我感到很高兴。" 　　多数人会对这位教师对待小孩子们的粗暴态度而感到不快。正常反应会是指出她的态度令人无法接受,并试图让她重新思考继续从事该职业的道德准则。但是,进行该评判并不是心理咨询师的工作,因为这样只会切断沟通而不是加深沟通。这种暴力行为并不代表着她整个人,接受这一点有助于心理咨询师继续对她保持兴趣、关注,甚至是给予温暖。在第三次会谈中,当她说出了以下这段话时,我们发现了某种东西,而它有助于了解该教师对他人的外在暴力: 　　"有时我感到很悲伤……非常悲伤。我从来都不能在任何人面前把它表现出来。我只有在自己的公寓里哭泣。我非常害怕见到他人……我就是对他们感到很恐惧……我想我是害怕他们会看到……真实的我……一个害怕爱的、一无是处的人。"

　　用以描述这一态度的词语有很多。我们已经提到了**无条件积极关注**和**接纳**。另外一个曾经广泛使用的词语是**非占有性热情**,有时人们更喜欢使用**尊重**一词,尽管它本身并未描述出该态度的许多基本特点:有时我们可以非常冷淡地而有条件地尊重某人。卡尔·罗杰斯用于描述该态度的一个词语是**珍视**。在其美国背景中,这是一个较好的选择,因为比起其他大多数词语,它传达出了一种更强烈的情感。与此相似,大卫·凯恩(Cain,1987)使用了**肯定**一

词来强调该态度对来访者所产生的作用——它"肯定"了他的价值。对于该态度的一个不太恰当的名称是**喜欢**。对于受训心理咨询师,这种差别很重要,对他们而言,喜欢登门拜访的每一位来访者并没有太大意义。正如其他地方所描述的那样(Mearns,2003:3-5),在我们的文化中"喜欢"是带有很多条件的。我们一般喜欢那些与自己相似或者互补的人。因此我们的喜欢以相似性或互补性为条件。然而,将来访者当作一个有价值的人而给予**重视**是无条件的——面对一个与自己具有截然不同价值模式的个体,同样也有可能深切重视其人性。表5.2重现了一位以人为中心心理咨询师的一篇匿名摘录,他描述了对一位来访者的喜欢与重视的差别,这位来访者是一位政治家。

表5.2　我不喜欢他,但是我深切地关心他

当我从收音机里听到他的声音或在电视上看到他时,我会同时产生两种反应。我会对他的右倾政策和言论摇头、皱眉。我觉得他完全残酷无情——丝毫不关心穷人的疾苦。但是,与此同时,我常常发现自己在微笑。我很了解他。我知道,虽然他看上去信心十足,但是他在会谈前会因为神经性焦虑而焦躁不安。我还知道他有爱心——它所表现之处可能与我不同——但是他有爱心。他的的确确相信自己的一派胡言(对我来说,它就是"一派胡言")。他由衷地相信,就长远而言,如果让人们自力更生而不娇生惯养(他本人的话),那么他们就会得到帮助。他是真诚的同时他也是整合的——他说出了自己的信仰,并且对其一直坚信不疑。虽然我永远也不会投他的票,但是我认为他值得信赖——在我自己的政党中很多人并不具备这一品质。我不喜欢他,但是我深切地关心他。

虽然**喜欢**与**重视**之间的差别对于心理咨询师而言很重要,但是对于来访者这种差别一般并不存在,他们更多地使用"喜欢"而不是更专业的术语。

无条件积极关注为何重要?

那些在压制性**价值条件**(参见第1章)下成长起来的来访者早已认识到,只有自己的行为符合了他人的期望,自己才会被重视。心理咨询师对来访者的无条件关注是很重要的,因为它直接打破了这种条件价值:无论来访者是否符合"条件",心理咨询师都对其给予重视。利塔尔(Lietaer,1984)使用了**对抗性条件作用**这一术语来描述由于心理咨询师的无条件积极关注而引发的过程:始终认为来访者其本身就值得重视,而无论他是否满足了其生活中已被设定好的价值条件,这样就打破了迎合价值条件与被重视这二者之间的条件联结。

在破坏条件价值的过程中,无条件积极关注打破了来访者消极的、自我挫败的循环过程(参见图5.1)。缺乏自我接纳的来访者的行为反映了以下态度:他并不期望他人会重视自己,因此在与他人的关系中,其**自我防御**格外强烈。他可能表现出脆弱、过度的攻击性、冷漠,或者他可能会更多地逃避亲密的社会交往。这些行为几乎不受他人欢迎,实际上可能会把他人赶跑,而对来访者而言,这个事实又提供了更多的证据说明没有人爱自己,自己不招人喜欢。由于心理咨询师没有因为来访者的自我防御行为而改变态度,反而对其内在价值提供了始终如一的接纳,因此无条件积极关注打破了这一循环。

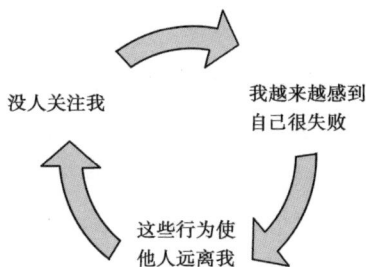

图5.1　自我挫败循环

心理咨询师的这种不同行为影响了来访者在咨询关系中的行为。既然来访者在与心理咨询师的关系中不必采取自我防御,因此他开始感到足够安全,并更多地表露自己,更加深入地探索自己的体验。

心理咨询师的无条件积极关注不仅通过反驳价值条件帮助来访者感到不必再保护自己,同时它还对来访者重视自己产生了更加直接的影响。从某种意义上说,来访者被心理咨询师的接纳态度所感染,并且渐渐地,他开始对自己也持这一相同态度。只有当来访者开始以这种方式去重视自己,尽管是尝试性的,真正的成长才会发生,而对于许多来访者,这种平生初次自我重视是以下感受的直接结果:感受到了心理咨询师对自己的重视并认为这种态度是可能的。沃森和斯特克利(Watson and Steckley,2001)所做的研究证明了无条件积极关注具有重要治疗效果。当来访者具有高度发达的自我防御机制并将他人拒于千里之外时,以人为中心的心理咨询师在早期会谈中应该记住,自己的无条件积极关注态度最终会产生巨大的作用。

一些自我防御的来访者

有时候,高度自我防御的来访者很容易使心理咨询师感到心灰意冷。例如,来访者玛丽(Mary)、罗杰(Roger)和詹姆斯(James)已经形成了各自独特的方式,通过阻止亲密关系以使自己不进行人际接触。

玛丽45岁,没有好好收拾自己。蓬头垢面,衣服破旧,灰黑相间。尽管内心波涛汹涌,但她面貌憔悴而木然,身上还散发着一股味道。前两次会谈的大部分时间里她都在哭泣,并且最后都是说"我不知道你为什么为我这样的人操心"。

罗杰,35岁,是一名成功的商人,他极不情愿地来咨询自己的婚姻问题。在第一次会谈中,他说妻子是罪魁祸首,因为"她不知道自己的位置"。在罗杰看来,妻子的新朋友"向她灌输了许多不切实际的念头"。罗杰解决婚姻问题的方式是,"如果她愿意回来做一个本分的妻子,那么什么事都没有了"。谈到自己的工作时,罗杰津津乐道地讲起了自己近来刚刚打败了一个不足挂齿的竞争者,虽然明知他无法在规定时间内还清贷款,罗杰还把钱借给了他:"虽然给他的贷款收不回来了,但是随后廉价收购破产的企业,而不是买下一个盈利的企业,这样花钱会更少。"罗杰认为这位从前的竞争者是"懦夫",他在这次事件之后曾经试图自杀。

詹姆斯18岁,对他的咨询进行得很艰难,因为他疏远、多疑而怒气冲冲。以下摘录发生于第一次会谈进行到30分钟时。先前大部分时间里詹姆斯都在嘲弄心理咨询师:问他是否受过任何训练,为什么他"那么老",并且嘲笑他的衣服。心理咨询师没有采取任何办法使这30分钟更好过些,而是下定决心要忍受詹姆斯的攻击。随着时间的推移,詹姆斯的攻击达到了最高潮,他说出了下面的话:

詹姆斯:好吧——你告诉我怎样才能找到一份工作……接着说…… 告诉我……"给我建议"——毕竟这是你的工作——接着 说——赚你的钱,你这个骗子!
咨询师:(长时间的停顿后)我觉得你是在试图越来越激怒我……似

乎你真的想打架或者诸如类似。

詹姆斯:是的。你说得对,我想打架——你和所有其他人都一样……
一个一门心思只想着自己的空想社会改良者。我打赌你喜
欢把自己看成"一个乐于助人的好人"。我认为你是一
个——我想你不是什么好东西——继续赚你的钱吧,你这个
婊子。

咨询师:(长时间的沉默后)我的确觉得受到了伤害……我也感到很
伤心(沉默)。你感觉怎么样?……你也觉得受伤害了吗?
(长时间的沉默)

正如随后表现的那样,这三位来访者都有四个共同之处:

- 他们都十分悲伤。
- 他们都强烈地感觉到没有人爱自己。
- 他们都不爱自己。
- 他们都非常脆弱。

这些来访者的行为看上去大相径庭,因为他们的脆弱通过各自不同的自
我防御模式而表现了出来。玛丽退回到了深受伤害的"儿童"阶段;而罗杰则
投射出了冷酷的傲慢和优越感;詹姆斯用愤怒、猜疑、疏远和直接攻击作为与
他人保持距离的方式。他们的自我防御拉开了与他人的距离,因为他们隐藏
了自己作为一个人的真实自我,以躲避外部世界。无条件积极关注没有受到
这些自我防御盾牌的影响,而是等待、始终重视个体的价值,由此**获得准许**可
以来到盾牌的背后。

个人语言

个体在防护自身弱点时所用的特殊方式只是其**个人语言**——用于表现自
我不同方面的特殊方式——的一个方面。如果心理咨询师面对的来访者来自
不同文化、不同语言,那么他需要特别耐心、宽容、关切地去发现其语言的含
义。他要谨防过早作出判断,因为他知道这些判断可能建立于自己并不了解
来访者的语言和文化的基础之上。对于正在努力形成无条件积极关注态度的
心理咨询师来说,对所有来访者都作出相同假设是有益的。他可以在最初假
设阶段,每位新来访者都有自己的个人语言来表达自我,心理咨询师的主要任

5

无条件积极关注

务是通过共感这一方式,揭示并了解这种语言。对于心理咨询师新手,这种方法很有用,因为它可以帮助他始终关注来访者,注意力也不会因为其某些行为而转移。心理咨询师不对来访者的行为进行评判,他关注的问题是这一行为对该来访者意味着什么? 这里有一些个人语言的例子,这些个人语言对相关来访者都具有不同含义:

- 吉姆(Jim)的笑话通常意味着他很紧张。
- 波利(Polly)的眼泪通常意味着她很生气。
- 罗伯特(Robert)的气愤通常意味着他很伤心。
- 萨莉的兴高采烈通常意味着她需要获得赞美。
- 彼得(Peter)的那种微笑意味着他受到了伤害。
- 简(Jane)"为世界而哭泣"说明她正与"软的"自我相接触,而她很重视这一点。
- 格斯(Gus)说出的温柔字眼是爱的强烈信息。
- 布赖恩(Brian)说话时仔细斟酌反映出他真心希望不要因为误解而伤害他人。
- 戴夫的唐突鲁莽反映出他对控制的恐惧。
- 唐纳德一再迟到可能意味着他对正在发生的事情感到不安。
- 道格(Doug)一再迟到可能意味着他喜欢自己掌握着控制权。
- 查理(Charlie)一再迟到意味着他对守时不太在乎。

随着心理咨询师逐渐了解了来访者的个人语言,其行为变得易懂了,并且隐藏于行为后面的个体也渐渐变得更容易看清和给予接纳。以这种类似的方法接受过精神分析训练的布鲁诺·贝特尔海姆(Bruno Bettelheim)将治疗严重心理问题儿童的工作称为"发现并理解一种逻辑,而该儿童的行为就是以此逻辑为基础"(Bettelheim,1987)。

当我无法接纳来访者时该怎么办?

在本章随后内容中,我们将更详细地探讨,在个人工作方面心理咨询师可以做些什么,以培养其无条件积极态度,但是缺乏经验的心理咨询师早期可能关注的一个问题是,当自己无法接纳来访者时,他们可以采取哪些实践步骤。通常这一问题会出现于咨询关系早期而非后期;有可能心理咨询师很快就不喜欢来访者,或者早在第一或第二个阶段就感到自己想从这种关系中退缩。

当心理咨询师意识到了这种退缩时,他可以回忆一下我们曾说过的自我防御系统——其设计目的就是造成这种反应——让他人远离。意识到这一点甚至有助于心理咨询师停止判断,并在更长的时间里保持开放和好奇。他可以采取的另一个实践步骤是集中更多注意力对来访者进行共感。当他本能地想退出时,这一努力可能并不那么容易就奏效,他可能不得不强化自己的努力,反复提醒自己"我还不了解这个人"这一事实。这种有意识地进入共感能够产生两个好的结果:首先,它将心理咨询师的注意力从自己转移到了来访者身上;其次,共感过程本身就有助于揭示来访者身上更新的、更深的方面,从而使心理咨询师对自己早先作出的判断提出质疑。

心理咨询师可以采取的下一个步骤就是关注督导中的自我。在督导师的帮助下,他会提出一个问题"对于这位来访者还有什么我不知道?"。这是一个颇为有用的问题,因为它不仅开拓了新的可能探究领域,而且提醒心理咨询师其先前判断是建立在有限证据之上的。对这一问题的关注可以通过表5.3中所描述的练习进行补充。

如果顺利的话,如表5.3中所描述的探究会帮助心理咨询师找到自己判断的源头。隐藏于心理咨询师能够采纳的这些实践步骤之下的,是承认心理咨询师的厌恶实际上是他自己的问题。对于以人为中心的心理咨询师,反复将自身情感的责任投射到来访者身上是不应该的。

表5.3　关注治疗关系

如果运用了关注练习中的原理(Gendlin,1981),那么心理咨询师就能够关注于自己与来访者关系的**感觉**。每个问题依次提出,并给予足够空间,以便进行比表面水平反应更深入的思考,这样先前未被象征的反应就会出现。

○当我想到来访者时,我感觉到了什么?——这是全部感觉吗?

他身上有什么美好的地方吗?(依次关注)

○当我关注这个的时候,我感觉到了什么?——这是全部感觉吗?

他身上有什么丑陋的地方吗?(依次关注)

○当我关注这个的时候,我感觉到了什么?——这是全部感觉吗?

● 他最需要从我这里得到什么?

● 我最想给他什么?

● 在我们的关系中我是谁?

在此我们假定,大多数无法接纳的情况发生于咨询接触的早期,不过,当然也有一些情况下,这种困难出现在治疗关系的后期。如果心理咨询师不去关注这些困难,那么它们会导致来访者逐渐从治疗关系中退缩,并且随后导致治疗进程停滞不前。同样,心理咨询师还可以在督导中关注这些问题,但是他也可以与来访者一起开诚布公地探究这些困难,这样他们就可以共同参与到问题的解决当中去。这一过程不仅促进了关系的发展,而且也可以发现对于来访者而言重要的治疗材料。在第 6 章和第 8 章,对心理咨询师与来访者之间**未说出的关系**的考察中,给出了一些举例,展示了心理咨询师如何开诚布公地讨论这类问题(Mearns,2003:63- 67)。

来访者能相信我的接纳吗?

通常来访者会欣慰地发现心理咨询师很重视自己。来访者甚至会在第一次会谈结束时说出自己获得了解脱,并评论说以这种方式受到重视的感觉有多么棒。然而,有时候来访者曾有过多次被拒绝的经历,因此他同样也预期心理咨询师会拒绝自己。在有些情况下来访者似乎已经充分做好了被拒绝的准备,他实际上在引发拒绝的出现:"我不知道你怎么看我——你知道,我的确一无是处!"缺乏经验的心理咨询师所面临的危险是,迎合来访者的预期,并逐渐对来访者作出评价。一位心理咨询师在督导中回顾了自己在对来访者安德鲁(Andrew)进行咨询时的这一问题:

> 我意识到随着时间的推移,我开始害怕与安德鲁会面。他太消极了,以至于我也开始变得对他消极了。最近几次我已经对他日益严厉了,并且给他提出了许多建议,告诉他应该如何改变自己的生活。我敢打赌我已经对他越来越冷淡了。对他而言,我想这会让他越来越退缩到认为自己是"被拒绝的孩子"的状态。

如果来访者长期以来未被接纳,那么他最初会不相信心理咨询师的接纳。在他的生活中,人们总是给予不同形式的爱,然后又收回这些爱,所以这一次他为什么要相信它呢? 这种来访者会对心理咨询师的接纳持保留态度,而在有些情况下来访者甚至会对心理咨询师的接纳进行一系列的测试——如果心理咨询师跨越了这些障碍,那么来访者就会相信他(参见第2章中的"桑迪")。表5.4再现了一位来访者的回忆,他曾经很难相信心理咨询师的接纳。

<table>
<tr><td>表5.4　接纳可能难以被接纳</td></tr>
</table>

在咨询即将结束时,作为咨询工作的通常特点,心理咨询师和来访者都会花一点时间对咨询过程进行回顾(参见第6章和第9章)。以下摘录就选自这样一个过程,来访者回顾了自己曾经试图以各种方式拒绝心理咨询师的接纳。

刚开始我很难接受这样一个事实:你认为我这个人还不错——你甚至好像喜欢我。这对我来说太陌生了,因此刚开始我根本就不相信——没人喜欢过我——包括我自己! 当我意识到你不是在装模作样时——你的的确确喜欢我——我开始认识到装模作样的人是我自己——我肯定一直都装作很正常,否则你不可能喜欢我。我得出的下一个解释是,如果我的所有缺点都暴露在了你面前,那么你就不可能会喜欢我了——于是我开始向你展示我眼中的自己——糟糕透顶。只有当我发现甚至这样也无法改变你的想法时,我才认识到了和你在一起我可以完全做我自己,而这对我们两个都不会造成伤害。

对于每个心理咨询师来说最棘手的情况就是,来访者并非在心理咨询师给予无条件积极关注的相同基础上对其给予接纳,而是将心理咨询师的热情误解为有可能发展成除咨询之外的一种亲密关系。在这种情境下,心理咨询师要做的事情之一就是说出自己的局限性,但与此同时还要继续表现出自己对来访者的接纳。缺乏经验的心理咨询师可能会作出一种过度反应就是减少接纳,以避免继续被误解。如果心理咨询师真的这样做了,那么他就会发现自己无意之中重复了一种拒绝模式,而该模式在来访者的生活中经常发生。要想在表达出自身局限性的同时又传递出对来访者的重视,这并非易事。对于这种微妙情境,并没有一种固定模式可以套用,表5.5给出了这样一个例子。

表5.5　接纳爱你的来访者

这段摘录选自一次整个历时相当长的咨询尾声。心理咨询师已经试探性地提出了结束咨询，因为他认为重要工作已经结束，最好通过对未来的展望而终止咨询。在大多数会谈中，他们已经讨论了这种可能性，尽管他一直觉得来访者会说出某种特殊的东西。在一段相当长的独白后他说道：

来访者：……所以我意识到了，在生命中的第一次我真正感到了自己有多么爱
　　　　一个人。这个人碰巧就是你，我想这令人很尴尬……但这是真的。我
　　　　意识到了这就是我为什么一直——一想到咨询就要结束了我就害怕。
　　　　我真的不再需要你了，但很难做到的是……

咨询师：……很难让我离开？

来访者：对的——我知道这样做是不对的……但是这很难……

咨询师：我感觉此刻你在用某种珍贵的东西信任我……某种非常温柔而微妙的
　　　　东西……一份重要的礼物……

来访者：……我的感觉也是这样。

咨询师：害怕我会破坏它？

来访者：不……不是的……如果害怕的话我就不会把它给你了。（沉默）

咨询师：你在想什么呢？

来访者：我在想现在就结束对我们都好。

关注热情

仅仅**感觉到**接纳了来访者是不够的——这种接纳必须**表达**出来。有的心理咨询师用一个真诚而发自内心的微笑作为交流的途径，而有的则可能用话语或身体动作来传递出自己的温暖。每个心理咨询师可能都会有自己独特的"保留曲目"——他用于表达热情的独特方式。以人为中心的心理咨询师需要发展的一个方面就是不断丰富这种"保留曲目"，从而在面对不同来访者时，能够用各种方式表达出自己的热情。这是我们所描述的心理咨询师"作为在咨询室里能够对来访者所提供的个人而扩展自己"的一部分（参见第6章）。如果心理咨询师能够为每位登门的来访者提供一种关系深度，那么他就需要不断丰富自己的"保留曲目"。有的来访者不相信心理咨询师用语言表达出的热情，或者比如说它不如身体接触更可靠，但是另一方面，有的来访者会认为身

体接触是一种冒犯。表5.6列举了心理咨询师用来传递热情的一些方式。该表肯定没有涵盖所有方式,但是它有助于心理咨询师回顾自己的"保留曲目",并使其不断丰富。

表5.6　传递热情的方式

每个心理咨询师都会有自己传递热情方式的"保留曲目"。思考以下这些方式哪些较易、哪些较难会是一件有趣的事情。

- 走到门口迎接来访者
- 与来访者握手
- 直接叫来访者的名而不加姓
- 微笑
- 使用温和的语气
- 保持眼神接触
- 当来访者叙述一件趣事时发自内心地大笑
- 用语言表达出热情
- 对来访者表现出真正的兴趣
- 身体倾向来访者
- 触摸来访者的手臂
- 触摸来访者的肩膀
- 握住来访者的手
- 拥抱来访者

热情有助于在咨询关系中建立信任。缺乏热情会延缓信任的建立和咨询过程的进行。也有些心理咨询师表现得太过热情,无论心理咨询师觉得自己是多么真诚,而某些特殊来访者可能会难以接受。这种情况比较少见,仅限于那些总是质疑他人热情的来访者。在这种情况下,如果心理咨询师不再表现出热情,那么这样是不对的,因为这只会重复前面提到的拒绝循环。与此相反,心理咨询师应该继续表现出热情,不过也许能够使用其"保留曲目"中其他一些不那么强烈的方法。然而,以人为中心的心理咨询师不会局限于只做这些——他会说出自己正在做什么——因为目标不仅仅只是促进与来访者的交流,而是要运用他们之间的关系来揭示治疗领域。表5.7表明了心理咨询师以此方式表达出了自己当前的工作。第6章中有更多举例,那时我们会更充分地探讨心理咨询师对其自我的运用。

表5.7　　热泪盈眶太强烈了
桑德拉与其来访者西蒙对人类热情的感受很不一样。对于桑德拉来说,给予热情并非难事,并且可以充分地表达出来。对于西蒙来说,热情绝非易事——根据他的经验,不能相信他人的热情,所以他对他人倾泻而出的热情感到很不自在。这次桑德拉对西蒙的挣扎作出了反应——桑德拉感受到了西蒙为了走近他世界中的其他人而作出的每一丝努力和跨出的"一小步"。当西蒙终于做到了并注视着桑德拉的眼睛时,桑德拉发现自己在冲西蒙微笑——不仅仅是微笑——因为他热泪盈眶。这是一种表达热情的强烈方式——对此时的西蒙来说太强烈了。桑德拉说道: 　　"对不起,西蒙——我刚才对你太严厉了——即使我不那样,它对你来说就已经够难了。我会试着更尊重你。但是,我还是感觉到了——我感觉到了你是那么的努力。"

　　表5.7说明了一种微妙的平衡,心理咨询师尊重来访者的存在方式——自在与不安——但同时又愿意、也能够去处理他们两人之间的不同。其根本就在于,以人为中心的心理咨询师愿意对自己的经验和行为进行评论——公开地呈现自己的工作(参见第6章)——而不是故作权威,隐匿于神秘面纱之后。

　　触摸是某个体对另一个体一种自然而实际的接触,但是在某些文化中,许多心理咨询师发现自己难以通过触摸来表达热情。触摸问题具有循环性:当一种文化中缺乏太多触摸时,人们就会开始害怕、怀疑并很少使用它。然而,当咨询中出现了触摸时,由于心理咨询师和来访者不断在进行交流,因此双方通常觉得它极其自然、毫不突兀。

　　对有些心理咨询师而言,运用触摸毫不费力,而对于另一些心理咨询师却要花很长时间。困难之处的关键在于**信任个体的触摸**;知道什么时候触摸是我们对来访者的真实情感反应,而不是为了我们自身的需要不得不如此。当心理咨询师探索自己对触摸的使用时,他也许会发现,有时候触摸变成了一种**强迫性**行为,那么他就要学会如何识别这些信号。比如在这种情况下触摸就是一种强迫性行为:心理咨询师拥抱来访者并不是表达热情,以及希望与来访者感同身受,而是表达出了某种东西,如"行了行了——别哭了……因为我受不了了!"

我们应该承认,自从 19 年前本书的第一版发行以来,咨询文化中有关触摸的变化比其他任何方面的咨询行为都要多。当然,有人担心一些心理咨询师会通过触摸而滥用自己的权利,这种担忧不无道理,也有根有据。但是出于对这一可能性的忧虑,有的治疗机构禁止一切形式的身体接触。其他职业在机构化的道路上也越走越远(Mearns,1997b),对身体接触作出了类似新规定。在 1988 年,小学老师可能会把受伤的学生放在膝头并搂着他,而在 2007 年,工会和学校管理部门都会建议他严格遵守"无接触"。在 1988 年,十分看重对孩子给予"关爱"的社会工作者可能会像父母般拥抱孩子,但是在 2007 年就要与孩子保持"职业距离"了。事实上,即使这一虚构的 2007 年社会工作者遵守了这项协议,不与被看管孩子有身体上的接触,他也并不一定就作出了一个完全安全的选择。可以想象,正如 20 年前那些滥用身体接触的人一样,如今的工作者可能也会面临起诉。起诉者可以控告该心理咨询师及其机构由于未能提供恰当的身体接触而造成了持续的心理创伤,并且没有治愈先前的心理创伤。很难反驳这一指责,因为大量研究都表明了身体接触在个体发展中的重要性。

在我们两人所从事的职业中,来访者通常都很脆弱,而男性更是通常被当作滥用者,我们作为男性,对这种两难境地颇感头痛。我们两人都以各自不同的方式努力试图解决这一问题,同时我们彼此之间也鼎力支持。要解决这种两难境地并非易事——实际上,以下结论充分体现了我们在这一问题上的个人苦恼:"在这个病态的社会里是没有答案的。"然而,我们仍然相信以人为中心的疗法那种以人性为基础的努力,如果我们在心理咨询中不考虑人性,那么我们提供给来访者和自己的将是猜谜游戏。所以,我们不会对温柔地触摸手或肩膀给予限制——那是我们感觉到自己正在与另一个人相连时所自发产生的。当我们由衷地想拥抱来访者,而来访者也想接受这个拥抱的时候,我们同样不会克制自己不去真诚地拥抱来访者。在这种情况下我们会尊重来访者,我们会注意考虑他的感受。但是我们绝不会将人性从工作中去除出去,并且我们人性中的一个必要组成就是身体的表达。我们写下这些话的危险之处在于,有些人会把它们当作自己滥用身体接触的借口。这个两难问题没有答案。

它最终可能会导致我们无法再出版著作,或者继续进行心理咨询,但是至少我们应该坚守正直。

关注条件性

在本章开头我们断言,日常生活中的大多数喜欢都是**有条件的**。任何关系中都隐含了整个系列的条件,它的完整句子是:"如果你……我就会更喜欢你"和"如果你……我就不会这么喜欢你了"。即使在非常亲密的关系中,一个人对另一个人的喜欢大多也是有条件的,它建立在另一个人"不改变太多""一直爱我"或者其他一些条件的基础之上。心理咨询不是日常生活,无条件积极关注与有条件地喜欢不同。以人为中心的心理咨询师所面临的挑战是,提高自己的安全性、稳定性和自我接纳性,这样他就不必以一种会导致条件性形成的自我防御形式而迎合他人。以人为中心的培训充分强调了心理咨询师的自我接纳这一方面,在本书中我们已经多次提到了这个问题。

心理咨询师要做的第一步就是觉察到各种不同情境,在这些情境中他可能会难以发现条件性。一次针对夫妇同为心理咨询师的志愿性培训帮助他们探究了自己喜欢对方的条件,表 5.8 就再现了其中的 26 个情境(Mearns,1985)。

类似于表5.8的测试就能够澄清心理咨询师的价值,因为正是在价值被否定或者受到威胁时,心理咨询师才更有可能对来访者的关注施加条件。当心理咨询师认识到了自己的价值观以及该价值观可能会对其接纳带来影响时,那么该认识本身就能够有助于心理咨询师进行自我控制。此外,对价值观的认识还为心理咨询师提供了一个机会,使他质疑这些价值观的基础,并进行更深入的探究。有时候心理咨询师会发现,这些价值观几乎不基于其自身经验,只是从父母那里内化而来,此刻对他而言并无太大意义。然而,另一些时候心理咨询师会发现,这些被质疑的价值观牢牢地根植于其自身的心理学中。例如,它可能根植于他自身的需求和恐惧之中。这样,无条件地接纳来访者就会尤其困难,甚至会对心理咨询师产生威胁。

表 5.8　我的喜欢有哪些条件

在一次探究条件的练习中,向同为心理咨询师的夫妻双方呈现了以下 26 种情境,并要求其思考自己接纳这种来访者的难易程度如何:

- 一位丈夫,他质疑你的咨询能力。
- 一位丈夫,他说:"我的妻子保证服从我,她必须这样,没有什么好商量的。"
- 一位女权主义者,一般来说讨厌男人,包括她的丈夫。
- 一位女士,她说:"我想离开他,因为他很乏味,我已经找到了更年轻的伴侣。"
- 一位不停发誓的来访者。
- 一位来访者,他口若悬河,但从不说出自己的感受。
- 一位开办了小学的贩毒者。
- 一位矿工,他谈起了抗议示威中的"流血冲突"。
- 一位海洛因成瘾者。
- 一位新教会基督徒,他总想劝你改变信仰。
- 一位打孩子的父亲。
- 一位说自己是同性恋的男人。
- 一对夫妇,他们告诉你:"你对我们毫无帮助,如果这次会谈没有任何进展,那我们最好就到此为止。"
- 一位女士,她认为丈夫应该在人际关系中作出所有重要决定。
- 一位丈夫,他不去制止妻子的唠叨,但以一种眼神看着你,似乎在说"你有什么权力干涉我的生活?"。
- 一对夫妇,他们总是指责你没有告诉他们解决问题的方法。
- 一名警察,他谈起了抗议示威中的"流血冲突"。
- 一位年轻男子,他抢劫了一位老年妇女。
- 一位女性来访者,她说自己是同性恋。
- 一位似乎从未改变过的来访者。
- 一位女士,她经常遭受家庭暴力,但已习以为常。
- 一个经常打妻子的丈夫。
- 一位来访者,他抱怨自己的生活,但从未试图改变。
- 一位经常打孩子的母亲。
- 一位来访者,他说自己爱上你了。
- 一位来访者,她说自己爱上你了。

在以人为中心的方法中,督导和训练过程同样都要持续关注心理咨询师的个人发展,并注重揭示与理解可能将心理咨询师导入条件性的那些需要和恐惧。表5.9显示了一位受训心理咨询师如何发现了阻碍其工作的个人需要。在该案例中,这些需要与他对以人为中心方法的评价紧密相连:心理咨询师发现,自己对来访者的接纳在某种程度上遵循的条件是看他们是否接受以人为中心的价值观。

表5.9　以人为中心的方法能接受不同观点吗?

在以下摘录中,一位受训心理咨询师与其督导师谈起了自己过去一年中的发展,特别是战胜了两个意义重大的困难:

对我来说,这一年的关键问题是初次认识到了,面对那些只想谈论自己的想法而不是发掘感觉的来访者,我要接纳他们是多么难。当然,我对情感的重要性深信不疑,我认为每个来访者都应该立刻进入情感——这是以人为中心的方法认为理所当然的事情之一,我不断地将来访者推向这条路,并坚决不接纳他的抵抗。

虽然另一个困难与此有关,却更难克服:我发现自己很难接纳一种来访者,他们执著地朝着显然与发展背道而驰的方向前进……似乎我对来访者所做的一切工作都在某种基本水平上是有条件的,即他们在朝着成长的方向前进……条件是他们相信以人为中心方法的假设。我曾经在这样一位来访者身上遇到了极大的困难,她似乎铁了心要回到总是殴打自己的丈夫身边。对于她想离开丈夫的想法我可以做到敞开自己,但是每当她说到要回到她丈夫身边时,我就会"让她更深刻地进行反省"。这个可怜的女人很快意识到她只能告诉我渴望离开丈夫的那部分自我;与此同时,想回到婚姻的那部分自我还是没有被探查,仍然保持神秘,甚至更加吸引她。通过这位来访者,我认识到以人为中心的方法甚至比我想象得要更具挑战性,因为要想真正做到以人为中心,那么你实际上就不得不尊重那些朝着与发展背道而驰的方向——在所有问题上都与你的价值观截然相反——而前进的来访者。

有时候心理咨询师的需要和恐惧与其工作的机构有关。工作机构是以机构为中心的,而不是以人为中心的,这很正常,而对来访者的接纳也很少是无条件的。因此,如果机构中的心理咨询师不是有条件的,那么实际上他很容易招致批评。例如,学校心理咨询师可能会因为尊重调皮捣蛋的学生而受到同事的指责,或者临床心理咨询师可能很难被精神病医生所理解,他们认为心理咨询师接纳了"善于控制他人的"来访者是"天真"的表现。这种压力肯定会引起以人为中心心理咨询师的恐慌,因为在同事眼中失去可靠性是一种严

厉惩罚。如果心理咨询师对来访者的接纳逐渐变得有条件,这没什么可大惊小怪的,通过这种方式反映出了他所在机构的条件性。没有简单的答案可以解决机构工作中的这一问题。心理咨询师的反应可能会是抱怨机构没有以人为中心。抱怨的心理学意义在于,它有助于减少我们想做的事与别人期望我们做的事这两者间的不一致。抱怨实际上有助于我们违背自己的良心而服从于外部要求(Milgram,2004)。一种更具挑战性的反应是,对于机构不得不如此——"以机构为中心"——表示尊重,并在不违反我们原则的同时遵循机构的制度。其他地方探讨了如何在不违反机构制度的同时应用以人为中心的原则这一重要问题(Mearns,2006b;Mearns and Thorne,2000;chapter 2)。

无条件积极关注并非做到"友善"

无条件积极关注有时被曲解为对来访者"友善",但这并非其含义——它是指在不对来访者提出附随要求的同时,深深地尊重他。"友善"只是一种社会化的面具——它是对世界的一种投射面具,其目的在于掩盖我们的真实情感,或者优先获得任何来自它们的相反评价。友善并非要使来访者体验到一种人类的热情——实际上,由于它经常被用于掩盖其他反应,因此它会使来访者感觉到明显的冷漠。友善更多是与肤浅关系有关而非关系深度有关。

以人为中心方法的早期任务之一就是要使"友善的"受训者弄清楚,在他们对来访者作出的反应中,哪些是真实的而哪些不是真实的。有时候人们的友善是真实的——它并非是戴上了一层友善的面纱——在大多数情境下,人们的确友善。然而,他们的"友善"发自内心这一事实并没有减少他们将面临的困难。一些来访者会沉迷在这种温暖而安全的环境中,而当友善的心理咨询师提出了关系挑战时,他们会颇为震惊。有些来访者则很难相信心理咨询师的友善——他们已经见过了太多这种"友善"的人。

下面是以人为中心的心理咨询师对来访者所说的三句话——很多人会认为这些话是"不友善的"。然而,在说出它们时的特定关系中,每句话都是对来访者的极大尊重。

- 我觉得你想让我滚开!
- 我觉得你又抛弃了我!
- 所以——是不是——你希望我卷铺盖滚蛋?

当读到心理咨询师所说的这类特定话语时,重要的是,不要将其置于其他情境中,而是想象我们自己把它们应用到了来访者身上。无论这些话语的本质是什么,它都很少奏效,因为这些特定话语是特殊关系的产物,无法进行有意义的移植。然而,能够移植的是隐藏在这些话语后面的心理咨询师的交流目的。以上三句话都来自于对来访者约翰(John)所进行的咨询。心理咨询师的双重目的隐藏在所有这些话语之后:

1. 为了和约翰进行交流——在一种较其惯常交流模式更深层的水平上去了解他,而他通常与他人保持距离。

2. 向约翰表明他(心理咨询师)真的很关心他,真心希望他们共同努力——对于约翰而言,要认识到这一点很难。

约翰的心理咨询师用自己的话进行了评论:

     约翰确实很油滑——当我们的关系刚有一点进展时,他感到害怕而退却了。但他采用了一种圆滑的方式,因为他通常可以让对方变得沮丧、恼怒和气愤,以使对方主动离开他。我也同样被他弄得沮丧、恼怒和气愤,但我并没有离开。当我对他说,"我觉得你想让我滚开","我觉得你又抛弃了我","所以——是不是——你希望我卷铺盖滚蛋?"时,我是在表达出自己对他的积极关注,并且是无条件的。他知道我不是在对他说,"不要这么做!"我说的是,"约翰,我知道你不得不这么做——而这是另一个人对你的感觉"。我对他说的是:"你对我很重要","你和我的关系对我很重要","我将努力维护我们的关系","是的,你可以拒绝和退却——我接受你的行为——我理解你的行为——并且我知道你也知道我理解你的行为","但是虽然我接受你的行为但我并不会这样做——我并不会因为你需要退却就减少我的付出。"

     我恼怒地说:"我觉得你想让我滚开",而它初步地、简短地表达了所有这一切。也许,至少约翰内心的一部分会知道它意味着所有这些——如果他不知道,我会告诉他。

对于那些严格遵循了来访者中心疗法的非指导性原则的同学(Bozarth,2001;Brodley and Schneider,2001),可能他们这时会感觉到本书所描述的更注重关系的方法,这与其他方法有所不同。非指导性的来访者中心疗法禁止心理咨询师作出某些行为,认为它们会对来访者提供指导。

即使交流中没有挑战、对抗、干预、批评、一厢情愿的指导或者指导性的安慰或支持,无条件积极关注同样也可以表达出来。无论是否有意,所有这些被删除的交流形式,如果被表达了出来,那么都可能被理解成心理咨询师在表达一种有条件的赞成或明确的反对。(Brodley and Schneider, 2001:157)

我们赞成这一建议背后的目的——它是为了避免建立一种关系,在该关系中来访者将其个人权力转让给了心理咨询师。我们完全赞同,该方法的基础是来访者位于其评价点的中心位置。不同之处在于,我们不应该通过限制或禁止心理咨询师的特定行为而试图达到这一目的。具有讽刺性的是,来访者中心/以人为中心疗法中的指导性问题已经通过纯粹的心理咨询师中心方式而获得了解决。以上布罗德利(Brodley)和施奈德(Schneider)引文中的行为是被禁止的,因为它们"可能会被认为"是有条件的。实际上,这是不相信来访者能够在与心理咨询师建立关系的同时又保留对自我的觉察。在历史上,关于指导性的争论一直处于以下两个极端之间——禁止心理咨询师作出特定行为还是相信来访者的整合性。我们的观点是,持这两个极端中的任何一个都不能表明就是以人为中心的,因为这两种观点都对来访者的本性作出了唯一假设。一种观点认为来访者已经受到了影响——而另一种观点相信来访者能够维持其自我整合性。一种更加以来访者为中心/以人为中心的观点是要认识到来访者之间存在巨大差异,我们的目的是认识到其个体性并对此作出反应。因此,对于一位评价点相当外在的来访者,心理咨询师要特别注意去避免那些可能产生指导作用的行为。事实上,这一挑战是巨大的,因为一个如此脆弱的人非常需要他人的评价——甚至是评价他自己的感觉——以至于他会从最细微的线索中获得指导。

咨询师:你为什么作出那个决定?
来访者:因为你认为我作出那个决定会更好。
咨询师:你为什么会那样想?
来访者:因为当我说要作出那个决定时你微笑得更多。

面对这种来访者,我们的行为可能会看上去与非指导性的来访者中心疗法治疗师的行为一样,尽管我们同样也希望通过频繁的回顾而检查来访者从我们的交流中获得了什么。有关这一工作的例子请参见第 6 章以及默恩斯所描述的一个案例（2003：80-83），在该案例的每次会谈中都有大量回顾，来访者极易受到影响。

另一个方面，在面对不同的来访者——其评价点更加内在——时，忽视其差异并非就是特别以来访者为中心的/以人为中心的。如果我们试图与该来访者建立关系，那么我们要相信他能够在咨询关系中做他自己。对来访者约翰的咨询正是如此，在对一个工作机会大加赞美之后，他问心理咨询师自己是否应该接受那份工作。心理咨询师的反应显然是"指导性的"：

咨询师：你当然应该接受——它听起来很不错。

约翰：（停顿）是的——在我那样说的时候，它确实不错，不是吗？现在让我们看看当我换一种方式描述时，它听起来怎么样……

约翰的心理咨询师知道其内在评估点很完善，足以独自作出决策。他直接的、肯定的回答对约翰来说不会产生指导作用——相反约翰会把它当作一面"镜子"，反映出自己的建构。

在对以人为中心心理咨询的相关强调中，心理咨询师会发现自己与各种来访者以许多各不相同的方式建立了关系。面对形形色色的来访者，限制或禁止某些特定行为将会否认来访者的独特性，以及心理咨询师与每位来访者之间关系的独特性。这也对心理咨询师提出了一个挑战。如果心理咨询师想以不同方式对待每位来访者，而不是用一套固定不变的行为对待所有来访者，那么这就需要心理咨询师既有广度又有深度。这就是下一章的内容——帮助心理咨询师扩展并加深他在心理咨询室里能提供的东西——帮助他变得更加完全一致。

6　一致性

罗杰斯的一生都奉献给了以人为中心方法的发展，在生命即将结束之际，他写道：

> 我相信，心理治疗师在治疗关系中的**真实性**是首要的因素。当心理治疗师最真实、最自然的时候也就是他最有效的时候。也许正如我们一位心理治疗师所言，这是"训练有素的人性"，但是在那时这是**该个体**自然而然的反应。因此我们这些截然不同的心理治疗师以各种迥异的方法同样都获得了良好的治疗效果。对于急躁、言简意赅的心理治疗师，直接摊牌的方法最有效，因为通过这种方法，他能最大限度地敞开真实的自我。对于另一类心理咨询师而言，更温和、更亲切的方法最有效，因为该心理咨询师的真实自我就是如此。我们的经验深深地强化并扩展了我本人的观点，即在那一刻，能够坦诚地面对自我、竭尽所能做到最深层自我的个体才是有效的心理治疗师。也许其他任何东西都不重要。（Rogers，1973：186）

如果罗杰斯的话是对的,那么我们就面临着一种令人既兴奋又畏惧的挑战。在会谈中所呈现的、另一个体的独特人性能够产生最好疗效,想到这一点就令人兴奋。但是我们同样可能面临的恐惧是,缺乏迎接这一挑战的勇气。

表6.1 我敢于做自己吗?

在对来访者作出反应时,我敢于:

感受自己内心的情感吗?

当自己感到来访者需要时而拥抱他吗?

当自己感到愤怒时而把它表达出来吗?

当来访者质疑自己分心时而承认这种分心吗?

当自己感到困惑时而承认这种困惑吗?

当自己渐渐被激怒时把它说出来吗?

表达自己的喜爱之情吗?

呐喊出自己内心的沸腾吗?

表现出真实的自我吗? 即使不知道这会导致什么后果。

既强有力而又温吗?

既温和而又有力吗?

在与来访者的关系中使用感性自我吗?

从"专家面具"后面走出来吗?

在对来访者作出反应时,我敢于做我自己吗?

正如表6.1中所列,一致性提出了很多具有挑战性的问题,但是挑战之所以存在,那是因为心理咨询师们支持一种不一致性的标准。实际上,我们发现心理健康标准很不一致,并常常对该不一致性而深感恐慌。面对受困于其自身不一致性的来访者,通过向他们呈现我们自己也并不一致的关系而对其进行心理咨询会有意义吗? 事实上心理健康标准并没有认真思考这一问题,需要从社会学和社会心理学的角度对这一事实进行探讨。不一致关系在我们的文化中是如此彻底地根深蒂固,以至于人们已经把它当作正常的,甚至是司空见惯的现实。作为人类,我们运用了大量技巧以发展自己的不一致性,以至于真实自我被掩藏起来而使他人无法看到。正如在其他地方所描述的那样,我们创造了"花边帘子和安全屏障"(Mearns, 1996;1997a)以对他人隐藏自己,并且通过与他人共同合谋,我们发展出了各种限制规范,以确保在人际关系中我们自由面对他人的可能性减到最小(Mearns,2003:67-68)。如果我们能够将自己从文化的不一致规范中足够释放出来,那么我们也许就能够质疑自己的立场——我们也许甚至能够从文化的**不一致性集体病理学**角度去思考我们的文化。当然,这种从社会关系角度而对不一致进行批判审视只是一种解释。同样,从社会心理学角度,我们会惊异于人类的复杂性,人们能够在各种社会情境中呈现出不同面孔。对于社会中的人,这种变化多端具有重大生存意义。它使人们能够在不同情境中表现出认为最符合其目的的一面。这样,儿童迅速学会了关系中的不一致。例如,如果吉尔(Jill)发现自己的愤怒始终不被接受,那么她可以将其转变为悲伤,以求获得安慰。如果杰克(Jack)发现自己的悲伤不符合其看护者心目中的男性形象,那么他总是可以将其转变为更为恰当的愤怒。如果杰克和吉尔后来结为伴侣,那么婚姻咨询师在其关系的早期阶段就会有大量工作要做。

如果我们无法做到不一致,那么就将难以维持当前复杂的社会结构。例如,我们相信彼此都能够将当前关心的东西置之不理,而是扮演自己在社会系统的不同角色。我们相信彼此有能力做到不一致,而这种信任使我们至少带着一种安全感而投身于该系统中。如果我们无法预测牙医在想什么——他仍然还是会扮演其专业角色,那么我们几乎不可能会让他将牙钻放进我们的嘴里!

我们把共感界定为一个**过程**,把无条件积极关注界定为一种**态度**,而现在我们把一致性界定为心理咨询师在与来访者的关系中的一种**存在状态**:

> 一致性是一种存在状态,这时心理咨询师对来访者的外在反应与他对来访者的内部经验始终保持相同。

当心理咨询师在对来访者的反应中坦诚地面对**真实自我**时——当其行为方式反映了他的内心体验时——当他对来访者的反应是其体验而不是一种伪装或防御时,心理咨询师就是**一致的**。另一方面,当他**假装**"聪明""胜任"或者"关切"时,他在与来访者的关系中就是虚伪的——其外在行为和内部经验并不一致。穆斯塔卡斯(Moustakas)谈到自己在儿童心理咨询工作中保持一致性的重要性时说:

> 我认识到自己必须停止扮演专业治疗师的角色,必须要让我的潜能、

天赋和技术以及我作为一个人的所有经验自然而然地融合到我与孩子的
关系中去,并且无论何时都要尽可能地将他视为一个完整的人。
(Moustakas,1959:201)

一致性的概念并不复杂,但它却是以人为中心方法的心理咨询师在其早
期成长过程中最具有挑战性的一个概念。困难在于要学会挑战如上所述的复
杂的不一致系统,它作为我们社会化的一部分已经形成了。向新手心理咨询
师提出以下建议并不难:只要表达出自己的真实经验就可以了,而不是隐藏它
们或者以某种不一致的方式而将其掩饰起来。但是对于受训心理咨询师而
言,要否认其社会性的确很难,而且他需要在训练环境这一崭新学习情境中待
上一段时间,在该环境中,他周围的人都有着一个共同任务,即营造出一致性
的团体,从而能够实现再学习。在该环境中,他能够认识到自身的不一致性,
以及如何表达出自身的一致性。他能够认识到,其大部分真实自我可以自由
地向来访者展示出来,而这对于他和来访者都是健康有益的。他还知道,自我
的哪些部分难以应对——那些部分与其需要和恐惧如此密切相关,以至于它
们闯入并扭曲了为来访者创造出的心理空间。渐渐地,他学会了信任并运用
自己作为一个人而具有的更广泛方面,学会了微笑,还学会了耐心地对待自我
之中尚处于承认和纠正过程中的那些部分。

与无条件积极关注一样,一致性在日常用法中有各种不同称呼,其中之一
是**真诚**。它可能会使初学者感到困惑,因为在日常用语中真实这个词隐含了
某种有意识的控制,也就是说,一个人可以选择是否真诚。然而,正如我们在
本章稍后会看到的那样,心理咨询师的不一致并不一定是故意的。相反,它的
产生可能是因为心理咨询师完全无法觉察到自己对来访者的感觉。有时使用
的另一个词语是**透明**,这个术语由于锡德·朱拉德(Jourard,1971)的著作《透
明自我》(Transparent Self)而闻名。然而,杰曼·利塔尔(Lietaer,2001)在一篇
颇有洞见的文章中,把**不一致性**限定为心理咨询师对其经验的准确觉知,并使
用透明一词来表示心理咨询师对其经验的沟通,而这使学习者感到困惑不解。
其他词语还有**真实**和**真正**。它们的优点在于描述了来访者如何经常体验到以
下方面:"他(心理咨询师)表现得就像一个真实的人——在与我的关系中他
似乎的确确很真实。"然而,这些术语的一个缺陷在于,它们提出了一个问
题,即什么是真正的或者真实的。当心理咨询师表现出了防御并且隐藏了自
己的反应时,他就不再真实了吗? **一致性**一词的优点在于,它强调了正在述说

的内容处于心理咨询师的内在经验与其外在行为之间。然而,即使是这一最常用的词语偶尔也会使新的学习者难以理解,如果他将它与"两个人之间的和谐"相混淆的话。学习者可能会用"**心理咨询师与来访者完全和谐一致**"这句话来表达"**心理咨询师与来访者完全步调一致**"的意思,这样,一致性与共感之间的早期混淆就会出现。

无论我们使用真诚、透明、真实、真正,还是我们更偏好的词语:一致性,强调其两个不同之处是大有裨益的:

1. 心理咨询师对其经验的觉知;
2. 心理咨询师对其经验的交流。

要对来访者的反应做到一致,心理咨询师既要自我觉知又要愿意表达出自我。这是两种相当不同的能力,受训心理咨询师会发现这两者的要求截然不同。在本章稍后探讨不一致性的不同形式时,我们还会进一步进行区别。

一致性为何重要?

与共感和无条件积极关注相似,心理咨询师的一致性可以让来访者更容易对心理咨询师及其咨询过程产生**信任**。如果来访者认为心理咨询师表里如一,那么他会知道,自己从心理咨询师那里得到的反应是坦白而诚实的。他知道心理咨询师并不想操纵自己,因而在咨询关系中会感觉到更自在。在以人为中心的方法中,一致性揭开了心理咨询师的神秘面纱。神秘性会使来访者对心理咨询师的力量产生错觉;而透明则驱散了这种错觉。正如第5章所言,在以人为中心疗法的心理咨询师培训中,心理咨询师(以及培训师)不断要面对的挑战就是向来访者(或受训者)"展示你的工作过程"。就像学生在解答算术题时,老师不仅要求他们给出答案,而且还要求展示解答过程——展示出答案推导的各个步骤——与此类似,以人为中心的疗法不仅鼓励心理咨询师对来访者作出有力的反应,而且还鼓励他们展示出导致该反应的所有细节。表6.2表明了这一过程。

表 6.2　展示你的工作过程

以人为中心的心理咨询师要展示自己的工作过程,而不仅仅只是说出未经证实的、强有力的或者有时神秘莫测的话语,以下案例就说明了这一原则,其中呈现了对来访者保罗(Paul)作出的 A 和 B 两种反应,保罗正谈到要离开自己的伴侣:

来访者:对我来说继续与乔治(George)待在一起已经没有任何意义了。我们曾经有过美好的时光。我们结束了。我们争吵得太多了——我要的不是这个——是时候离开到一个新环境中去了。

反应 A:以前,在这种情况下你会已经离开了,不过也许现在不会?

反应 B:以前,在这种情况下你会已经离开了,不过也许现在不会? 我的意思是——我听你一直在说一切都结束了——是时候离开了。不过,我并不肯定。我不知道是什么让我不肯定——也许是有一两次我看到你的言辞没有那么尖锐——当你想要离开他时显得更加"崩溃"。为什么我觉得这次不一样呢? 仅仅是我的感觉吗? 仅仅是我希望它对你不一样吗? 这可能是部分原因——我当然希望情况有所好转。

A 和 B 的不同之处在于 B 包括了隐藏在最初反应背后的所有东西。它展示了导致该反应的所有方面,包括与心理咨询师而非来访者更有关的一些因素。这种更一致的反应减少了来访者心中的神秘感,但它也让来访者有了更多继续谈下去的机会。这并不是说 A 这一更深奥的反应在任何时候都不恰当。在一些咨询关系中,其简洁性能帮助来访者集中注意力——不过随后心理咨询师依然希望说出该反应出自何处。

展示你的工作过程使心理咨询师的话不再高深莫测,而且减少了它们可能对来访者的无效性。此外,它展示了心理咨询师话语背后的人性,而这正是以人为中心的咨询关系所关注的核心问题。展示你的工作过程并不困难,然而令人惊讶的是,以人为中心的心理咨询师在与来访者(以及培训师与其培训对象)的关系中常常无法做到这一点。当然,在展示自己的工作过程时,我们努力使自己透明化;也许困难之处在于要抵制神秘性和力量的诱惑,并暴露自己所有的弱点。

显然,当心理咨询师显得高深莫测并掩饰自己的时候,治疗关系中也可以存在信任,然而这种信任的基础却是一方认为另一方比自己更加优越。以人为中心疗法的目的是建立一种更加平等的关系,在这种关系中心理咨询师**获**

得了信任,而不是通过高深莫测和优越性来**支配**它。一致的心理咨询师所获得的信任来自于一个愿意完全展现真实自我的人,这个人不会躲藏在任何虚伪面纱之下。

与此相关,一致性产生重要作用的第二种方式是通过心理咨询师甘意坦诚其**脆弱**。他开诚布公地说出自己的迷惑、无力、被误解,甚至有时是抱歉,这些都属于他对来访者的一致性反应。这些显然是心理咨询师的脆弱之处,而对其坦然接受能够导致一种全新的可能性,即让来访者接纳自己,而他的一生都处于对自身脆弱之处的恐惧当中。正如一位来访者所说的那样:

> 当他(心理咨询师)承认自己并没有真正理解我时,我的心灵受到了震撼——我是说,他是认真的、充满歉意的,但仍然值得信任。如果我是他,这种事情只会让我感到崩溃。那一刻,我第一次明白了:一个人并不完美但也没什么,这完全可能。

心理咨询师保持一致性很重要的第三个理由则与心理咨询的以下目标有关:**来访者努力使自己变得更加一致**,这至少是心理咨询的一个内在目标。来访者努力使自己变得更能以一种直接而准确的方式来表达自己的情感和反应,而不是隐藏或伪装它们。"塑造"并不是以人为中心心理咨询的直接目标,心理咨询师描绘出与理想的治疗结果相反的某种东西同样也是不恰当的。事实上,如果心理咨询师期望通过其自身的不一致性而促进来访者的一致性,那么这样做不仅草率,而且是错误的。

增强信任、承认失败以及塑造一致的关系不仅仅是一致性的重要结果,它们还是一致性所促进的主要治疗过程——该治疗方式的一种独特过程——的附属物。心理咨询师的一致性创造了一种**交互序列**,在此序列中来访者和心理咨询师之间的现象实在能够进行相互比较。这两种现象实在之间的显著差异能够表明与来访者——或者对于心理咨询师来说新的自我学习——有关的重要治疗材料,而有时与两者都相关。对于关系性的以人为中心的心理治疗,这个问题非常重要,它需要深思熟虑。首先,**现象实在**这个词可能比较陌生。就本质而言,其含义是**个体所体验到的现实**——它可能不同于他人体验到的现实。想想按照以下交互序列而在来访者和心理咨询师面前展开的现象实在。出于各种原因,来访者吉姆已经在三次会谈中失约了。在第三次失约后,心理咨询师写信告诉他,如果他愿意的话,自己希望再次见到他。我们摘录了随后会谈中的早期对话。

咨询师:我不知道,是否在你来的前三次会谈中发生了什么特殊事情,或者你不知道自己是否想来。

吉　姆:我只是觉得它没有什么用。

咨询师:它没有取得任何进展……或者别的什么?

吉　姆:谢谢你写信给我。你真是太好了。

咨询师:我很关心你。我不知道你发生了什么事。如果你想结束咨询的话我会尊重你的选择——但是如果你不想这样的话,我还是想说,"你好,吉姆"。

吉　姆:所以,你对我感到抱歉?

咨询师:不,我并没有对你感到"抱歉",吉姆。完全没有,我为你感到有点"伤心"——你曾经说过自己感到非常"迷茫"——我对此感到伤心。但是我并不对你感到"抱歉"。

吉　姆:你不觉得我"可怜"。

咨询师:完全没有,吉姆——我没有那种感觉,而且我从来也没有过那种感觉。

吉　姆:但是我们最后一次见面的时候我很"可怜"——我一直在哭——我是一个哭哭啼啼的傻瓜。

咨询师:我并不那样觉得——现在我也不这样觉得。现在我觉得,正如我那时的感觉一样——你是那么寂寞——你一直都那么寂寞。看见你挣扎得那么辛苦真令我感动。我不知道自己是否有那种力量——在感觉那么寂寞的时候生存下去的力量——并且一直在努力。

吉　姆:(看着心理咨询师)那就是你对我的感觉吗?

咨询师:是的。

吉　姆:我没有来是因为我相信你会认为我很"可怜"。

咨询师:你相信这就是我的感觉。同样,你对此毫不质疑。我说我的感觉与那完全不同,你相信吗?

吉　姆:很难……很难相信……但是很难不相信你。

我们的目的是探索一致性,因此这里我们可以抛开吉姆和心理咨询师暂且不论。但是读者可以看到他们是如何开启了一个潜在的重要治疗领域:吉姆预期自己表现出的情绪会被视为"令人可怜"。如果对话没有深入这一点,即心理咨询师清楚地表达出自己的实际感受,那么吉姆的错觉可能还会继续存在。这是他童年时父母亲对他的看法;他所表现出的孤独感和悲伤"令人可怜"。他内化了这种自我判断,而这使他进一步疏远了自我经验。在这种一致性的序列中,该序列实际上开始于心理咨询师的信,吉姆发现其现象实在——自己的悲伤会被认为"令人可怜"——与心理咨询师对相同事件的现象实在截然不同。他仍然难以接受这种差异——所有人都试图坚持自己对现实的看法——但是,正如他最后所说,"很难**不相信你**"这说明心理咨询师要做到完全值得信赖、彻底充分的一致是多么重要。他需要尽可能详细而准确地表达出自己的内心经验,因为他处于一种更优越的位置,可以呈现给来访者对现实的另一种看法。

在以上案例中,重要的治疗过程是吉姆和他的心理咨询师可以比较各自的现象实在,并针对差异展开工作。甚至当心理咨询师对来访者的经验不是如此积极时,这种情况也同样适用。看看罗伯特(Robert)与其心理咨询师的以下对话。罗伯特一直在说自己心仪的女孩最近总是在拒绝他。

> 罗伯特:所以——我又去了——我试了一遍又一遍,但是没用。我不知道自己为什么烦恼——这样根本没用——以后也不会有用……
>
> 咨询师:罗伯特——打住! 就此打住——你快要把我弄疯了。罗伯特,你很可爱——但是有时候你快把我弄疯了! 我想摇醒你说"停下来""别再翻来覆去地说了"。如果我是你喜欢的女孩,我同样也会躲得远远的。哦! 我感到绝望。你有很多地方可以促进关系的建立——也可以从关系中收获很多。但是事情怎么会这样呢? 事情怎么会这样呢? 你怎么会让它变成这样?
>
> 罗伯特:结束了吗?
>
> 咨询师:是的。
>
> 罗伯特:和我结束了吗?
>
> 咨询师:剩下的路不远了,罗伯特。
>
> 罗伯特:我想我的确会那样做,不是吗?
>
> 咨询师:坚持下去,罗伯特。

罗伯特：（微笑）是的，我的确在坚持，不是吗！

咨询师：（微笑，并对他眨眼）

在本书中，自始至终，我们都提醒读者不要将心理咨询师的反应生搬硬套到自己对来访者的咨询中。对于罗伯特与其心理咨询师的关系，以及对于他们作为独特的个体，他们之间的这种交互序列是独一无二的。然而，同样地，在其他咨询中也可以运用该心理咨询师反应背后的**意图**。其意图在于尽可能明确地表达出与罗伯特有关的自身经验。这是他能够呈现给他的——一个通情达理的人的现实——从而使他能够应用它来考察他自己的、不同的现象实在。同样，他也敢于表达出对他的批评。他可能并不喜欢这种看法——至少在最初——但是这样他就可以根据他的反应而展开治疗。在该案例中，罗伯特在说出"结束了吗？"时有点急躁，并且带有一丝幽默，但是同样也可能有点认真，他需要确定"和我结束了吗？"。心理咨询师的反应是明确的，"剩下的路不远了，罗伯特"，在接下来的序列中他俩都发现了一种共同的幽默。

关注一下心理咨询师在该序列中所说的话是很有趣的。他使用的措辞有"你快把我弄疯了"和其他一些直率的话。他并没有使用更加委婉而不那么尖锐的词语来修饰它们。他不想用以下这样的句子："罗伯特——当你那样做时，我觉得自己的怒火慢慢在升起——这是我的怒火"，诸如此类。他没有使用"心理咨询师的职业腔调"，因为他非常尊重来访者、他自身，以及使其交流畅通无阻的可能性。

以人为中心的心理咨询师初期最常犯的、与一致性有关的错误就是，他们会对一些反应进行审查，例如罗伯特心理咨询师的反应，因为他们认为其反应是"消极的"。用不了多长时间，该审查过程就会累积起一些未说出的、对来访者的反应，而且最初原本可能有用的"怒火"就会发展为不断增长的挫败感，从而引起持续的怨恨甚至愤怒。在这一阶段，心理咨询师对来访者的体验更多的是与自己有关。这种体验本来可以成为他们之间**未说出关系**的一部分（Mearns，2003：64-73）。实际上，在某种水平上，来访者可能会体验到一些东西，而这些东西与心理咨询师未说出的，但可以知觉到的对自己的判断有关。有时候心理咨询师会决定与自己保持"一致"而将自己对来访者的不断增长的情感滥用混杂到该过程中。通常这意味着发泄出他们自己被压抑的愤怒——而这与治疗的一致性毫无关系。如果心理咨询师以这种方式破坏了自己与来访者的沟通，那么他可以选择的一种办法就是进行恰当的道歉，然后详细说出自己的咨询过程("展示其咨询工作"),同时不对来访者的过程作出任何推论或判断。至少,这样会有助于来访者明白哪些是自己的责任,哪些是心理咨询师的责任。

我们在这一节的前面曾略微提及的一个事实是,在一致性关系的正常过程中,是心理咨询师而非来访者在进行学习。在以下特洛伊与其心理咨询师之间的序列中,正是如此。特洛伊(Troy)一直在诉说母亲长期患病逝世之后自己的悲痛心情,最后他说道:

> 特洛伊:没有她我感到很迷茫。我从来没有想到过自己会有这种感觉。
> 咨询师:我真的能理解你,特洛伊——它对你的打击真的很大——只有当她逝世后——她对你来说有多么重要。
> 特洛伊:(长时间的沉默)
> 咨询师:(停顿)我想我误解你了,特洛伊。我想那是我,而不是你。

在这个短暂的序列中,很多东西发生了。心理咨询师认为自己的反应是一致的、共感的。但是,在特洛伊的沉默中,他意识到了他说出的是自己的而不是特洛伊的感受。此外,他能够在表达出这种感觉时重新找到自己的一致性。

心理咨询师有时会误解来访者,实际上这不足为奇。我们不应为此而过分烦恼。在丰富我们对来访者所呈现内容的同时,我们自己的人性有时也困惑于来访者的人性。在培训中以及后来的发展中,我们会明白自己的脆弱以及它们如何妨碍了心理咨询工作。这使得我们在这些脆弱出现时去感觉它们,对自己微笑,然后暂时将其置之不理。这是以人为中心的心理咨询师发展出的一种能力。另一种技巧是,当这些个人过程的确产生了干扰作用时去注意它们,正如特洛伊的案例那样。一旦心理咨询师注意到了这种情况,那么在这些话开始对来访者的体验产生影响之前,心理咨询师就要收回这些话。特洛伊的沉默可能显示出他注意到了心理咨询师的反应并不是自己的感受,但是评价点极其外化的来访者可能会被迫将心理咨询师的体验整合为他自己的体验。

共鸣

彼得·F. 施密德(Peter F. Schmid)提出了**共鸣**这一颇为有用的概念,以

帮助我们阐明心理咨询师在与其来访者的关系中所产生的体验的本质:

> 通过治疗中的自我觉知,心理咨询师开始意识到了自己的体验,即此刻流动的体验。他们的体验既是对来访者世界的共鸣,也是(或者是)对他们自己世界的共鸣。共鸣的含义是,心理咨询师与来访者的关系在心理咨询师身上引发的回音。(Schmid and Mearns,2006:181)

共鸣有三种形式:自我共鸣、共感共鸣和个人共鸣。

自我共鸣

自我共鸣是个体自身的思维、恐惧、愿望、怀疑、情感等的回响。它可以由来访者对其经验的描述而引发,但它完全是我们自己的。特洛伊的心理咨询师所经验到的并且最初将其与特洛伊的体验相混淆的正是自我共鸣。施密德提供了另一个案例,其中来访者正谈到自己的伴侣:

> 来访者:我应该爱他还是恨他呢? 我不知道,我感到很困惑……
>
> 咨询师:(想到了自己的伴侣)好问题! 你永远也不知道。(Schmid and Mearns,2006:183)

正如提到特洛伊的心理咨询师时所言,在其发展中心理咨询师会想要发现自己在自我共鸣方面的脆弱之处。

共感共鸣

心理咨询师在与其来访者的关系中所经验到的回响大多都会是共感的——心理咨询师会接收来访者的感觉并将其反射给他。为了说明心理咨询师反应的丰富性,需要区别共感共鸣的两种形式。

首先是**一致性**共感共鸣,这时心理咨询师会尽可能准确地描述出来访者所表达的经验。这就是第4章所描述的**准确共感**。继续来看看施密德给出的案例:

> 来访者:我应该爱他还是恨他呢? 我不知道,我感到很困惑……
>
> 咨询师:(首先感觉到了来访者的困惑)你心里感到很乱。你感觉到了爱,

你感觉到了厌恶,而这些在你心里同时交织在一起。(Schmid and Mearns,2006:183)

其次是**补充性**共感共鸣,其含义是来访者的符号象征获得了补充,心理咨询师在来访者的当前表达中加入了其他东西,但加入的内容也是共感的结果。加入的内容也许反映了处于来访者意识边缘的经验维度。补充性共感共鸣在第4章被描述为**添加性共感**或者一种**深度反映**,例如:

来访者:我应该爱他还是恨他呢? 我不知道,我感到很困惑……
咨询师:(首先感觉到了来访者已经渐渐对他所谈论的人产生了厌倦)……或者甚至忘了他? (Schmid and Mearns,2006:183)

个人共鸣

自我共鸣来自于心理咨询师,共感共鸣来自于来访者,而个人共鸣则来自于两者之间的关系。在个人共鸣中包含了心理咨询师作为一个通情达理的人,他自己对来访者体验的反应。它正是我们在先前章节所描述的、心理咨询师向来访者呈现了自己的现象实在。继续来看看这一案例:

来访者:我应该爱他还是恨他呢? 我不知道,我感到很困惑……
咨询师:(来访者的无所适从触动了他本人)……这让我明白我多么真诚地希望你这一次能够作出正确的决定。(Schmid and Mearns,2006:183)

这不同于仅仅谈及来访者的经验(共感共鸣),并且也不同于作为对来访者故事的反应而说出自己的故事(自我共鸣)。在个人共鸣中,心理咨询师展示了他与来访者之间的关系。个人共鸣完整地表达了心理咨询师当前所呈现的真实自我的质量,并且有力地推动着来访者进入深度关系。

在有关一致性的论文中,利塔尔(Lietaer)描述了针对那些已被诊断为精神分裂症的来访者而进行的治疗工作,他论述的显然就是个人共鸣:

对于这组非常孤僻的来访者,"经典的"干预形式——情感反映——

毫无作用:常常没有多少可供反映的材料。在试图建立接触的过程中,以人为中心的治疗师学会了使用另一种有效的资源,即他们自己此时此刻的感受。(Lietaer,2001:46)

他继续引用了金德林的话:

> 当来访者没有提供自我表述的内容时,心理咨询师此刻的经验却并不是空白的。在心理咨询师的心中,每时每刻都会涌现大量的感受和活动。它们大部分都与来访者以及当前此刻有关。心理咨询师不必被动地等待来访者说出一些私人的或与治疗有关的东西。与此相反,他可以利用自己此刻的经验,并且会发现这是一个永不枯竭的宝藏,他可以由此而发起、深化和继续开展治疗的交互作用,甚至当面对一个消极的、沉默的或外化的个体时。(Gendlin,1967:121)

利塔尔和金德林的这些论述类似于本书作者之一(默恩斯)对一名住院来访者里克(Rick)的治疗经验,战争中的精神创伤使他寡言少语:

> 我通过谈话开始了我们的第一次会面。在对寡言少语的来访者进行咨询时,重要的是不要期望他们会以任何方式开口或对交流作出回应。与此同时,我们总是在寻找一扇打开他们的话匣或其他交流方式的"窗户"。我在初次会面中谈到了我是谁以及我是怎样的人。在那种情况下,这真是一个挑战,我们完全不能从对方那里获得任何信息。我必须介绍"我是谁"并且它必须是真实的……因此,我的"我是谁"介绍必须向里克表明我将把真实的自我展现给他,而不是军队的象征。我必须准确地向他介绍我眼中的自己,自己的缺点以及一切,我所有的怀疑、恐惧,还包括我此时此刻的感受。我的表达必须极度一致,因为该来访者会敏锐地觉察到最微小的不一致。(Mearns and Cooper,2005:100-101)

这是一个有趣的案例,因为它在个人共鸣与希望**被了解**之间架起了一座桥梁(Barrett-Lennard,1962)。大多数时候,来访者最后想了解的事情才是心理咨询师及其生活——但也有例外,尤其当心理咨询师试图建立一种脆弱的接触时,正如以上案例。

元交流

元交流是关于我们交流的交流——它是指在我们各自内心以及我们之间所发生的事情(Kiesler,1982,1996;Rennie,1998;van Kessel and Lietaer,1998)。元交流的建构可以通过在咨询过程中插入正式的回顾,或者通过运用一些练习以鼓励来访者和心理咨询师反思其过程及各自对对方的经验(Mearns,2003:69-73)。同样,元交流还可以是非正式的,仅仅只是咨询对话中的一部分,心理咨询师(还有来访者)说出各自对发生在两者之间事件的经验,并请对方进行回响,正如以下心理咨询师和来访者的话与提问:

- 你觉得这次会谈怎么样?
- 我觉得你对我感到厌烦。
- 我这样说时——我就是这个意思——我不知道你是否听懂了?
- 我不相信你——你是那样说的——但在我的脑海里有一个很小的声音在说这不是真的。
- 我担心你从中收获不大。
- 我们今天过得很开心,但是我们还没有提到上周发生的事情。
- 你对我很好……但我还是认为你是个女巫!

元交流很重要,因为它有助于双方开始认识到其关系的更多组成部分。在任何人类关系中都有说出的和未说出的东西,而后者通常更多并且更具有心理意义(Mearns,2003:68-73)。元交流的最佳非正式媒介就是心理咨询师的一致性(以及来访者的真诚坦白!)通常,心理咨询师的个人共鸣引发了这种通向元交流的一致性。也许心理咨询师在与来访者的交流中感到越来越不自在——觉得有些重要事情没有谈到。他对这种不适作出了回响,然而不适却并未消退。也许这会使他意识到自己还有些话尚未说出,或者也许使他感觉到来访者正在退缩。这两种情况都需要作出一致性的反应。心理咨询师有时会犯的一个错误就是试图使其提前呈现得太多。尽管感觉更安全,但是它会使心理咨询师领先于来访者许多,并使心理咨询师的话听起来太过强烈。如果它过早地表达了出来,而这时它尚处于浮现之中,那么尽管非常强烈,但是交流却会更加平等,正如心理咨询师雷切尔(Rachel)与其来访者西尔维亚

6

一致性

111

（Sylvia）的以下对话：

> 雷切尔：这也许没什么，但是今天在与你的会谈中我一直觉得不舒服……
> 　　　　就像……我想知道我们之间是不是有什么事。你也有这样的感
> 　　　　觉吗？
>
> 西尔维亚：没有！
>
> （沉默）
>
> 雷切尔：你说"没有"，但是你的语气很生硬，西尔维亚……
>
> 西尔维亚：（垂下眼睑，坐立不安，看上去不太舒服）
>
> 雷切尔：想要结束会谈……还是继续进行下去？
>
> 西尔维娅：（停顿）这个星期我遇到的一个人说我不应该再见你了——这
> 　　　　对我没好处。

　　毋庸置疑，雷切尔与西尔维亚之间的这段摘录还有其他许多含义。雷切尔感觉到了没有说出的东西，这毫不神奇或高深莫测。与其他人一样，雷切尔运用了从千百次人类交流中发展出来的敏感性。他同时还运用了其专业原则，即尽可能以便利的方式提出问题。此外，他足以娴熟地认识到这是个人共鸣而非自我共鸣。一个对应的、自我共鸣的例子就是经验不足的心理咨询师害怕来访者没有表达出对自己（心理咨询师）的质疑，从而请来访者说出这种想法，但实际上来访者当时并没有这种感觉。

　　在对那些**评价点**极其外化的来访者进行咨询时，一致性元交流的原则十分重要。面对这种极其敏感的来访者，心理咨询师有时会觉得一致性不合时宜。这实在太荒谬了。评价点极其外化的来访者很难认识到自己与他人之间存在的区别，因此关键在于心理咨询师不能将来访者的混淆归因于自己表述不清。此外，对于来访者与心理咨询师双方而言，重要的是要了解来访者从他们的关系中得出了什么结论，因此元交流扮演着举足轻重的角色。对于相关咨询过程，默恩斯（Mearns，2003：80-83）给出了来访者琼（June）的案例。琼在评价点方面十分敏感，以至于心理咨询师并未提供任何指导时她也会从中接受"指导"。她需要接受指导，并且她十分擅长于觉察出不同的语调、停顿、眼神接触的变化，以及其他大量语言或非语言的线索，而她认为这些线索都是心理咨询师希望她去相信、实践，甚至去感觉的东西。平均下来，心理咨询师发现每次会谈中自己会停下来十次，去查看琼从他的行为中得出了哪些与其实

际经验截然相反的结论,并作出了相应的附和行为。这项工作十分艰巨,但却极大地促进了琼控制并管理自身经验的能力。

与评价点极其外化的琼截然相反,布赖恩·索恩记录下了自己对来访者埃玛(Emma)所进行的咨询,埃玛在与他的相处中已经逐渐变得放松,并且敢于以一种令人惊讶而亲密的方式表达出他们之间发生了什么:

埃 玛:(徒劳地强忍着泪水)你爱我,是吗?(她喃喃自语地说出了这些话,并且带着怀疑的语气。)

布赖恩:是的,我爱你——如果爱的测量是用有多么希望某个人过得好的话,我爱你。我非常希望你过得幸福快乐,甚至有时候一想到这个我就会流泪。(我知道在说这些话的时候自己已经把所有底牌都翻了出来,我觉得自己非常脆弱。)

埃 玛:我想我知道这些,但我还是无法相信。你根本不爱我,对吗?

布赖恩:是的,埃玛,我并没有爱上你,但是我的确非常关心你。(最后这段对话之后似乎沉默了好长时间。事实上,我并不知道它持续了多长时间,但它似乎超越了时间与空间。当埃玛再次说话时,她的思绪仿佛从远方飘回,不过在我看来她说话变得更加直截了当,就好像我们早就认识。)

埃 玛:刚才我想了一下,你就像我的父亲。他从来不把我当作一个女人。

(Thorne,2002:73-74)

在这个例子中,来访者和心理咨询师都准备好了去表达出他们之间未言明的关系,它导致来访者迈出了关键的一步,处理了青春期早期父亲逝世这一未解决的悲痛。

不一致性

许多不一致性的案例并不像下例这样显而易见。在督导中,可能在检查了整个会谈录音,甚至一系列会谈后,不一致性才可能被甄别出来:只有那时才能观察到心理咨询师逐渐发生了变化。例如,心理咨询师可能慢慢变得不再那么具有自发性,而是更具防御性。没有哪次单独会谈表现出了不一致性,但是渐渐地心理咨询师将自己从这种关系中抽离出来。如果缺乏督导以及对咨询录音的分析,那么心理咨询师会很难察觉这种缓慢发生的不一致性。有的情况下,不一致性会十分明显;例如,当心理咨询师试图隐藏自己的真实反应时会出现"双重信息"——他说的可能是一件事,但是非语言表达出的却是另一件事。在这种案例中,心理咨询师可能说:"我想我们尽早下次见面对我们两人都有好处。"但是与此同时他又显得十分厌烦!其他常见的例子包括,心理咨询师表现得过于热情以至于看上去不真实,或者心理咨询师不断发出令人恼火的"嗯,嗯"声,似乎他在倾听,而事实上他可能根本没有在听。

如前所述,由于不一致性在我们的文化中是如此根深蒂固,所以心理咨询师会发展出许多不一致的方法。比起人格发展的个人疗法,以人为中心疗法的培训更加强调团体治疗,其原因之一就是,在团体关系中更难以保持不一致性,至少在真正交心的团体中是如此。

例1

来访者:我想你不喜欢我。

咨询师:我当然喜欢你。

(沉默)

在这个例子中,心理咨询师完全意识到了自己根本不喜欢来访者这一事实,但他没有实话实说。对于来访者而言,质疑心理咨询师并非易事,在该案例中当然也是如此。对于心理咨询师而言,这是一个对以下事实作出反应的绝佳机会:来访者希望投入到这种关系中,使自己甚至能够正视困难。遗憾的是,心理咨询师无法把握这个机会、呈现一致性的反应并对该反应继续深入下去。

例2

来访者:你今天似乎对我很生气。

咨询师:不,我没有生气……只是我今天有很多烦心事。

(沉默)

读者可能猜测心理咨询师的确很生气。然而,在该案例中其不一致性是由于他没有意识到自己内心的愤怒。在该案例中,他的不一致性没有造成持

久伤害,只是让来访者暂时感到困惑。在会谈过程中,心理咨询师意识到了自己的不一致性,将其表达了出来,并充分地进行了解释和道歉,不是因为自己的愤怒,而是因为自己的不一致性。

这些例子表明不一致性具有两种截然不同的形式,它们分别发生于表6.1中的 A 处和 B 处。

A 型不一致性发生于心理咨询师**没有意识到**自己对来访者的某些经验,因此无法将其表达出来。这种不一致性的形式正如例 2 中所示。B 型不一致性发生于心理咨询师意识到了自己的经验,但是**选择**不将其表达出来(如例 1)。另外一个例子可能有助于澄清 A 与 B 之间的区别。在 A 型不一致性中,心理咨询师的急躁或厌烦情绪可能正在逐渐增强,但是由于他没有意识到这些,因此他无法对此作出反应。尽管心理咨询师没有注意到自己的不一致性,但是当来访者察觉到心理咨询师的非言语行为发生了变化时,就会觉得事情有些不对劲。他会感觉到心理咨询师的紧张,或是察觉到心理咨询师的语调变得越来越冷漠和疏远。他会注意到心理咨询师避免与他进行眼神接触,或者发觉心理咨询师表现出的兴趣并非真心诚意的。在 B 型不一致性中,可以导致相同的结果,但原因却大相径庭。这时心理咨询师会意识到自己的急躁与厌烦情绪正在逐渐增强,但是他拒绝说出这些感受,即使它们持续存在并与来访者有关。同样,来访者会意识到心理咨询师的经验与其话语之间的不一致。来访者不知道心理咨询师在做什么,但是其自身的敏感性会让他产生怀疑。一位来访者就敏锐地提及了 A 型不一致性与 B 型不一致性之间的这种区别,在心理咨询师不断表现出了不一致性后,他对心理咨询师提出了以下问题:"你想骗谁,先生:你还是我?"如果心理咨询师试图欺骗来访者,那么就是 B 型不一致性,但是如果心理咨询师在欺骗自己,那么就是 A 型不一致性!

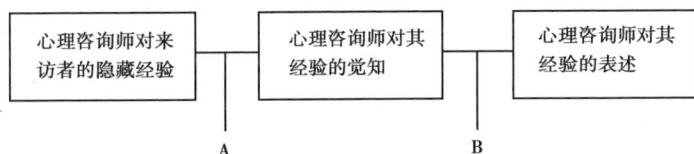

图6.1　不一致性的两种形式

在找寻心理咨询师不一致性原因的过程中,区别 A 型与 B 型同样也十分重要。A 型不一致性可能与心理咨询师缺乏自我觉知有关,或者可能是在来访者关注的那一领域,他存在一些个人困难。例如,一个害怕愤怒的心理咨询师可能会发现,当来访者谈及该问题时自己的不一致性就会增强。另一种可能是,不一致性映射出了心理咨询师在该关系中的位置。例如,他可能没有觉察到自己在与来访者的关系中正在逐渐疏远和分离。所有这些因素都会降低心理咨询师呈现真实自我,以及随后的一致性的质量。

在 B 型不一致性中,心理咨询师有意识地抑制自己,这种不一致性的基础可能相似于类型 A,也可能与其完全不同。也许其基础在于心理咨询师能够说出"积极"情感,而不是"消极"情感,但在少数案例中,情况则完全相反。另一种可能是,心理咨询师在情绪或工作上太疲倦了,以至于无法全身心地投入,因此他只想完成一次咨询性的会谈而不是真正全身心地投入其中。有时候,心理咨询师可能想维护自己在来访者眼中的形象,显得**专业**、**强有力**或者**和谐而稳重**。维护心理咨询师的权威这类神秘的东西可能有助于增强来访者对治疗的信心,但却与不一致性无关。与 A 型不一致性相类似,在有些 B 型不一致性案例中,可能会涉及心理咨询师的一些其他情绪,例如恐惧。本书作者之一在其他地方曾就此问题写道:

> 我意识到自己的 B 型不一致性与**恐惧**有很大的关系。当我尽量使自己不对来访者作出真实反应时,我实际上是在保护自己,远离自己的情绪可能会导致的结果。"让来访者立刻就接受这些实在是太难了"或者"也许我会在脑子里想得更清楚些,然后再和她谈——现在它还让人很难理解",这样说没有什么不好,而且也很容易。我有很好的理由不对来访者作出反应,但这些仅仅是轻而易举的理性主义。隐藏在它们下面的可能是"如果我那样说的话他可能会感到恐慌"/"如果我那样说的话他可能会不再喜欢我"/"如果我那样说的话我不知道随后会发生什么"。这些恐惧抑制了一致性。就此而言,恐惧同样还会抑制共感和无条件积极关注。(Mearns,1986:8)

一致性的准则

我们在本章开头所给出的一致性定义看上去清晰而简单。它表明,为了表现出一致性,心理咨询师对来访者的外在反应始终应该与他对来访者的内在经验保持一致。为了理解得更充分,我们需要详细考察心理咨询师内在经验的种类,因为显然,并非心理咨询师的所有感觉都适合于咨询过程。心理咨询师不能出于要做到"一致性"而仅仅简单地表达出自己当前的一切感受。如果他这样做的话,那么咨询过程更多关注的就会是其本人而非来访者。很有必要制定出三个准则,它们一般会控制心理咨询师的治疗一致性。

首先,当谈及一致性时,我们所指的是心理咨询师对来访者经验的**反应**。心理咨询师的内心可能会有大量的情感和感觉在涌动,但是只有那些对于来访者的反应才适于表达出来。在这一点上,重要的是要注意到一致性不同于"希望被了解",后者本章已经进行了探讨。当心理咨询师处于一致性状态时,他表白出了面对来访者的经验,自己此刻感觉到的真实反应。只有在极少情况下,这种反应会涉及心理咨询师的生活,即便如此,关注的焦点仍然是来访者而非心理咨询师。例如,心理咨询师可能会说:

> 我记得当我失去深爱的人时——我同样也感受到了你所描述的那种"悲伤",但是你说的不止这些……你说除了感到悲伤,你还感到了……一种……毁灭?

在该例当中,自我共鸣与共感共鸣相互交织在一起。心理咨询师对自己的悲伤作出了回应(自我共鸣),而它恰好与来访者的经验相似,但是他同样也感觉到了来访者某种类似于"毁灭"的感觉(共感共鸣)。他的反应清楚地表明它是自我共鸣,并且不想再继续关注它,而是将注意转移至共感共鸣。自我共鸣的内容并没有治疗意义——它只是顺带的礼物——希望被了解。

对一致性反应的第二个准则是,它必须与来访者所关注的事物有关。有时候,心理咨询师对来访者经验的反应实际上只与心理咨询师自己有关。比如,来访者谈及自己的婚姻可能会使心理咨询师想到了另一位来访者的婚姻;或者来访者谈及自己的压力可能会使心理咨询师想到了普遍存在压力的现象。虽然心理咨询师的这些经验是对来访者所谈问题的反应,但是心理咨询师通常不会打断来访者的话,因为它们不太可能与来访者的当前经验有关。

在咨询过程中,心理咨询师会体验到对来访者的各种反应。即使心理咨询师只对那些与来访者所关注的问题有关的东西进行反应,但是他可能仍然还在控制着咨询过程。因此,第三个准则就变得必不可少了:心理咨询师赖以作出反应的经验要**保持不变**或**格外强烈**。对于心理咨询师的意识中浮现而又消失的轻微激怒感,或者与来访者所说的某特殊事件有关的、一闪而过的烦恼,心理咨询师都不要刻意地去改变它们。但是如果这种激怒或烦恼持续存在或反复出现,或者它非常强烈,以至于对心理咨询师和来访者之间的关系产生了重要影响时,那么就应该关注它。大部分这些例子都属于共感共鸣或个人共鸣,但是,在一些特殊情况下,这些持久或强烈的反应是自我共鸣的。我们来看看表6.3中一位身处痛苦之中的心理咨询师的叙述。

表6.3　对持续的情绪作出响应
本摘录节自与来访者安迪的第九次谈话。在之前的会谈之后,咨询师反思了在与安迪关系中不断增加的恼怒情绪。这种持续的情绪在第九次谈话中再次出现的时候,她忍不住评论: 太奇怪了——最近谈话中我老是觉得不舒服——有点恼火,也没有耐心。虽然不太确定到底是什么原因,但就是这种不断出现的情绪往往非常有用。……感觉……对,它感觉就像我受到了更多的约束……限制——可能我们的关系不像以前那么轻松了。你觉得怎么样?   此后这种一致回应帮助咨询师与来访者打破了他们关系中不断加剧的危险局面。这种局面就是安迪越来越依赖咨询师,而咨询师却开始扮演一个互补角色,这经常令她不舒服。安迪和他的咨询师能够讨论他们之间的互动以及这种局面是怎样开始的。"在我和女人的关系中就是如此,"安迪说道。他的咨询师则声称:"好吧,这一次不是这样!"

因此,简而言之,为了避免有人假定心理咨询师应该表达出在咨询过程中经验到的任何短暂感觉,对一致性的操作定义进行限制是很有必要的。当我们谈到保持"一致性"时,除了如表6.3中所说的特殊情况以外,我们指的是心理咨询师表达出他自己那些与来访者**有关**的,以及相对**持久**或**强烈的反应**。这些准则看起来似乎将心理咨询师意识到的很多东西排除在外,但事实上,它们包括了绝大多数重要的材料。默恩斯和施密德(Mearns and Schmid, 2006)更加深入地探讨了一致性反应的准则这一问题。

即便如此,这些"准则"也只是针对那些缺乏经验的心理咨询师,否则,对于自己对来访者的反应是否恰当这一问题,他们会备感困惑。随着经验日益丰富以及对自己更加了解,心理咨询师会在保持一致性方面应用自如,并且能够相信自己对恰当性的即刻判断。她也会开始意识到例外情况的重要性。我们一贯认为自我共鸣的产物并非特定表达,因为它们与咨询师有关,与来访者无关。然而,在这种原则之外仍然存在罕见而重要的例外情况,详见表6.4。

表6.4　　当自我共鸣过于强烈时
一般而言,心理咨询师的自我共鸣与来访者或咨询工作并无关系。但是,偶尔地,这种感觉会很强烈或持久,以至于为了在关系中做到"此时此刻",心理咨询师把它说了出来。心理咨询师拉尼就提供了这样一个例子。 　　我的难民来访者塔里克(Tariq)谈到了自己被虐待的经历。一般来说,曾遭受虐待的个人经历有助于我对这样一位来访者感同身受——其他很多心理咨询师感到恐惧的时候而我却能够感同身受。但是这一次,它与我自己的经历太相似了,我失去了控制。当他描述受虐待的细节时,我似乎觉得自己也在遭受虐待。我感觉到了刀割的每一下。我冷汗淋漓,开始发抖。他的声音融入了背景,折磨我的那些人残忍的笑脸又浮现在我面前。塔里克暂时没有注意到我而是还在继续讲着。然后他慢慢地沉默了下来,只是看着我。我强迫自己开口说话。我必须告诉他我自己的事——不是故事的细节——而是此时此刻我的经验。 　　拉尼:塔里克,我很害怕,在发抖。我要把它说出来,因为它太强烈了,以至于我的思绪慢慢地飘到了别处。我也曾经遭受过虐待——很久之前。很多年来,它没有对我产生影响,实际上,有时它还帮了我。但是刚才它淹没了我。我完全被恐惧打倒了——巨大的恐惧感。我希望,通过把它说出来,它会慢慢平息下来。我在说的时候就可以感觉到它正在慢慢平息。我很抱歉自己刚才无法倾听你的话。 　　塔里克:我能理解。 　　拉尼:我想你能理解。

　　在表6.4中,心理咨询师出于职业精神而表白了自己的自我共鸣。他并没有试图利用会谈而更多地谈论自己的经验,但是他需要花点时间把它们说出来,以帮助自己从中摆脱出来。否则就是一种欺骗行为;来访者觉察到了他的痛苦,因此他也会觉察到原因。如果处理得当,即使这样一种强烈的中断也会增加其关系的深度,正如该例。

6

一致性

心理咨询师如何才能发展出一致性？

接受以人为中心疗法培训的心理咨询师至少需要具备的基础是无条件积极关注的态度，并且在培训早期，培训师通常会特别注意帮助受训者释放其共感敏感性，但是发展最慢的治疗条件常常是一致性。任何事物的力量越大，其危险相应也越大；将其**自我**投入到治疗过程中的以人为中心的心理咨询师充满了力量和危险，受训心理咨询师明智的做法是小心谨慎。

就本质而言，一致性中暗含的危险是心理咨询师的自我共鸣干扰了治疗过程，其自身需要和恐惧逐渐与他对来访者的觉知紧密联系，因此扰乱了他的一致性反应。"但我只不过是在保持一致性而已！"，对于那些将自己的需要和恐惧强加于来访者的心理咨询师，这只是一个蹩脚的借口。由于一致性而呈现出的游刃有余对心理咨询师的持续自我发展负有特殊责任，因为只有通过这一发展过程，他自己的需要和恐惧才能在治疗过程中变得不那么具有强迫性（见表6.5）。

表6.5　一致性并不意味着将自己的需要和恐惧强加于人

在第4章中，我们探讨了心理咨询师的个人需要和恐惧是如何破坏了共感。同样，它们还会干扰心理咨询师的一致性。下面两段话摘自对心理咨询师的督导过程，目的在于发现在其咨询过程中，他们自己的需要和恐惧是通过何种方式强加到了来访者身上。

A：我只是希望来到她（来访者）面前，紧紧拥抱她——但我意识到，是我自己需要说"好了，好了，不要哭了——我会照顾你的——可怜的小女孩。"有时候紧紧的拥抱是"给予"，而有时候却是"拿走"。在这个例子中，它会使她继续做一个我可以掌控的小女孩——并且"拿走"那个我发现自己更难把握的女人。

B：我对他感到非常愤怒——这种感觉很强烈，很持久，但它就是不合时宜，原因很简单：它完全与他无关——是我自己害怕成为他这种男人的伴侣，他对待自己的妻子就像财产。当我被自己的恐惧所妨碍时，我无法看到他的爱，他的温柔或者他的恐惧。

表6.5中的心理咨询师觉察到了这些案例中其自身需要和恐惧的影响。在学习以人为中心疗法时，心理咨询师要发现并探索这些需要和恐惧，而它们

在咨询过程中会强加于来访者身上。随着这项工作的进行,心理咨询师会变得更加相信自己;学会保持一致性与学会相信自己是不可分割的。如果心理咨询师想在咨询关系中运用他自己,包括其一致性反应,那么他就必须相信自我以及那些反应。通常他并不知道自己的反应会导致什么结果,甚至此刻也不知它们从何而来,但是他将学会辨别哪种反应可能是共感,而哪种反应可能来自于其自身的需要和恐惧。在学会信任自我的过程中,他将发现,自己的自发反应并不会产生破坏作用,事实证明它们更多的是对来访者有所帮助。

仅仅依靠心理咨询师的自我反省是无法获得这种发现的,即使在最高水平的督导师帮助下也不行。心理咨询师只有通过在真实的关系情境中经验其自我才能获得这一发现。心理咨询师新手可能会对心理咨询师经验这一概念感到不安。但是事实上,如果心理咨询师想要成长并转变为一名助人者,那么就运用其自我不同方面而言,进行体验是不可避免的过程。表6.6是一位心理咨询师所报告的经验案例。在该表中,心理咨询师使用了"**我强迫自己顺其自然**"这样的话。它绝妙地描述了对个体一致性的经验。心理咨询师已经逐渐学会了更加相信自己,包括自己的触摸,但这个过程的重要一步就是在实践中顺其自然。自相矛盾的是,有时候需要刻意去"**顺其自然**"。

表6.6 一次触摸的经验
这一片段摘录自一位受训心理咨询师的"个人传记",该日志关注于咨询培训中的个人成长。
昨天本(Ben)(一位来访者)由于悲伤而颤抖压抑,我真的很想握住他的手。以前我常常会因为考虑到这样做是否恰当而不知所措,但是这一次我仅仅是命令自己顺其自然。在我触摸到他的那一刻,我的温暖似乎传递到了他的身上,同时他的压抑获得了释放——他在抽泣中喘气、爆发。

在心理咨询师的一致性发展过程中,这些经验是重要的步骤。在表6.6中的案例中,心理咨询师进一步确定了自己的一致性反应是可以信赖的。他发现了其自身存在的另一个方面,他可以将它潜在地托付给来访者。

在提高一致性的过程中,心理咨询师会发现自我的更多方面,而他可以在咨询中建设性地运用它们。这些发现令人兴奋,因为直至心理咨询师存在的各个方面几乎都能被运用于其咨询中时,正在成长中的心理咨询师才能从一种状态转变为另一种状态,在先前状态中,其自我投入的很少,经常多少显得有些僵硬和刻板,而在新的状态中,他日益变得愈发游刃有余。

这是以人为中心的心理咨询师在其发展过程中所必须要接受的挑战。正如第3章的结论中所说,最终目标是心理咨询师能够在关系深度中呈现一种深层交流,不仅只是对有些来访者,而是对前来咨询的**每一位**来访者。这在初级培训中是无法实现的。如果初级培训能够帮助心理咨询师**初步形成**自我发展的态度,那么它就已经大功告成了。大部分工作是在以后——在心理咨询师随后的职业发展中——完成的。这一自我发展的课程包括两个主要部分:丰富对人性的经验,拓展在咨询室中可以呈现的自我。我们在心理咨询师的发展计划章节中讨论这些问题。

心理咨询师的发展计划

发展其一致性的任务要求咨询师具备决心,而且很大程度上正如在最初的培训之后所出现的那样,重要的是咨询师要从监督者(有时是一个连续的专业发展支持团体或者可能是电视支持)处获得支持。在监督一词的现代意义上,咨询师的持续发展计划已成为关注重点。在与监督者签订合同时,咨询师将会寻找那些愿意帮助她实施发展挑战的"积极挑战者"。咨询监督是这一专业所独有的,在以人为中心的方法中尤其如此,因为它是针对从业者的发展而不是针对其的检查机制。监督者注重这一点,将咨询师的持续实践看作其发展的大背景,并帮助她监督。但是监督者的职能不仅仅是监视咨询师——也要为被监督者监视其在其他背景下的发展提供背景。当被监督者与新监督者聚在一起,咨询师在此后的若干年内将首次带着以下问题仔细思考其发展日程:

- 什么是我想发展的工作方式的中心?
- 我想研究哪一理论领域?
- 我想通过咨询审视有关我实践的哪一问题?
- 在扩大我生命体验时,我的目标是什么?
- 对我来说,在工作中什么是或者什么可能会成为"存在主义的试金石"?
- 我在咨询室内偶尔显露出的自我另一面中哪一个可能有用?

第10章会谈到第三个问题,而在接下来的几页内我们会将重点放在后面几个问题上。

丰富对人性的经验

此时的目标是:在不断拓展的人性领域内积累丰富经验并对其习以为常。这也包括了刚刚提到的"对自我的经验"以及第 3 章中所讨论的拓展社会经验。在督导师的帮助下,或者有时在持续性职业发展支持小组或**互联**支持(注:在荷兰、比利时以及近来的法国,"督导"一词——指经验丰富的心理咨询师——正在被"互联"所替代。互联可以是两个经验丰富的心理咨询师之间,也可以是在一个小团体内部。)的帮助下,心理咨询师会进行鉴别,挑选出作为来访者会对自己形成"挑战"的那些人群或团体。有时候心理咨询师不得不心怀恐惧和偏见来完成这项工作,而她先前的经验从未对这些情感构成足够的挑战。一位受训心理咨询师戴比(Debbie)告诉了我们她曾遭遇的一次挑战:

> 最终我意识到,如果自己要成为一名职业心理咨询师,那么我最好找到人性的另一半。所以我开始对男性进行咨询了!

戴比在谈到挑战时的轻松甚至幽默带来了一个重要信息。如果我们能以积极、开阔的心胸来接受自我发展计划,那么战胜挑战会变得更加容易。以人为中心的督导师在其督导中最关注的问题就是该持续性自我发展计划(Lambers,2000,2006),而督导师可以成为一种巨大的资源,以帮助发展中的心理咨询师在该过程中保持开阔心胸而非防御态度。

一位经验更加丰富的心理咨询师伊姆伦(Imran)简要地陈述了自己所面临的挑战,其中蕴藏了丰富的含义:

> 我以前从未如此主动地承认自己是一个"持有偏见的反同性恋者",但我的确是。参加男性团体很快就使我抛弃了这种偏见。

伊姆伦做到了最困难的一件事——他正视了自己的偏见而不是隐藏于其后。他获得了一些帮助;其个人发展小组中的一名同性恋成员帮助了他,使他坦率地承认了自己对男同性恋团体的偏见,并满足了他想加入该团体以消除偏见的愿望。我们只能猜测,团体中的其他成员不得不放下恐惧而支持他的计划。

6

一致性

个人计划的许多内容并非都如伊姆伦那般令人恐惧,并且通常处理方式也不那么极端,正如伊丽莎白的案例:

> 当我一触及到来访者深层绝望的边缘时,我就会退缩。最初,我通过阅读描述人们绝望体验的文章来越过那个边缘。这会使我泪流满面——并使我更接近于对自己生活的感触。

人们也许会忽视阅读的价值,因为它间接地提供了与人性的接触——但是它却能有效地激发我们的想象并拓展我们的认识。在其自传中,本书作者之一(索恩)常常谈及自己将阅读文学作品作为一种持续不断的源泉,它激发了自己对人性的了解以及共感技能(如,Thorne,2005:128)。

在一次历时 72 次会谈的咨询中,来访者是饱受战争创伤的退伍军人,本书作者之一(默恩斯)试图了解来访者的战争背景,因此他找到了一种可以加深自己理解的经验:

> 帮助我继续下去的一种经验就是加入一个非正式的退伍军人讨论小组……通过这个小组,我使自己能设身处地于来访者谈到的经验中。(Mearns and Cooper,2005:107)

有无数种方法可以帮助以人为中心的心理咨询师丰富其人生经验,熟悉人性的更多领域。没有哪种方法会告诉他来访者此刻的经验是什么,但是它使心理咨询师更接近了,这样他就不会因为陌生而感到恐惧。

拓展咨询室中可以运用的自我

如果心理咨询师要想能够对更大范围内的来访者呈现出关系深度,那么,如果他能够拓展自己可以呈现的"自我",这将大有好处。这一建议与该职业内部的以下趋势相矛盾:即不断限制心理咨询师的行为。这种倾向只会导致咨询缩小为对特定来访者问题的一系列既定干预。这样做可能符合医学模式,但是它公然违背了一些研究证据,而这些证据表明了关系的重要性(Mearns and Cooper,2005:第 1 章)。

要想拓展我们在咨询室中可以呈现的自我,一种方法就是熟练地运用自我的各个部分——我们曾将其称为自我的**结构形态**——以对来访者及其组成部分作出反应(参见第2章与第4章)。初学者更易接受的是,我们还可以从自我的各个不同方面来思考,可能它们此刻在咨询室中不起重要作用,但是当条件合适时,它们就会对我们有用,在各种来访者的生活和经验之间架起"桥梁"。这些称为**存在性试金石**,(Mearns and Cooper,2005:第8章)并被定义为:

> 生活事件与自我经验,它们让我们瞥见了自我的各个不同方面,而且我们可以步入其中,使自己进入一种与来访者的此刻经验更接近的感觉状态,并因此起到了"桥梁"的作用,使我们与来访者能够进行更完全的接触。

该现象的一个有趣特点是,在这些存在性试金石中,有些最初出现时,可能是我们消极的,或者甚至是破坏性的经验,但是我们会逐渐将其整合,这样它们就能够促进而不是减弱我们的治疗能力。表6.7呈现了试金石的一些例子。

表6.7　　存在性试金石:脆弱转变为力量

五位心理咨询师向我们呈现了各自的一些童年艰难经验,而这些成为了他们工作中的存在性试金石。

- 我能够运用童年的孤独记忆而拉近自己与孤独来访者的距离。
- 我用了很多年才摆脱了遭受虐待的经历——但是现在它已经不再让我感到恐惧了——现在我甚至能够运用它来拉近自己与来访者受虐经历的距离。
- 我并不认为你已经摆脱了失去亲人的痛苦——但是它表明这使你更加深刻地认识了人生,并且有助于你更深刻地理解来访者失去亲人的痛苦。
- 来访者的愤怒令人害怕。最开始我吓得退缩了——但是通过运用自己以前曾有过的愤怒,我离它更近了。看到自己第一次运用它,真的很有趣。
- 来访者谈到了自己的自杀,但我很难理解——我发现自己不断试图跟随他的经验但随后感觉就会消失。我意识到自己在抵抗着不去碰触自己很久以前曾有过的自杀念头,而它影响了我。当我不再抵抗而是去回忆自己的经历时,它使我冷静了下来,并使我与来访者靠得更近了。

在运用这些非常私人性的经验时,要注意的一个重要问题是,它们并没有告诉心理咨询师有关来访者的任何情况。表6.7中心理咨询师自己的孤独、受虐、丧亲、愤怒或自杀念头与来访者的这些经验**并不相同**。这些经验并不是共感,但是它们有助于心理咨询师**进入一种存在性状态,该状态有助于他体验到来访者经验的力量**。默恩斯和库珀(Mearns and Cooper,2005:第8章)以及默恩斯和施密德(Mearns and Schmid,2006)更为详细地探讨了试金石的本质和作用。

对于以人为中心的心理咨询师而言,发展一致性可能是更加艰巨的目标之一,但是它带来的好处是巨大的,不仅仅只是对来访者,对于心理咨询师本人也是如此。在咨询关系中保持一致性使得心理咨询师更加**精力充沛**而不是精疲力竭。即使心理咨询师未曾有过这种经验,但是他们可能会回忆起相反的经验:在充满不一致性的环境中进行咨询令人疲乏不堪和虚弱无力。维持幻觉需要消耗能量。当心理咨询师逐渐在咨询中更多地运用自己时,呈现在来访者面前的是一个充满活力的、正在进行体验的人,该个体将自我接纳与进入自我世界的能力结合了起来,并无所畏惧地在其中徜徉。毫无疑问,这种结合让许多来访者体验到了解放和兴奋。

三个条件的结合

在第3章的结论中,我们提出了**关系深度**的概念,并指出了以下事实:提供了共感、无条件积极关注以及一致性这些核心条件的心理咨询师促进了关系深度的形成。我们已经分别对这些条件进行了论述。然而,这种分别处理的危险在于它可能将我们引入理论抽象这一境地。核心条件的力量在于它们共同出现、彼此紧密结合并相互交织,以创造出比各个部分要巨大得多的某种东西。其他评论者同样也观察到了核心条件这一重要的一体化本质。例如,博扎斯(Bozarth)说:

> ……一致性、共感和无条件积极关注这些条件之间的相互关系是如此密切,以至于在该理论中它们彼此无法分离。罗杰斯偶尔会分开讨论这些条件,也许这是为了向治疗师提供实用的指导原则并澄清每个维度的特定内容。(Bozarth,1998:83)

事实上,博扎斯提出"这三个条件实际上最终在功能上是一个条件"(Bozarth,1998:80)。

同样,弗赖尔(Freire)也认为共感和无条件关注是同一经验:

该描述致使我们不可避免地得出了以下结论:共感经验和无条件积极关注最终是唯一的、相同的经验。在无条件积极关注下,治疗师在向来访者呈现出其自身**存在**的同时,接纳了来访者经验的每一方面。在共感经验中,治疗师在进入来访者世界的同时,接纳了来访者参考架构的每一方面。

在本章中我们同样还指出了一致性与共感之间的联系,提出一致性的主要作用在于它使心理咨询师能够准确无误地,而不是模糊扭曲地对来访者进行反射。我们可以进一步认为,心理咨询师的一致性大部分都是他此刻关注自己对来访者的感觉的产物,并将该关注的产物呈现给来访者。金德林在谈到共感与一致性之间的这种相似性时说:

> 一致性……意味着根据我们当下的经验过程而作出反应,呈现我们产生的每一种思想和感情,不是生硬或做作地,而是出于自己的真情实感……与经验过程一样,共感和一致性完全也是如此,是我们此刻对来访者的经验,对其反应的直接表达。(Gendlin,1970:549)

无条件积极关注与一致性同样也紧密相连,一方的存在促进了另一方的发展:如果心理咨询师接纳了来访者,那么他就更容易信任来访者,并以充分一致的方式自如地运用其自我。事实上,当心理咨询师在某位特定来访者面前感到难以保持一致性时,以人为中心的督导师通常会请他们思考一下自己在多大程度上接纳了来访者,因为缺乏一致性可能是难以给予信任和接纳的表现。保持一致性同样还有助于促进接纳。这被称为**在关系中承担风险**:例如,心理咨询师可能会坦诚地说出自己在面对来访者时遇到的某种困难,如果双方能够考察并澄清该困难,那么他们的关系和彼此接纳就会得到进一步促进,正如在任何关系中所发生的那样。

也许以人为中心的方法最经常面对的挑战可以集中体现在以下问题中:"如果无条件积极关注与一致性相互冲突时你怎么办——你会诚实坦白自己无法给予接纳吗?"卡尔·罗杰斯经常被问到这一问题,但却很少能使提问者满意,无论他如何回答!问题部分在于,提问者和经验丰富的以人为中心的心理咨询师所试图作出的反应一般来自于截然不同的参考架构。提问者可以轻而易举地想起很多可能会体验到该冲突的情境,但是对于经验丰富的以人为中心的心理咨询师,现实情况是,在很大程度上,这种冲突根本就不会发生。这可能听上去很虚伪,但事实的确如此。熟练的、经验丰富的以人为中心的心理咨询师在对来访者给予重视时,不会遇到提问者所预期的那种困难。当他人的价值观对自己产生了威胁时,很多人就会难以对他人给予重视。但是以人为中心的心理咨询师在其个人发展中形成了重要信任,其自我没有那么脆弱——来访者所持有的不同价值观根本不会对其产生威胁。他们可以在理论上思考提问者的两难困境,但是在实践中几乎从来不会出现这样的问题。

尽管如此,为了那些处于发展中的以人为中心的心理咨询师,我们还是需要思考这个问题。当心理咨询师面对的来访者说出了令他最害怕的东西时,他该怎么办? 在面临这种挑战时,他应该"描绘"出某种程度的重视吗? 事实上,他可以做到这一点,因为人类是如此擅长于口是心非,以至于都会演戏——这种技巧在其他任何物种中都见不到。与此相反,他应该立即停止对这位来访者的咨询吗? 与第一种选择相比,这一选择值得推崇,特别是如果心理咨询师本人在此过程中**具有**某种困难,并且不想把它投射到来访者身上。第三种可能是,心理咨询师并不阻断与来访者的接触,而是开诚布公地承认自己的痛苦。这是一种艰难的选择,培训师不应将其强加于受训者,因为在作出这一选择时,在那一刻,受训者实际上是在选择超越其个人局限。经验丰富的心理咨询师则不同,他们曾经历过进入这些不确定情境并进行心理治疗工作。尽管如此,如果受训者承认了自己的不足,并且尽管心存恐惧但仍对来访者诚实相待,那么她们就跨出了重要的一步。一位初级受训者报告出了这种经验,见表6.8。

表6.8　保持诚实

　　我已经无法再与简(来访者)继续下去了。她是一个如此明显的女同性恋者,以至于每次会谈对我来说都是一次挑战。我不知道对此该怎么办——我吓坏了。我不能在她面前"装得若无其事"——她会看穿的。我告诉了督导师想结束对她的咨询。回头再来看,我认识到自己对督导师说出了这件事后就不用再做了。我最后做的事情是与简"交代清楚"。有一天我发表了一通"演讲"。我在深呼吸之后说她令我感到害怕,我知道这更多是与我自己有关,我不想"把它发泄到她身上"。但是我一直难以接受她对我表达的爱意,而在此刻之前我一直都没有诚实地告诉她。简的反应让我大吃一惊。她对我的诚实表示感谢。她说我对她的害怕让她既伤心又愤怒,但是,如果我还不坦诚相告的话,情况会更糟糕得多。那一刻,我记得我希望自己心里没有那么害怕同性恋,因为我知道,即使我们之间彼此坦诚相待,但是我无法与简发展更深入的关系,除非我自己有了进一步的发展。

结　论

一致性使心理咨询师的工作不再神秘,因为它简单明了地显示了心理咨询师对来访者作出回应时的经验。它表明,心理咨询师并没有将自己隐藏于来访者病理学那些复杂而威吓的解释或理论之后。它揭开了咨询的秘密,并确保心理咨询师和来访者共享相同的现实。一致性对于健康的人际关系和信任的发展是如此基本,以至于我们必须质问任何使其降低的行为。将自己完全地、诚实地呈现给来访者是心理咨询师的职业责任,因为心理咨询师的不一致性肯定会对早已脆弱不堪的个体**造成伤害**。在本章开头我们曾经提出了一个问题,现在要再次将它提出来:"在对来访者作出反应时,我敢于不做自己吗?"在表6.9中,一位来访者对其心理咨询师保持一致性的重要性而发表了自己的看法,我们以此作为本章的结尾。

在探讨共感、无条件积极关注与一致性之间错综复杂的关系时,我们列举了一些案例,它们来自于治疗过程中的许多片段。现在我们还需要将这个过程贯穿起来,系统地强调在不同阶段出现的各个问题。从逻辑上讲,这一旅程的起点就是其**开始**。

表6.9　　在对来访者作出反应时,我敢于不做自己吗?

在咨询结束以后的某个时刻,一位来访者回顾了自己的心理咨询师:

他总是在那儿——总是充满生气——总是在我面前。刚开始我并不相信他——我并不相信他是真诚的——他会一直对我感兴趣。从来没有人一直对我感兴趣。花了很长时间后我才开始相信他。但是每一次见面他总是那么值得信赖——那么真实。他会对我感到生气并且会说出来——这没什么大不了的。有时候我对他感到生气,这也没什么大不了的——人们相互之间的确会时不时地厌倦对方——事情本来就是这样,不是吗?

7 "开 始"

权力游戏

我们试图从一些人那里寻求帮助和信息,而这些人在接待我们时曾使大多数人蒙羞。典型的创伤性情景是:我们一直在充斥着过期杂志的房间里等待着,比约定时间晚了半个小时后,对讲机中传来了冷冰冰的传唤声,告诉我们进入右边第二个房间。我们遵循指示来到了一扇紧闭的门前。我们胆怯地敲了敲门,但没人回应,我们又敲了一下门,不耐烦的声音叫我们进去。我们走了进去,看到一个人坐在办公桌后面,正在笔记本上写着什么。几分钟过去了,没人搭理我们,然后见到了一张面孔,一支胳膊挥舞着,要我们坐到桌前一把并不舒适的椅子上。时至此刻,我们是如此胆怯,以至于几乎回忆不起自己为何要来这里。

上述情景是一个极端例子,但是它表明了对权力赤裸裸的滥用,甚至现在它还令人不安地普遍存在于一些助人职业中。对于以人为中心的心理咨询师

130

来说,首先要注意的问题就是防止自己在不知不觉中陷入这种类似行为。正如我们在第 1 章中所看到的,对他而言,以下信念决定了他的行为和态度:不要追求权威或控制他人,而是要寻求共享权力,这一点非常重要。它表明了在接待来访者并与其进行最初会谈上的信念,而这一信念具有丰富的含义,并且对方方面面都产生了巨大影响,不仅包括心理咨询师与来访者之间的交流,而且也包括咨询情境。权力游戏不仅出现在用词和语气上,同样也可以出现于桌椅之间。心理咨询师自问以下问题会大有好处:"来访者不得不经过哪些过程才到达我这儿? 一路上他得到了哪些信息?"表 7.1 总结出了这种测试可能会提出的一些问题。

对新来访者敞开胸怀

等待新来访者到来的心理咨询师很可能难以对初次会谈经验敞开心扉。这其中有很多原因,但是通常先入为主的信息会是一个主要障碍:即使这些信息有限,但是事实证明其影响丝毫没有分散和减弱。它可能是心理咨询师与潜在的来访者曾有过电话交谈,而这已经播下了厌恶、喜爱,甚至开始"诊断"的种子。来访者的住址,或者如果心理咨询师为机构工作,那么来访者的工作性质或职位高低都可能会引发心理咨询师的想象或态度。最棘手的情况是,来访者曾在其他个人或机构那里接受过咨询,心理咨询师手中有内容详细的介绍信,甚至有关来访者及其以前生活的整套病历档案。面对如此混乱的信息,心理咨询师会遭遇巨大难题,很难以开放的态度去接纳来访者,并且真正做到不由于他人判断以及他们常常会出现的厌烦和挫败感而对来访者形成扭曲的认识。因此,毫不奇怪,经验丰富的以人为中心的心理咨询师会培养自身的一种技巧,以做到对他人、对潜在来访者的判断视而不见、充耳不闻,甚至还会对自己不成熟的想法持怀疑态度,而这些想法通常是基于零散而不可靠的资料。对那些介绍信和病历档案要谨慎对待并在阅读中使用技巧。它们可能包含了心理咨询师希望了解的有关来访者的重要信息。但是心理咨询师需要提高自己提炼内容的能力,将事实与看法区别开来——这个任务比它看上去要更难——并且在初次会面之前不让这些内容在心理咨询师心中形成一种印象。

表7.1 我的咨询服务提供了什么信息？

• 介绍我的服务的书面材料令来访者有多想来我这里咨询？

• 它是否过分强调了我的权威性？

• 他人对我的电话留言有何感受？

• 如果我建立了一个网站，那么它是否在提供信息的同时也让人感到友好？

• 我的候诊室告诉了来访者什么？

　　它是否在说我和那些杂志一样也过时了？

　　它是否在说我的服务就像其布置一样劣质？

　　它是否在说我们非常热爱自己的工作单位，以至于总是拿鲜花来装饰候诊室？

　　信息板上的内容更新了吗？是否足以吸引那些感兴趣的来访者？

• 接待员如何对待来访者？

　　他／她是否热情？

　　他／她是否真的使来访者感觉到这里一切都还不错？

　　他／她是否同样敏锐地感觉到有些来访者需要独自待着而有些则需要更多关注？

　　他／她是否能够对危机中的来访者作出反应？

　　他／她是否知道在何种情景下必须要打断我的咨询？

　　他／她是否需要我更多的关心和注意？

• 我的咨询室告诉了来访者什么？

　　它是让人感到温暖，还是冷冰冰地像医院？

　　为什么我的证书挂在墙上？

　　它距离来访者或者我有多远？

　　它是否给予了来访者信心？

　　或者它是否在提醒来访者我是专家？

　　我的房间还泄露了哪些关于我的东西（通过海报、绘画、书籍等）？

　　这样好吗？

　　是否有一张椅子明显是"我的"，而它让人感觉比其他椅子更舒适或更高？

　　在我与来访者之间是否有桌子或其他障碍物？

　　家具的摆放是否恰当，来访者是否感觉到我没有过于靠近，但又足够近到可以听见他的喃喃细语，并且能够轻易地触摸到他？

来访者满怀期待而至

来访者对心理咨询和心理咨询师心怀许多期望并且各不相同,而且有些与心理咨询师对自身工作的理解并不一致。有些来访者前来咨询是期望有人告诉自己该怎么做,或者获得权威的建议。此外,另一些人期望解决那些导致症状出现的问题。然而,还有一些人可能是治疗游戏中的老手,他们并不期望能得到多大帮助,而是希望证明这位心理咨询师也并没有什么不同。心理咨询师无法对来访者的期望作出任何假设,但他可以确定的是,除非在治疗关系的早期对这些期望进行某种程度的揭示和探索,否则随后会遭遇巨大的困难。此外,随着他初次问候了新的来访者,随着咨询室的大门在他们身后缓缓关闭,所有一切都指向了对心理咨询师的期望,期望他能够敞开心扉,全神贯注,持接纳态度,并不带任何假设。

最初时刻

心理咨询师身处自己熟悉的环境,而来访者却并非如此。他熟知自己的房间,而来访者却是初来乍到。心理咨询师精通咨询过程,而来访者却完全是个初学者。心理咨询师经验丰富且学识满腹,而来访者却脆弱不堪并饱受折磨。简而言之,在最初时刻,这是一次完全不平等的会面。心理咨询师手里几乎握着游戏中所有的牌,而来访者甚至还不知道游戏规则。对于以人为中心的心理咨询师来说,他们要毫不耽搁地向来访者讲清这种状况。必须设法让来访者感觉到,他并没有丧失对自身所处情境的所有控制,他并没有把自己放在一个更卑微的位置,使自己除了服从和依赖以外而别无选择。心理咨询师要竭尽所能去纠正权力的不平衡。不同的心理咨询师形成了各自独特的方法来传递温暖和平等的信号。例如,本书作者之一受到了日本茶道经验的影响,从那以后在会谈开始前,除非来访者的危机显得非常严重,否则他都会特意给每位来访者端上一杯热茶。为来访者沏茶、泡咖啡已经成了无条件的见面礼以及尊重的象征。端上一杯水同样也体现了热忱和关心。

刚开始时的步伐很重要。从容的步伐表明还有时间喘口气,它可以让来访者从紧张中得到放松。心理咨询师的开场白会进一步强调,这是来访者的时间,他可以随心所欲地根据自己的需要来使用它。心理咨询师并没有预先制订来访者必须遵循的计划或日程。唯一的日程安排是此次初次会面的时间长度，而心理咨询师会清楚地说明这一点。然后，一旦来访者找了把椅子并满怀期待地坐了下来，心理咨询师就开始说话了：

好啦，现在我们会有50分钟的时间在一起。我怎样才能帮助你呢？

当然，有时候根本不需要开场白，因为来访者会立刻痛哭流涕，或者开始滔滔不绝地诉说压抑了好久的话。如果事实如此，那么心理咨询师会全神贯注地倾听，并追随他的思路。他不会试图打断或将自己的日程安排强加于这种互动。几年前，本书作者之一曾接待了一位年轻的女学生，初次会面刚开始几秒钟她就开始哭泣，并且不停地哭了四十分钟。心理咨询师仅仅只是关切地等待着，几分钟之后她轻轻地拿起来访者的手握住了它。四十分钟过去了，那个女孩抬起头，带着泪光微笑着说："谢谢。我现在感觉好多了。"随后她就离开了，而心理咨询师一句话都还没有说。

有时候来访者的开场白会显示出他对咨询过程的期望——或者他没有任何期望。对于"我怎样才能帮助你呢？"这一开放式的问题，他可能会回答："我不知道，也许你帮不了我"，或者"我想要你给我一些建议"或者"我需要有人帮我理清思绪"，或者"我以前从没找过心理咨询师。你们都做些什么？"或者"我已经快撑不下去了。我需要有人来帮我。"无论回答是什么，心理咨询师都会对来访者的期望和需求保持警惕，并且全神贯注地理解它们，从而使自己能够与其联系在一起，而且如果需要的话，他会温和地使来访者认识到哪些期望是不恰当的或者不切实际。

对于以人为中心的心理咨询师来说，任务总是相同的，即使回答的方式可能会成千上万。它是要与来访者"看齐"，向其表明他值得被完全关注，值得心理咨询师竭尽所能去了解他，他被当作一个人来对待，而由于该原因本身，心理咨询师肯定会以接纳与诚实的态度来认识他。按照这一首要任务，分析一下心理咨询师对以上来访者开场白的不同回答将具有启发意义。"我不知道，也许你帮不了我"可能引发的回答是："你并不真的相信我会有很大用处。"或者"你对自己到这里来还心有疑惑。"

所有这些回答都显示，心理咨询师主要关心的是向来访者表明：自己真正听懂了他的话,而且并不想制订一种日程,或者在如此早的阶段就给予他承诺是毫无意义的。

"我想要你给我一些建议"则给心理咨询师提出了一个棘手的问题。他知道自己的任务不是提供建议,那样做只会产生相反作用。同时,他也不想冒险给出一个使来访者认为是在贬低自己的回答。也许心理咨询师会这样说:"你觉得自己需要一些指导",或者"也许,我们可以一起看看有哪些路可以走",最大的可能是,心理咨询师认为这种回答只不过要打破僵局,因而仅仅点点头或微笑。要想知道来访者是否真的希望心理咨询师提供一些权威性的建议,或者告诉自己该怎样做,那么他还需要随着咨询的深入而轻轻地揭开这一期望。

以"我需要有人帮我理清思绪"作为开场白的来访者则将心理咨询师置于两难境地之中:是对角色问题作出回答呢,还是对其话语中隐含的内容作出回答——或是实际上对两者都作出回答:"我很乐意帮你把事情看得更清楚",这个回答表明心理咨询师愿意按照来访者的要求而做一面镜子。"你觉得事情已经有些失去了平衡"承认了来访者对自己已经失去了客观平衡而感到的恐惧,而"也许我们可以一起尝试去找到那种你认为自己已经失去了的平衡"的回答则试图对来访者话语中的两个方面都给予回答。

在心理咨询师可能给出的一些回答中就已经暗示了平等这一核心问题。为了做到诚实和透明,心理咨询师会希望尽可能迅速地消除来访者的以下幻觉:心理咨询师会在来访者的生活中扮演专家的角色。为了共同进行一些必要的工作,需要树立合作与"并肩作战"的观念,尽管在通常情况下,心理咨询师必须努力对特定时刻保持敏感,而又不能过于关注这些角色问题,从而全然不理会来访者更为迫切的需要。例如,如果来访者浑身发抖,几乎无法说出话来,那么还就共同工作而进行说教就非常荒谬了。

事实上很少有来访者一开始就询问角色和任务的界定,在某些方面,这只不过是心理咨询师的梦想。当然,从理论上讲,如果他们曾经阅读过咨询机构的宣传册或与心理咨询师的工作有关的出版物,那么所有来访者在登门之前应该都曾经思考过这个问题。但是在现实生活中很少有人如此,而且即使有人思考过这个问题,他们也不太可能将自己与心理咨询师的关系含义内化。因此,我们要仔细考虑一下,如果偶尔有来访者提出以下问题时

「开始」

可能会有哪些回答："我以前从没找过心理咨询师。你们都做些什么？"通常情况下，心理咨询师有多种选择。他可能决定回答隐藏在问题之后的感受："知道我的工作是什么对你很重要"，或者可能在这一最初时刻，他仅仅从字面上理解这个问题并且给予回答。此外，他可能希望弄清楚来访者是否的确想彻底探讨这一问题："你想在我们正式开始之前详细地谈谈这个问题吗？"如果他选择了第二种回答，那么他可能会说："我想我的工作是帮助你说出心中所想的东西，也许这样你就能够把问题看得更清楚。我真的想试图了解你在想些什么。"这种回答以一种极其简明扼要的方式处理了众多重要问题。首先，明确强调了在心理咨询师的帮助下对事情获得更清晰的认识是来访者的责任。其次，承认了"说出心里所想的东西"并非易事，它需要专业技能的帮助。最后，心理咨询师的最后评论强调了他深入了解来访者的重要意义，并且表明（"真的想"）他已经准备好了全身心地投入到这项工作中去。如果来访者明确表示，自己的确想在咨询开始之前进行一次小型讨论，那么心理咨询师很可能会花更多的时间来讲述他希望彼此之间能够形成的关系的本质，以及他所持有的核心信念的本质，而该信念就是相信个体能够发现其自身内在的潜力，从而应对生命中的挑战。他还会坦白地表示，只要双方都需要或者对双方都合适的话，他将愿意与来访者并肩战斗。当然，对于咨询关系以及需要说明的活动的所有方面，心理咨询师会很乐意向来访者进行详细说明。他将努力使来访者明白，他不想隐藏在专业烟幕之下，或用心理治疗的术语或神秘性而使来访者心生敬畏。相反，他想传达的信息是，他希望竭尽所能地对咨询过程做到诚实和透明，并且他准备好了花大量时间来传递这一信息，如果这就是来访者在初次会面中想要的东西。本书作者之一（索恩）甚至发现自己促进了与一位新来访者对本书老版中某章节的讨论，这位来访者事先考虑到了为咨询做好充足准备。

建立信任

咨询开始阶段的持续时间与来访者最初的准备直接相关。有些来访者上门咨询时就已经准备好了要对自己的生活负责，而且愿意去相信一种自己一无所知的过程。另一些来访者则在这种责任感和良好的信任建立之前就已经开始了咨询过程（参见表7.2）。

没有什么灵丹妙药,只有两个普遍法则:一是咨询过程永远也不能匆忙仓促,二是自始至终心理咨询师的责任都是始终如一地提供核心条件,并在关系中保持权力的平等。来访者的"预备性"将会影响信任在咨询关系中的形成速度,并且这种信任关系的建立和维持最终会决定能够开展下去的咨询工作的深度和质量。在本章随后呈现的案例研究中,来访者已经做出了非常充分的"准备",以至于尽管心理咨询师相对而言没有做多少工作,但是双方都在第二次会面中就迅速建立起了亲密关系。在其他情况下,可能要花数周或数月的时间才能建立起足够的信任,这样才能共同向前迈出蹒跚的第一步。

表7.2　来访者对咨询预备性的陈述

有五个方面能够显示出来访者处于**低**"准备状态"。其中任何一个都不会使咨询无法进行,但是它们的存在或缺乏会延长或缩短咨询的开始阶段。

尚未决定是否希望有所改变:我希望自己与伴侣的关系有所改变,但是如果它会带来太多烦恼的话,那就算了。

普遍缺乏对他人的信任:人们都说他们想帮我,但实际上他们想帮的是他们自己。

不愿意在生活中对自己负责:这不关我的事——是经济萧条迫使我做这些事的。

不愿意在咨询中负责:对我进行治疗是你的工作——现在就开始吧!

不愿意承认或探索情感:是的,我对此感到很伤心,但是总关心消极情感对任何人都毫无好处。

有人会认为,甚至在先前提到的"好啦,现在我们会有 50 分钟的时间在一起。我怎样才能帮助你呢?"这一开场白中,就已经隐藏了权力的不平衡。心理咨询师给予帮助而来访者接受帮助,这种想法本身就破坏了优越/卑微的平衡。至于某些来访者所担忧的这一问题,以上看法也有些道理,而表7.3列举了其他一些可能,所有这些都尽力想彻底避免掉入以下陷阱:向一个——至今仍互不相识——人发出欢迎和非临床的邀请,与此同时却隐含了角色的界定。

表7.3 中列出的所有回答都具有一个共同点。他们都避免闲聊。心理咨询师没有试图通过谈论天气、提及来访者在就诊路上的见闻或讨论国家大事而使来访者放松心情。也许偶尔会有极少案例采取了这种策略,但是大多数情况下,片刻的回顾就会显示出来访者主要关心的是立即开始探索自己前来就诊的原因。在这种情况下,谈论天气或其他无关事情通常会加重而不是减轻焦虑和紧张,并在最初就形成了一种不恰当的肤浅。

表7.3　心理咨询师的各种开场白

1. 我们现在大约有五十分钟。你想怎样共同度过这段时间呢?

2. 好吧,你为什么到这儿来呢? 我们现在大约有五十分钟的时间。

3. 我们现在大概有五十分钟的时间待在一起。请告诉我你为什么来这儿。

4. 好吧,你想从哪儿开始呢? 我们现在大约有五十分钟。

5. 如果你准备好了,请不要感到拘束,你想从哪儿开始都行。

6. 我所有的注意力都在你身上了。现在轮到你来告诉我你想怎么利用我们共有的
这段时间。

7. (微笑)你好。一切都随你。你想从哪儿开始呢?

8. (微笑)需要我为你做些什么呢?

在来访者处于危机的案例中,迅速开始咨询并避免所有闲聊的重要性就显
而易见了。"我已经快撑不下去了。我需要有人来帮我。"以上回答正是来访者
处于危机中的一个例子。面对这种开场白,心理咨询师显然需要立即采用深层
共感的方法。

处于危机中的来访者最需要知道的是,自己的情感获得了接纳和理解,并
且也受到了最大的重视。当然,这并不意味着心理咨询师本人会卷入危机。
事实上,共感理解这一行为通常能够缓解危机,减慢步伐,并在一定程度上释
放来访者可能正在遭受的巨大焦虑与恐惧。

来访者会感到心理咨询师深层地理解了自己,因此不再感到孤单,而这些
经验本身就有力地消除了压倒一切的、伴生于危机的恐慌感和无力感。如果
心理咨询师的共感能力在最初几秒钟内就展现了出来,那么处于危机中的来
访者就更容易信任咨询过程。表7.4就表明了这样一种开始。

表7.4　处于危机中的来访者与共感的开始

咨询师:需要我为你做些什么呢?

来访者:我十六岁的儿子出车祸死了——就在昨天——我无法面对它。我觉得自己
快要疯了。我总是做噩梦。

咨询师:(把手放在了来访者的膝盖上)你不知道自己该如何面对有生以来遇到的最
可怕的事情。你觉得自己快疯了。

来访者:(埋在心理咨询师的怀里抽噎起来)。

如果会谈的开始是这样一种戏剧性的共感交换形式,那么可能就会迅速形成一种深度关系,从而导致来访者进行高水平的自我表露。事实上,心理咨询师的共感越准确,这种情况就越有可能发生。如果这种关系的发展快得令人窒息,那么也很危险,来访者随即会觉得自己的自我表露太不知羞耻了,很不礼貌。经验丰富的心理咨询师会对这种可能性保持警觉,并尽力防止来访者出现这种情绪:"我们今天已经分享了很多,你对我敞开了心扉。我想让你知道,如果你过后觉得自己说的太多了,但是我觉得这样很好。我相信,我们立即就进入了深层交流是对的。"在关系中建立信任是一种微妙而复杂的过程,而不恰当的羞耻感会极大地阻碍信任的建立。

　　与处于危机中的来访者形成鲜明对比的是,有些"身经百战的"来访者以各种截然不同的方式向心理咨询师提出了挑战,他们已经寻遍了所有精神病治疗与咨询机构。这种人可能会迅速地觉察到虚伪,并且已经对机械地应用心理咨询技巧变得非常习以为常了。简而言之,他会关注心理咨询师是否真诚,是否愿意采取一种非防御的方式来进行咨询。不足为奇,这种来访者有时会显得愤世嫉俗并具有攻击性。表7.5 就表明了一种常见的最初交流,它能够一开始就检测出心理咨询师是否保持了一致性。

表7.5　　"身经百战"的来访者与共感的开始

咨询师:我们现在大约有50分钟。你想怎么开始呢?

来访者:治疗时间,呃?

咨询师:是的。

来访者:天知道从哪儿开始! 你们这些人都一样。你们都想让我做所有那些该死的
　　　　事情。

咨询师:我觉得有点草率了吧。你才认识我三十秒钟。你就认为所有心理咨询师都
　　　　是游手好闲的家伙,是吗? 谁强迫你去做所有那些该死的事情呢?

来访者:我想,诸如此类的事。但是必须承认,你并不打算给我任何答案,是吗?

咨询师:我想不会,但是我已经开始对你身上的那些事情产生了兴趣,想找到一些答
　　　　案。如果你愿意冒这个险,我也愿意尝试一下。

　　对于这些来访者,即使真正的共感都可能会被视为虚伪的、装腔作势的,而心理咨询师会尽力牢牢保持与自身情感的接触并准备好了将其表达出来,即使它们似乎不太友好或令人无法接受。通常,身经百战的来访者曾经遇到

过这样的心理咨询师：他们对来访者并不真正感兴趣，或者一直躲藏在心理咨询师角色之后，害怕呈现真实自我。最重要的是，他们正在寻找这样一位心理咨询师：他准备好了去敞开自己的心扉，并坦诚面对，他的自我认同很牢固，不会被来访者明显的攻击和公然的讥讽所动摇。

有些来访者在初次迈进心理咨询师大门时是极度自我拒绝的，以至于近乎自我挫败。他们觉得自己一无是处，遭到他人拒绝，毫无希望。在这种情况下，心理咨询师的无条件积极关注态度变得最为重要。这并不是说共感与一致性无关紧要；这只是说，对于极度自我拒绝的来访者，心理咨询师热情而无条件的关注可能是培养信任感的最积极因素。此外，很可能只有将这种态度保持几周以后，来访者才会开始隐约地感觉它是稳固而持久的。通常，这种来访者担心总有一天，心理咨询师的耐心与热情会消磨殆尽，然后就会礼貌地建议他们去别处寻求帮助。直到他们最终确定这不会发生，他们才会迈出尝试性的第一步，试图爬出自我否定的深渊。他们开始抓住至少一二个心理咨询师对其接纳的表现。本书作者之一以前经常在墙上悬挂——除了最好奇的来访者其他人都会熟视无睹——理查德·丘奇的一首名诗，其开头是"学会等待消耗了我的生命／消耗的同时也在哺育"，而在自我拒绝的来访者眼中，"学会等待"这一原则是先决条件。这个原则基于对每一个体内部能力的深刻信任，如果没有这一原则，那么以人为中心的心理咨询师就几乎不可能真正地自始至终保持热情和无条件关注，而它们本身就能使一些极度痛苦的来访者对心理咨询师产生信任，并且信任他所呈现的这种关系。

"伪装与线索"

人类的内心世界是一个避难所，因此许多来访者只有在经过了小心翼翼的审查后才会允许心理咨询师进入其中，这不足为奇。当来访者犹豫不决地主动迈向更深层水平时，他很可能采取了或多或少有些模棱两可的方式。尤其是在关系的早期阶段，事实上，他可能会给出双重信息。这种行为很容易理解，因为来访者无法确保心理咨询师能够对尚未揭示出的材料给予有效的反应。他不知道，更强烈的情感、原始的需要与恐惧、困惑或暴力是否会将心理咨询师赶跑。很可能他内心的这些方面过去曾将他人赶跑。因此他们选择使用的一种策略就是进行某种"伪装"。这种行为表明，来访者需要"给自己留条后路"，目的是如果事实证明心理咨询师在更深层水平上作出的反应不恰当,那么自己就能迅速地退回到伪装之中,避免由于表现得太脆弱而受到伤害。来访者通常并没有完全意识到这一过程——它恰好位于来访者的意识边缘之上。

在咨询关系的早期阶段,一种最常见的"伪装"就是以幽默作为掩饰,这时来访者会说出一条重要信息,但是却使用显然尖刻无礼的词语将其掩饰起来,或者付之一笑。在这种情况下,心理咨询师面临的选择是:对该信息作出反应还是对幽默的表面语言作出反应。在一个这种案例中,来访者笑着说:"我有时甚至对此感到抑郁——想想看,我,抑郁!"这种双重信息表明了人类是多么善于自我保护。如果事实证明心理咨询师无法作出深层水平的反应,或者反应的方式不恰当,那么来访者就会迅速退回到伪装之中,并暗示核心信息是:"别太把我当真;我只不过是在开玩笑。"

另一个与此类似的常用策略是,来访者传达了一条重要信息,但是选择的措辞却使它听起来不那么重要。这种在措辞上"轻描淡写"的例子如,一个极其绝望的人这样说自己"有时觉得有点不开心",或者一个极其孤独的人评价说"但这真的没什么不好,因为人人都会有孤独的时候"。可能我们都形成了自己所偏好的、独特的伪装技巧,而且尽管以上提到的这些人并不普遍,但是心理咨询师在关系开始时的任务之一就是,发现新的来访者所特有的伪装技巧。此前我们曾经讨论过掌握来访者的个人语言(参见第5章),而这就是其中的一个方面。

有时候并非来访者的实际语言暗示了他渴望步入更深层水平,而是某种非语言性的"线索"表明了他渴望获得这一重要改变。这个线索可能是一个时间过长的停顿,一个语调的变化,或者目光接触的变换。正如对待伪装一样,心理咨询师有机会选择是否接受该线索,而来访者也可以承认或否认线索的存在。有时候缺乏经验的心理咨询师可能注意到了这个线索,但是也许出于害怕进入一个自己无法应对的领域,他们会不打算进入一个更深层水平的交流中。更为普遍的是,缺乏经验的心理咨询师注意到了这个线索,但却没有信心追踪下去。他尚未学会信任自己所积累起来的社会经验,或称之为其"敏感性"。同样,也可能是来访者认为心理咨询师的反应并不恰当。无论何种情况,咨询都会停留在一种更表面的水平。与此类交流有关的社交技巧的确非常令人不可思议:你收到了一份邀请函,也许你会拒绝或者不太情愿地接受它,而所有这些都是在一种无须承认的交流水平上来完成的。无论出现何种情况,双方都可以保全"脸面",而在咨询关系的早期阶段,这对于来访者非常重要。

「开始」

开始的结束

本章大量篇幅都是关于医患关系的初次阶段,甚至是开始时刻,但是到如今,显然"开始"通常在第一阶段后仍然持续存在,并且无法对它给出任何特定的持续时间。我们已经就如何在关系中建立信任进行了大量论述,而也许这最终会成为决定开始阶段何时结束的标准。在某一阶段,如果来访者觉得自己可以充分信任这种关系,并愿意冒险进入一无所知或一知半解的领域,那么这时就可以说,治疗过程即将开始,来访者欢迎并同意心理咨询师一路相伴。正如我们已经看到的那样,对于有些来访者,可能三十秒钟后这一时刻就到来了,但对另一些来访者,也许要几周之后这一重要时刻才会到来。在咨询关系的最初,双方需要就一些日程安排达成共识,而正是建立信任所需时间的巨大差异对日程安排产生了重要影响。

日程与协议

当第一次会谈临近结束时,心理咨询师和来访者所面临的问题是下一步做些什么。当然,也许唯一要做的事情就是将这种关系带入一种积极而令人满意的结尾。毕竟在五十分钟的会谈中,总有一些担忧和问题可以被恰当地挖掘出来甚至进行解决!(Talmon,1990)需要对初次会谈进行总结的第二个原因:有时候来访者对心理咨询师提供的帮助并不满意。也许来访者原本期待能够更快地"解决问题",或者试图寻找一种心理咨询师处于更强势地位的关系。诸如此类的问题可能在初次会谈中很重要,但是它们也许同样表明,可以尽快结束,尽管心理咨询师可能会认为这样太匆忙了(参见第9章)。如果心理咨询工作要继续进行下去,那么在医患关系的早期,或许是在初次会谈结束时,就应该充分谈及这其中的含义。对于心理咨询师和来访者双方都很重要的是,对于即将开始的工作,他们知道彼此之间相关承诺的本质。

凡事总会有不同意见,正如以人为中心的方法中通常出现的那样,心理咨询师关心的是要确保自己没有将日程强加于来访者身上,共同制订出双方都能接受的工作安排。通常情况下,心理咨询师和来访者会就一些特定会谈达成一个临时协议。例如,也许他们决定连续四周每周会谈一次,然后进行总结。这种安排本身并无不妥,只要最初就言明:在双方同意的咨询会谈结束后,由来访者而非心理咨询师决定咨询是否进行下去。许多前来咨询的来访者都曾多次经历过遭到他人拒绝或治疗无效的情况,极有可能的是,他们会将为期四周的会谈协议理解为心理咨询师以一种礼貌的方式而确保他不必一个月后继续咨询下去。当然,将是否继续进行下去的最终决定权交给来访者这一做法并不意味着,在总结时心理咨询师没有权利表达自己的想法和感受。如果他认为医患关系没有发挥作用,或者不会有太大进展,那么他会直言相告,这时他的感受就会成为决策过程中的一个重要因素。然而,他不会由基本假设而推断出自己就是正确的,不会比来访者知道得更多。在我们的经验中,还从未遇到过以下情况:来访者强烈要求继续该临时协议,而心理咨询师则强烈要求终止该协议。如果这种僵局出现了,我们认为,在督导师的全力支持下,心理咨询师应该尝试着至少继续进行一段时间的咨询。

除了采取临时协议,心理咨询师和来访者还可以选择一种更加开放的结束方式,即他们同意只要有必要,他们会一直见面。这就可能会安排一个不太精确的时间表——几个星期,一两个月,或者如果问题很严重的话,也许几个月。对于那些极度焦虑、害怕被拒绝或多年来一直遭受巨大痛苦的来访者,这种方式再适合不过了。然而,同样重要的是他们从最初就知道,并不只有心理咨询师才有权在觉得必要时结束治疗,而是他们自己决定着是否需要进行治疗。这种开放式结束通常会得益于定期的回顾性会谈,而这些会谈在本质上与那些临时协议即将结束所进行的会谈是一样的。同样,这些也能够在最初就大体上达成一致,并自然地成为治疗过程的一部分,来访者或心理咨询师都会很自然地提到这些。

会谈的频率同样也要在早期阶段就确定下来,但我们在这里再次强调,以人为中心的心理咨询师会谨慎地避免过于僵化。每周五十分钟的会谈适用于大多数来访者,但这一特殊日程并非神圣而不可更改。有些来访者初次来访就身处极大危机之中,这种来访者很可能开始时就需要更频繁的会谈(也许每次会谈的时间略短一些),而有些人则希望会谈的间隔时间更长一些。婚姻咨询通常如此,隔周一次的会谈就好于每周一次。当然也完全有可能随着咨询的进展,最初达成的会谈频率不再适合了。会谈的持续时间同样也改变了。本书的两位作者都曾经经历过以下咨询关系:来访者要求会谈过程持续两三个小时或者更长,而他们也确实从中获益匪浅。有些来访者发现自己对持续时间更长、频率更低的会谈感觉更适应,这种情况也并不少见。然而,在开始阶段,无论最初采纳什么日程安排,需要建立的都是心理咨询师的一种意愿,即愿意公开探讨咨询的持续时间与频率。实际上,来访者通常很少对日程安排提出大的调整,但是一开始就知道这种调整至少是可能的,这对于许多来访者而言,通常有一定的重要性。不过这也标志着,治疗师乐意与来访者共同分享权力,并对其需要作出反应,即使这些变化可能在某些方面给他造成不便。

从上文中可以看到,显然,以人为中心的心理咨询师很难在有些机构中开展工作,这些机构规定了来访者只能进行一定次数的会谈。这种系统剥夺了心理咨询师和来访者的权力,而只有在认识、接受并超越了这种共同的无能为力之后,以人为中心的心理咨询师和来访者才能共同建设性地开展咨询工作。我们并不认为这不可能,但是这种政策肯定会对以人为中心的方法制造难以逾越的障碍。当采取这些政策以应对那些多得数不过来的来访者时,显然,真正的问题是缺乏材料。如果有人因为短期的高强度医患关系会产生良好的治疗效果而采取这些政策,我们对此很不以为然。显然,这种短期咨询能够取得很好的疗效,并且常常事实证明的确如此,但是我们发现这并不适用于所有来访者。

"短期"与"限时"存在一个重要区别。在机构中工作的心理咨询师,特别是那些提供初级服务的工作者,对于遵守"限时"感觉到很有压力,这样他们就只能进行一定次数的会谈,毫无灵活性。这种政策无视个体的差异性,这种制订咨询协议的方式粗暴而无效。首先,在咨询刚开始时就作出限定,比如说八次会谈,会在来访者心中树立起一个**目标**,尽管也许三四次会谈就足够了。其次,当来访者正处于某种特殊的准备状态时,过早结束会谈则不经济。这时来访者正处于最佳状态,如果忽视了该预备性而导致了随后的长期病症,那么就会浪费很多钱。另一种同样划算的方法是,把咨询看作是"短期的"但不是限时的。例如,在初级健康咨询中,一切都不限时,但一切都是短期的。在这种体制中,咨询服务可以约定为,譬如说每位来访者平均六次会谈。这种体制仍然能够限定并预测服务的数量,但是它也为心理咨询师提供了更多可以自由支配的空间,有些来访者只需要二三次会谈,而有些来访者进行六次会谈后仍觉得不够,这样心理咨询师就可以把前者身上的"节余"投入到后者身上去。近来在报纸上,麦吉维(McGeever,2006)报道了一种主要的初级咨询服务,即他采取了规定的咨询次数从一次到四十次不等这种方式。后一种模式对于心理咨询师来说也更好,这样他们就能获得大量的经验,主要是短期协议,但是,同样也有一些中期,甚至长期的咨询(Mearns,1998)。一个具有许多经济与临床含义的关键问题导致了大量争端,本书作者之一曾于1999年,在英国心理咨询与治疗协会的年度培训会议上进行了一次重要演讲,其中就讨论了这些争端(Thorne, 1999)。

费用问题

对于那些在私人诊所或付费机构里工作的心理咨询师来说,在最初接待每一位新来访者时,必须要面对费用问题。在有些情况下,心理咨询师不必为这些事操心,机构会规定费用并开出票据。然而,很多情况下,心理咨询师必须自己在初次会谈中谈及收费问题,这并不总是很容易,尤其是当来访者正遭受极大痛苦,或者在安排以后的会谈时间和次数时遇到了一些困难时。然而,这个问题无法回避,我们应该直截了当地把它提出来。重要的是,不要让来访者感到含糊不清。他需要准确地知道自己要付多少钱(即使有变化,他也需要知道变化的后果),他还需要知道,如果他没有事先告之就取消一次会面,会有什么后果。对心理咨询师而言,他所要关心的是,了解来访者对医患关系中费用问题的感受——特别是如果来访者有一些消极感受的话——并且他会尽可能提供各种收费方式。根据我们的经验,通常是心理咨询师而非来访者在谈及费用问题时感到难以启齿,而这种不自在的感觉常常来自于对自身能力的潜在怀疑,甚至是对咨询过程本身的有效性心存疑虑。在督导时需要解决的通常是这些问题,而不是其他一些由于提供服务却收费而产生的"良心上的"不安,这些不安可能掩盖了更为根本的、对个人与职业认同的怀疑。关于费用问题,最后要提的一点是,心理咨询师既不能收费太低,感到自己被"利用"了,也不能收费太高,感到自己必须"表现"得足够好以对得起那份钱。

总　结

我们严格考察了咨询关系的开始,关注于家具和过期杂志这些显然微不足道的小事,对此我们并不感到抱歉。众所周知,在生活的各个不同方面,第一印象对所有人都具有深远的意义,因此,毫不奇怪,有人主张,根据最初两三次会谈的互动质量,通常就能预测一种治疗关系可能会产生的结果。对于以人为中心的心理咨询师而言,他一切言行举止,他为来访者提供的一切环境,与在共同工作之初就达成的日程安排等相关的一切东西——所有这些都是为了传递一个相同的、明确无误的信息:"欢迎你,你作为一个人,我接纳并重视你,我希望了解你,我希望我们能够敞开心扉、彼此真诚相待,我并不想从你那里拿走任何东西。并且我希望我们能一起努力,只要你觉得它对你有帮助,是

7

[开始]

145

值得的。"

案例研究（第 1 部分）

介　绍

这里，我们暂且将咨询过程的"开始"阶段界定为：它是一种过程，在该过程中来访者对心理咨询师，以及两人间的关系展现出了充分的信任，以探索以往令其感到恐惧的意识边缘。要想展现出这种充分的信任，一般需要一定程度的关系深度。有时候来访者会在**没有**关系深度的同时而高度信任心理咨询师，但它是一种孩子对父母的盲目信任，只是暂时的。在精神分析学者看来，它极易突然转变为投射，或者导致移情的破裂。只有当来访者将心理咨询师放在"完美父母"的位置上时，这种盲目的信任才能持续下去。在以人为中心的方法中，我们追求一种本质上是成人与成人之间的信任，而非亲子之间的信任，因为前者为触及来访者存在体验的更深领域提供了更完善的基础。这种不断发展的信任同样会有一系列层次。发展出充分的信任是咨询过程的开始，但是如果要触及来访者更不敢面对的、私人的领域，那么就需要更高层次的关系深度。第 8 章的"中期"过程对此进行了部分讨论。

谈到开始阶段，会令受训者如释重负的是他们认识到：形成该信任并没有必须遵循的唯一治疗过程；相反，在心理咨询师与来访者朝着下次会谈阶段迈进的过程中，有许许多多条"通向成功的道路"。在以下案例的第一部分，我们会从咨询过程的开始而沿着这样一条"道路"追寻下去。这只是一个案例，因此它无法反映出本书提到的所有观点。尽管如此，我们希望它会突出地表明以下事实所具有的含义：心理咨询师与来访者在彼此身上发现了足够的勇气和信任，共同开始其前途未卜的旅程。

在描述一个案例时，一个主要问题就是如何取舍。在以下描述中我们试图只保留来访者和心理咨询师都认为特别重要的资料。因此，许多会谈和事件只是一带而过，以便留出更多空间来探讨那些对咨询过程产生了重要影响的时刻。

在呈现案例时，我们使用了来自各种途径的资料，这些资料是心理咨询师（戴夫·默恩斯）和来访者在咨询结束了两年之后进行收集整理的结果，并且为本书的出版而进行了修订。首先，除了第一次以外，其余所有会谈都有录音。来访者琼则是信息的第二个主要来源。她在接受咨询期间写了日记，能够将日记与录音结合起来，详细地写下自己在这四个月咨询过程中的经验。要求她对所有这十七次会谈都进行评论，同时还要思考在每次会谈的间隔中所出现的任何想法。

资料的第三大来源是心理咨询师的案例记录。在案例研究中，正如以人为中心的案例研究通常所做的那样，不仅要关注**来访者**所提供的材料以及她在咨询过程中的行为，同时也应关注心理咨询师**本人**在接触过程中的经验，以及心理咨询师对治疗**关系**的质量、深度的判断。因此，以人为中心心理咨询师的案例记录一般包括三个方面，即"来访者""自我"和"关系"。前十次会谈有这些详尽的案例记录，但是此后就不多了。一些记录用的完整的句子重新写了一遍，并在案例呈现中再现了出来。

在琼和心理咨询师各自重建了其咨询过程的经验之后，他们一起比较了各自的感觉，这样又得到了另外一些资料。在这一经验比较过程中，琼和心理咨询师常常重新听录音带，以澄清一些问题。这些会谈凸显了许多理解差异的例子，例如心理咨询师对来访者的经验作出了一些假设，而事实最终证明这些假设是错误的。心理咨询师与来访者之间的这种亲密协作确保了以下咨询过程的有关描述代表了双方共同的看法，而不仅仅只是心理咨询师对事件的片面之词。

背　景

该案例的背景是私人咨询。在咨询开始时琼 27 岁。她与罗杰结了婚，没有孩子，从事社会志愿者工作。她的母亲去世了，与父亲也失去了联系。琼是通过先前来访者的介绍而直接与心理咨询师进行了电话预约。在电话中琼提到了费用问题。心理咨询师告之了自己的收费标准，通常有两种：较高的一种是针对有支付能力的来访者，而较低的一种则针对经济拮据的来访者。心理咨询师还提到，如果第一次会谈结束后来访者选择不再继续下去，那么第一次不收取费用。琼选择支付较高费用，并且提出，无论第一次会谈结束后咨询是否继续下去，她都会付第一次会谈的费用。

另一个与背景相关的内容是心理咨询师在第一次会谈中所处的状态。这在该案例中具有特殊重要性，因为心理咨询师这时正感到筋疲力尽，同时还有些忐忑不安。增加对琼的咨询使其工作负荷达到了最大限度，而在挂断电话之后，他不知道自己是否应该对接受她的咨询要求而再仔细考虑一下。心理咨询师还面临着另外一个悬而未决的问题,那时他在一位名为克里斯廷(Christine)的来访者身上遇到了麻烦,该来访者的个人咨询过程尤其棘手。有时候来访者会度过一段艰难而棘手的时期,而来访者克里斯廷则给心理咨询师造成了格外大的麻烦,因为其"敏感的过程"(Warner,2000a)使她反复要求心理咨询师"证明你可以做好自己的工作",同时又伴随着似乎连续不断的一连串批评。该麻烦给琼的第一次会谈带来了消极影响。

会面 1

有趣的是,在回忆两年前的初次会面中具有特殊意义的事件时,心理咨询师和来访者的看法完全一模一样。我们先从琼对该经验的描述开始。

> 当我走进他的办公室时我感到很害怕。我摆出一副很勇敢的样子,但是对我来讲它实际上是生死攸关的大事……同时他是一个陌生人……在某种意义上,我就要把自己的生命托付给一个陌生人了。
>
> 我刚一进门,他就向我走来,他遇到我凝视的眼神时目光有些闪烁,他似乎很紧张。我想:"噢,天哪,对我来说他应该很强大!"在最初五分钟里,我想夺门而逃,但是我不能——所以我不停地讲话。我想自己并没有流露出真情实感。当他开口说话时,一切都变了,他说:"你看上去很紧张——你很害怕吗?……你是感到害怕吗?"从录音带里我可以听出,我长长地出了一口气,并且我记得自从我落座以后,我第一次抬头看着他。

琼在讲述自己的故事时,还回忆起了这次会面中的其他许多事情。她谈到在生活中如何感觉到自己是"一个囚徒"——她如何"无法逃脱"——她如何感觉自己正在婚姻中"奄奄一息"。她说自己的丈夫罗杰"冷血无情",并且令她万分痛苦的是,他似乎对自己的感受无动于衷。她描述了在其关系早期她就开始经历的施虐与受虐行为。她觉得自己之所以仓促结婚,就是因为"不敢做其他任何事情"。在两年之前,她曾经有过一次外遇,但是当罗杰命令她结束那段关系时,她"服从了"他。她说自己那时的感觉就是"被罪恶感吓晕了",唯一的选择就是回到婚姻中去"再次努力"。在谈到自己这次重回婚姻中去时,她说:"在某种程度上我知道它于事无补,但是我对自己否认这一点。"

两年之后,琼描述了她在咨询中讲述自己的故事时有何感觉:

在第一次会谈快要结束时,我的大部分故事都讲完了。有时候我说得太快了,他(心理咨询师)根本插不上话。我想这是我讲述自己故事的唯一方法——我无法面对这其中的感受。同样,我说得很快并且也不太看他,害怕他打断我……害怕他不赞成或拒绝我。

在这次会面即将结束时,心理咨询师十分果断地打断了琼滔滔不绝的讲述,并花了一些时间小心而慎重地向她表达了自己的兴趣、热情和理解,他非常肯定地说:

今天你已经告诉了我很多关于你自己的事情。我明白了这样做令你感到多么害怕,同时我也知道了对你来说这样做是多么重要。我钦佩你的勇气——你很坚决地投入了战斗而没有选择逃避。

在第一次会面的叙述中,我们对来访者以及她带来的材料给予了特别关注。然而,如前所述,以人为中心的心理咨询师同样也关注对自己的控制,以及他与来访者之间关系的发展。因此,以下我们给出了第一次会谈后心理咨询师对这些内容的回顾:

自我:当我关注与琼的第一次会谈中的自己时,我意识到自己刚开始时非常紧张。第一眼看上去她显得十分紧张而严肃,似乎要把我看穿。她的紧张让我吓了一大跳,我花了些时间才平静了下来。她最初的冗长独白给了我时间,让我的注意力集中到她身上。那种感觉似乎是,在第一次见到她的瞬间,我的内心实际上对她感到恐惧,而只有当我将注意力集中到她身上时,这种感觉才不知不觉地转变成对正处于奋力抗争中的她的真正尊重。

关系:我想最重要的时刻是在临近结束时,这时我打断了她的讲述,清晰、有力地表达了我是多么钦佩她的勇气。对她而言,这种肯定对她的努力抗争可能很重要,但是我怀疑它是否有助于加强她对我的信任以及我们之间的关系。对于我们关系的发展潜力,我感到非常乐观,但是我怀疑她是否会承诺以后再来。对我来说,重要的是通过一种特殊的努力,向她传达出我的尊重与理解。我想,除非我非常强烈地表现出这一点,否则她是不会相信我的。

会面 2

这次会面开始于心理咨询师提出的一个问题："你刚才最突出的感觉是什么?"琼继续谈起自从上次会面后,她感觉好多了——整个星期里她都觉得有精神多了。她说:"我希望它不要消失……我希望它有用。"下面继续是来自心理咨询师的记录:

这时我犯了一个错误,随后我发觉了这个错误,而它最终导致我们的治疗关系获得了重要进展。当琼说"我希望它有用"时,我被她的凝视震住了,它似乎能看透我的心。我变得急躁不安,我在椅子上往后靠了靠,似乎受到了某种威胁。在那一刹那,我想到了与克里斯廷在一起时的艰难时刻,以及我根本无法很好地处理它。我开始怀疑琼是否也非常害怕我可能会无法解决她的问题。有那么一会儿,我完全无法集中注意力,并且发现自己很难把这种念头抛之脑后、全身心地倾听琼的述说。短暂的沉默之后,我决定面对自己内心的疑虑,对我在琼的脸上所看到的东西进行评论。我并没有反思自己对她的更深层经验,因为我知道那样很可能会使我想起对克里斯廷的经验,因此我说……

(接录音)

咨询师:我希望它有用? ……当你这样说的时候,你看上去很紧张……非常紧张……你对这个是不是还有什么想说的……你这样说的时候是不是还有其他一些感觉呢?

(长时间的停顿)

琼:是的,害怕……不……是恐慌! 我感到恐慌。我感到非常恐慌。(停顿)

咨询师:(用轻柔、缓慢而温和的声音说)你对什么感到恐慌呢,琼?

琼:让我恐慌的是你会抛弃我。

(接咨询师的记录)

这让我大吃一惊——我完全没有料到事情会是这样。我对克里斯廷的经验如此深刻地影响了我,以至于我害怕琼同样也会担心自己对她而言不足够有力。事实上,琼的恐惧完全源自不同的东西——让她感到恐慌的是我会抛弃她。我很高兴我对自己最初的反应心存怀疑,并且小心谨慎地对它进行确认。

琼继续叙述着第二次会面,她回忆了当自己说出害怕被抛弃的那一时刻:

第二次会面的那一时刻对我来说至关重要。我记得在我说出害怕自己被抛弃后,各种情绪完全淹没了我。除了感觉到这可能是我生命的最后一丝希望,以及自己可能被拒绝以外,我同样还在一闪念间认识到,这种害怕遭到拒绝的恐慌主宰了我与罗杰的关系。我头脑里似乎还浮现出了更久远以前的事情(后来我知道了这与我遭到了父亲的遗弃有关)。除了所有这些,说出了自己的恐慌这一行为对我与心理咨询师的关系产生了深远的影响。当我认识到他不会把我当作一个无望的案例而推出门外时,我觉得自己与他亲近了许多,也不再害怕了。随后在这次会面中我和他谈起了自己的"桥",而这一意外事件使我感到谈起这个容易多了。

这一意外事件对心理咨询师与琼之间建立起信任关系产生了无法估量的作用,此后,琼能够与心理咨询师分享她想象自己从一座"桥"上跳下来自杀的细节(参见第 8 章)。在该重要信任形成的这一时刻,我们想划出一条界线,以此区别咨询过程的"开始"和"中期",因为只有当这种信任关系形成以后,来访者才会准备好了去冒险,才会确信心理咨询师的接纳与承诺会一直持续下去。

在该案例中,尽管心理咨询师有时候出现了一些失误,但还是相当迅速地建立起了信任关系。导致该过程比较迅速的因素主要有两个。首先,显然琼对咨询处于高度**准备状态**。在本章前文(表 7.2),我们概括了一些因素作为来访者准备状态的指标,根据这些因素,显然琼没有在是否要改变这一问题上犹豫不决;她没有因为缺乏普遍信任而感到痛苦;她愿意为咨询中发生的事情承担许多责任;她愿意承认并探讨自己的感受。在如此多的有利因素下,我们自然预料到开始阶段会很短。心理咨询师同样也促进了该过程的快速发展,因为尽管他面临着将琼与另一位来访者克里斯廷过于认同的危险,但是他觉察到了自己的这一问题,并小心谨慎地核查了自己对琼的感觉。虽然最初他表现得比较笨拙,但是只有当他缺乏自我觉知或者不愿意核查自己的假设时,情况才会变得危险。

在该案例中,开始阶段的速度相对较快,但是读者不应该就此而错误地认为情况总是如此。例如,默恩斯和库珀(Mearns and Cooper,2005)曾在第 6 章中谈到了"里克"的案例,该案例中的开始阶段一直持续到了第27次会面,这时里克才开口说出了第一句话。

现在,琼和心理咨询师之间的信任关系已经建立了起来,并且达到了可以进行关键步骤的水平。他们已经对"开始"进行了总结,即将进入治疗过程的"中期"阶段。

8 "中　期"

案例研究(第 2 部分)

"中期"——回顾

案例研究(第 2 部分)

会面 2(续)

当这次会谈接近尾声的时候,咨询关系中的一个关键时刻也随之而来,这时来访者经过冒险探视,发现心理咨询师没有辜负自己的信任。在会面的录音带中出现了一段长时间的沉默,最终琼打破了这种沉默:

琼:(低下头,用缓慢但坚定的声音说)当我情绪最低落的时候,我就会来到自己的"桥"上。(停顿)它是位于铁轨上的一座很高的桥。(停顿)我会做出一些奇怪的事情,比如等火车来,然后想象着如果我的身体朝着火车掉下去会是什么样子——我还会计算着自己的身体会撞上哪节车厢……并且那种疼痛的感觉会是什么样子……然后是黑暗……然后什么也没有了。(停顿)

咨询师:这对我来说并不奇怪……这听上去很重要……它似乎对你很重要,是吗?

琼:(看着咨询师)这对我来说至关重要——它使我保持理智——事实上,它以一种滑稽的方式使我还活着……(停顿)我并没有想到自己会把这个告诉你,因为它太重要了……太珍贵了。

咨询师:(缓慢地说)是的,我明白——我想我明白它有多么珍贵——它对你来说无比珍贵——实际上它是你应对生活的方式……它非常非常珍贵——我感到非常荣幸的是,你如此信任我而把它告诉了我。

153

琼:(微笑)

在琼的经验中,心理咨询师在该交流中表现出的理解与接纳提供了一种亲密层次,它对关系深度产生了无法估量的作用。这种关系深度的经验永远不曾消失,正如琼在两年之后所评论的:

> 这是最美妙的时刻——令人惊讶的是它竟然在我们第二次会谈这么早的时候就发生了。我非常信任他,以至于他成为了世界上唯一一知道我的"桥"的人。并且他非常理解它的含义和重要性……而它对我来说的确太美妙了。

当然,不仅仅只是心理咨询师的共感质量创造出了关系深度。来访者也通过深度自我表露而启动了交流。对于来访者琼而言,这种经验是美好的,而如果咨询机构在预防自杀方面对心理咨询师有规定的话,那么琼随后所发生的经验就会与之形成鲜明对比。如果来访者流露出了"自杀念头"的话,这些规定一般要求心理咨询师采取一些特殊措施(通常是告知另一方)。从表面上看,当然可以认为琼有自杀念头,但是根据现象学的观点,其想象实际上是她生存策略的一部分。最好从"助人政治学"的角度来分析这些规定——它们表面上是为了保护来访者,而其真正作用却是保护咨询机构(Mearns,2006b)。

会面 3

心理咨询师的记录考察了对他而言第三次会面中的重要因素:

> 这次会谈的内容很容易描述。它完全都是关于琼逐渐对自己和丈夫之间施虐与受虐行为感到的厌恶。(琼详细地讲述了这些行为,以及她以前、现在对它们的感受。)在上星期,她开始拒绝参与这类行为。会谈过程似乎使琼卸下了她对性虐待关系所产生的一些紧张感和罪恶感——对她来说,告诉我每个细节似乎很重要,仿佛她正在驱赶自己的罪恶。同样很明显的是,琼已经变得更强大了:我想即使是在两个星期以前她还无法拒绝自己的丈夫……她目前进展得很快。但是直到现在我关注她时,我才意识到她今天有点奇怪。我并没有真的感觉到她深受性生活的困扰,但是她在告诉我这个的时候又显得那么紧张。是不是我们遗漏了其他什么

东西呢？现在做什么都已于事无补了——带着这个问题开始下一次会谈并非良策，因为它会驱逐掉她下次再来时心中最重要的东西。但是，对于她在会谈中**表现得**怎样，以及这些行为对她来说**意味着**什么，这两者之间似乎的确存在差异。如果它以后再出现的话，我应该对它留意。为什么我在会谈中疏忽了这一点呢？现在它看起来是如此明显。我想她的性虐待经历有点吓到我了。我以前对此一无所知——我对性虐待的生动细节缺乏足够的经验——有一会儿我走神了，没有觉察到她所说的话与她的存在方式并不一致。

会面4

以下摘自心理咨询师的记录，它表明了第四次会面的主题：

> 琼今天对自己和自己的状况还是很消极，从第一次会面我看到她起一直都是如此。她不断重复这样的话："这样没用的""我离不开他""我一无是处，我软弱无能。"

在这种情况下，缺乏经验的治疗师可能会对琼说"好啦好啦，事情会好起来的"诸如此类的话，试图帮助琼摆脱抑郁。然而，一种更有效的反应却是将这种抑郁和倒退视为来访者治疗过程的一个组成部分：有时候来访者必须经历了最糟糕的状态之后才能渡过这一关。此外，治疗过程很少按规律进行。实际上，它通常就像坐过山车，有高峰，有低谷，有圆圈，也有螺旋（参见本章随后内容）。以人为中心心理咨询师的任务就是全程陪伴来访者，即使有些旅途显得消极、抑郁，有时甚至缺乏理智。仅仅指出倒退是不理智的，并不能使它停止，事实上它还会增加来访者的受挫感。

在这次会面中琼两次说道："我要去看看我的'桥'。"心理咨询师继续探究这对她意味着什么，但是他后来感觉到自己在此过程中错失了一个良机，他在记录中这样写道：

> 我真希望我当时跟随自己的直觉而建议我们可以一起去看看她的"桥"。那时我知道我对自己的这一迅速判断是有切实依据的，我应该完全追随自己的直觉。对她而言，我们的关系已经牢固到足让她答应我与

她一起去那个最私密的地方。如果当时和她一起去了那儿,那么也许她现在就不会还处于"停滞"状态了。

从事后来看,心理咨询师那时采取小心谨慎的态度也许是正确的。要想提出这个建议并不容易,因为尽管琼已经与心理咨询师分享了"桥"对她的重要意义,但它仍然是一个私密的地方。此外,在提出这一建议的同时,心理咨询师需要密切关注来访者的评价点。当咨询进行到此刻时,琼是否对自己有着足够的控制而使自己说"不"呢?

尽管在这种情况下小心谨慎是恰当的,但是拓展治疗环境这一普遍问题十分重要。以人为中心的心理咨询师不要觉得自己受制于咨询室的客观局限性。咨询室的作用是提供一个会谈的地方,因为它方便而私密。但是有时候为了另一些好处,这些优点是值得牺牲的。在心理咨询这一职业中,心理咨询师被限制在咨询室以外开展工作——有时甚至被上升到一种伪伦理问题。这源于早期心理动力学的影响,它不幸地限制了我们对拓展治疗环境相关问题的探索(Mearns and Cooper,2005:55-58)。

会面 5

这次会面始于咨询师的以下问题:"这一周有什么事情发生吗?",琼回答道:"没什么事。"在会面的前三分之一的时间里,琼显得非常沉默而退缩。对于琼的这种沉默和眼神回避,咨询师直截了当地说出了自己的感受:

咨询师:我觉你今天一直在避免不看我……你看起来比以前更沉默了……你怎么了?

琼:(眼泪夺眶而出)太让人绝望了——我很绝望——我做不到——我离不开他(罗杰)。

咨询师:还有什么别的感受吗?

琼:我很绝望……(停顿)我觉得我让你失望了。

咨询师:因为你不像以前那么坚强而让我失望吗?

琼:是的,我很惭愧。

咨询师:你认为你这样的话我似乎就不会再像以前那样喜欢你了,是吗?

琼:(仍然回避眼神的接触)是的——谁会喜欢一个哭泣的小女孩呢?
    (她蜷缩着腿,双臂抱住腿,并将头埋在膝盖中。她的哭声变成了深深

的呜咽）

咨询师：（离开座位挨着琼坐到沙发上，轻轻地用胳膊搂住她。伴随着琼
　　　不停地呜咽，他们就这样一直坐了将近五分钟）。

　　在接下来的会面时间里，心理咨询师一直坐在琼的身边，琼刚一停止了呜
咽，就开始讲述起她还是一个小女孩时就一直对生活感到悲伤。

　　在这段摘录中，心理咨询师将以人为中心咨询师的工作发挥得淋漓尽致。
他不仅对琼不断加深的痛苦——实际上是孤独——进行了准确的共感，而且
还对她表现出了始终如一的高度重视，甚至当她对自身的行为方式都感到无
法接受时。自始至终，心理咨询师都与自身情感与感受的性质和强度完美地
保持了一致性；他甚至在琼哭泣时走向她并抱住她，以此表达出自己对她的充
分反应。

　　如果不是处于这种情景中，那么就很难判断类似这样的交流是否非常重
要。在琼后来的回忆中，她很清楚自己对心理咨询师这一举动的看法：

　　　　给我的感觉是，他就是想和我一起感受绝望和痛苦。他没有试图将
　　我带出这种状态。这种感觉是最重要的，尽管很难说出它**为什么**重要。
　　它与以下事实有关：在那一刻，我原本以为他会拒绝我，但是事实上他却
　　向我走来，并坐在了我身旁——这意味着他真真切切、的的确确和我在一
　　起，这样我才能完全地面对自己的孤独感。

心理咨询师也在自己的记录中对这次交流表达了相似的看法：

　　　　今天的会谈对琼、对我们的关系而言都极其关键。我能够进入到琼
　　那十分孤寂的心灵中并与她分享那种感觉。显然她正经历着强烈的情
　　感，因为我也体验到了令人无法置信的情感冲击：我因为感觉到了她的绝
　　望与悲伤而颤抖。我能够用我的全身心而感觉到她，会谈结束时我精疲
　　力竭、疲惫不堪。

　　在这次会面中心理咨询师还可以采用另一种方式。在整本书中，我们一
直都在尽力强调治疗过程中有许多方式都可供选择——它们都能够卓有成
效。心理咨询师可以选择的另一种反应是，探究琼是否在表征其自我内部的

「中期」

157

不同组成部分或**结构形态**。她回答说:"……谁会喜欢一个哭泣的小女孩呢?"边说边抱住双腿,而这些都暗示了一种自我结构形态的存在(Mearns,1999; Mearns and Thorne,2000)。如果事实的确如此,那么各个自我组成部分所具有的动力就极具治疗意义。不过,以人为中心的心理咨询师必须温和地探究,要非常谨慎地不带入任何人格分裂的暗示,因为人们对心理咨询师在其意识边缘的引导尤其敏感。然而,由于心中记挂着来访者此刻正经历着波涛汹涌的情感,因此心理咨询师很可能会决定体验这些情感,正如此例,但是他也会关注可能出现的各个自我组成部分,从而使自己能够在以后的某个机会中倾听到它们的声音,而这种声音通常都很微弱。这一问题,即来访者是否表征了其自我的不同组成部分及如何作出反应,本章随后将继续探讨。

会面6

琼早来了十分钟,而且心理咨询师已经准备妥当,因此会面就提前开始了。心理咨询师尚未开口,琼就开始述说起过去一周来如潮水般涌入她意识中的、各种几乎快被遗忘的记忆和念头。最后她终于说起了以前从未提及的事实:在她13岁到16岁时,她的父亲常常把她当作性工具。有时在性交之前还有各种身体虐待。她非常详细地述说着这些行为,正如她先前在讲述自己与丈夫之间的施虐与受虐关系时那样。她一边讲述,一边不停地颤抖,有时说到了"憎恨",还说到了"愤怒""恐惧",最后是"绝望"。在会谈快要结束时,她用一个颇有修辞意味的问题总结了自己的处境:"我该如何处理所有这些情感呢?"

在诉说父亲残暴行为的同时,她也对母亲那时所扮演的角色感到痛苦。摘自琼独白之一的以下片段概括了这一点:

> 我按照爸爸的话,对这件事沉默了很久很久,但是我一直希望妈妈会发现。有一天早上她进来后发现我在床上哭泣,我想她一定是发现了。我感觉糟透了——再没有比妈妈发现这件事更让我愧疚的了——但是我希望她发现。她一言不发地离开了我的房间,下楼了。我一直等着她再上来,可是她再也没有,而我睡着了。第二天她表现得好像什么都没发生过——我也一样。
>
> 现在回想起来,我完全敢肯定她知道一切,但是她却掩饰了起来……而且不救我。那次后不久,爸爸停止了那种行为,而我被完全孤立了。我记得自己当时一心只想去死,因为我给爸爸妈妈带来了这么可怕的事情。

在这次会面中,琼还把她和父亲的关系与她和丈夫的关系联系了起来:"简直就像是我在寻找另一个父亲,想这一次把问题解决。"当心理咨询师指出,她在 16 岁时觉得自己"一心只想去死"的感觉与她幻想自己从桥上跳下时感觉到的"黑暗"与"虚无"之间存在明显的相似时,琼承认了它们之间的相似性,随后关注了其他情感,例如"舒适",它们伴随着这种死亡幻想而出现。

这次会面还凸显了她和罗杰之间关系的改变。除了说出选择他作为伴侣的部分理由,琼还说自己在上周已经能够告诉他乱伦的事情了。她在他面前哭了很久,他的反应也比她预期得要好,她说"他似乎不知道接下来该怎么办,但是至少他抱住了我并轻拍着抚慰我——他表现出了最大限度的关心。"

在这次会面记录中我们没怎么提及心理咨询师的行为。事实的真相是,正是心理咨询师在上次会谈中的行为促使琼说出了自己的回忆和这次会面中的话。第五次会面中发生的事情加强了关系深度,给予了琼踏入新领域的安全感和信心。琼已经建立起了对心理咨询师、对他们的关系,以及对自己的信心,它反映了我们称之为"一种关系深度的持续体验"(参见第 3 章,Mearns and Cooper,2005:52-53)的东西。有时候**相互依存**这一术语被用来描述这种关系状态。心理咨询师的存在很重要,但是随着琼逐渐能够对自己负责,他做了些什么变得不再那么关键。

会面 7、8、9

在咨询过程中可能最难预计的事情就是速度。有时候来访者最初进展缓慢而随后却进展神速,而有时候开始进展迅速,但随后就停滞不前。如上所示,我们这个案例属于后一种类型。在会面 7、8、9,琼一遍遍地重复着会面 5、6 中的材料。她反复地围绕着这些问题打转,处理再处理。对于心理咨询师来说,这种咨询过程中出现的明显"停滞"阶段相当棘手。但是,这种阶段通常是来访者心理咨询过程中的重要方面——花几个小时是不能改变一个人的生活的。在琼的案例中,在会面 6 将要结束时,她所发现的东西已经远远超出了其预期。在某种意义上,那时对她来说事情发展得几乎太快了,因此毫不奇怪,她要花几周的时间来"追赶"自己。两年以后,琼还能回忆起咨询过程中的这一阶段:

> 在我们共同度过的时光的中期,很长时间里我们都在原地兜圈子。似乎我们两人都不知道接下来该怎么走——而我们的一切努力都徒劳无

功。现在我意识到了,当时自己是被困住了,因为在某种程度上我意识到自己吐露的东西太多了。我来接受进行心理咨询,显然是希望对我当前的生活作出一些改变,但是突然间我却说出了以下事实:父亲以前常常先折磨我,然后与我发生性关系,而母亲暗中和我们勾结好了一起否认那些事,我和丈夫结婚也是因为他像父亲一样性虐待我。

来自咨询记录的一些摘录显示了这一阶段会有多么艰难,以及以人为中心的心理咨询师是如何努力去寻找停滞点。如果它位于来访者身上,那么只要耐心等待就会有收获,但是如果停滞点是位于咨询师或他们的关系上,那么心理咨询师就需要采取更直接的行为:

> 我怀疑,我们现在似乎真的是停滞不前了。我相信停滞与我们的关系无关。我们的关系肯定没有因为不够投入而停滞。同样,我也认为停滞不是来自于我。我也没有觉得我在抑制自己,从而导致停滞不前。我也并没有感觉到琼对我的价值观产生了威胁,从而抑制了我对她的共感。我认识到自己并不对她的停滞不前而感到惊讶——也许我甚至还有些期待它。当第六次会面中出现了阻碍我们前进的高山时,我记得当时自己就在想,她需要一些时间来整理所有这些东西。我的确认为这是琼自己的障碍,与我毫无关系。她似乎把自己堵住了,正如她今天所言:"我觉得自己被噎住了……我觉得自己快要窒息了。"当我现在坐下来认真思考时,我认为虽然我没有导致这种停滞不前,但是事实上我可能促成了它。我有很深的挫败感,我意识到,当我试图帮助琼找到走出困境的办法时,自己曾经有很多机会。我应该做的是真正尝试接纳处于困境中的她。

会面 10

当以人为中心的心理咨询师在会面间隔中发现了一种可能的探索途径时,通常他不会在下次会谈中开门见山地就使用这种方法。相反,他会从来访者感觉最重要的东西开始,并花些时间来考察自己对当前所发生事件的反应是否具有持续性。在本案例中,心理咨询师等待了大约二十分钟,而这期间琼一直都在不断重复着自己已经说过的东西,然后心理咨询师打断了她,尽其所能地进行准确而充分的反应:

我感觉到完全停滞了——在我们过去几次会面中我断断续续一直有这种感觉。这种感觉很有趣，因为对于我们现在的工作以及我们两人已经共同做过的事情，我觉得还不错。但是自从上周会面后，我意识到了自己并没有真正倾听你身上所发生的那些事。我已经习惯了你就像高速火车一样开足了马力向前行驶，而且我似乎也在寻找各种方法来推着你不断前进。但是我想，我没有意识到你这辆高速火车从那时起就已经靠站了，也许我们应该来看看，这意味着什么。

　　在这段话中，心理咨询师完全做到了与他对琼的反应保持一致。有时候一致性的反应相当冗长，因为心理咨询师在小心翼翼地进行准确表达，不仅只是他对来访者的主要反应，而且还有该反应的所有细节——他在"展示着自己的工作。"

　　虽然心理咨询师的反应强调了他感觉到琼暂时正处于停滞之中，但自相矛盾的是，它却产生了相反的效果，这有助于她更强烈地体验到了自己此刻的情感，并因此而向前迈进。人类关系的奇迹之一是，如果心理咨询师试图使来访者摆脱她的感觉，那么这通常会导致来访者在此处停滞不前，相反，如果心理咨询师选择另一种方法，尽力去理解并完全感受来访者的体验，那么这一般会导致来访者更深刻地进行体验，而随后就会出现进展。以人为中心疗法的显著特点之一就是它能够利用这种过程。

　　当琼关注于回忆以往所产生的情感时，首先出现的是愤怒。当她一边尖叫着表达出自己的愤怒时，她开始痛哭并滑下椅子蹲坐在了地上。哭泣最后变成了深深的呜咽，这时心理咨询师离开了自己的座位而与她蹲坐在一起，仍然面对着她。心理咨询师继续叙述着，不是来自于其记录，而是两年之后根据那次会面的录音而引发的回忆：

　　我一直希望她停下来，但是她却不停地哭，最后我意识到这种呜咽来自其存在的最核心。这是积累了多年的呜咽。当我坐在她身边时，我感觉到她是在让自己心里那个受折磨的"小女孩"看见黎明的曙光，去做许多年前不许做的事情——为她自己痛哭。我记得自己那时在想，也许这是另一个开始：她自我接纳的开始。

琼在两年之后作出的以下评论也有助于我们了解她当时的经验：

> 我想,所发生的事情就是在我们最初会面时,我就打开了通向自己情感的大门。虽然当时有万般感受,但是最初只释放了一点点情感,然后由于不知道自己内心有多少情感而感到恐惧,因此我又关闭了那扇门。我这样做并非有意识的,似乎在某种程度上我知道自己无法控制它,而自我防御使我关上了那扇门,那扇门通向愤怒,尤其是对父母行为深深的、深深的悲伤。最初我感到恐惧,然后我不那么恐惧了,一些情感释放了出来,但是随后恐惧感又回来了。只有在这第十次会面中我的情感才得到了完全释放。

会面 11—14

不幸的是,由于心理咨询师的懒惰,关于随后会谈的记录几乎完全空白,因此我们不得不依赖于录音带,以及琼和心理咨询师两年之后的回忆。一开始琼评论了第 10 次会面以后自己身上所发生的事情：

> 一旦我真正释放了自己的愤怒和悲伤,它们并非从此就不再出现而消失了。它们还会时不时地再回来,但是每一次就会少一点。甚至现在我对此还是感到愤怒或悲伤,我想这些感受一直会有。但是从此以后,很多事都突然改变了。嗯,不是很多表面上的事情改变了,而是我看待它们的方式不一样了。罗杰不再是完全控制了我的魔鬼。相反,他是一个脆弱的家伙,自己有着各种问题。我现在明白了我**能够**离开他。有趣的是,这倒让我不那么想离开他了,虽然我知道时候到了它总会发生的。
>
> 从磁带中显而易见的是,我的声音在这些会谈(11—14)中已经有了变化。它从尖细、冷漠、激动而变成了沉稳、平静、成熟。我已经从“迷失的小女孩”中走了出来,突然之间我成为了一个可以选择自己生活的女人。

琼的评论很好地总结了她在那些会谈中的存在状态。她关注的问题围绕着她对自己生活的掌控。她知道,自己之所以和罗杰结婚,在很大程度上是因为他和父亲相似,而他们的性虐待行为同样也反映了她与父亲的关系,正如她在一次会谈中所说：

> 我生活的目标变成了当罗杰伤害我的同时又让他爱我——不像我的父亲,他强暴我,伤害我,但我感觉他从来没有真正爱过我。

她日益增长的自我觉知也揭露了以下事实:她在大多数老板面前都表现得很妖媚,并且在以前的工作中刻意隐瞒自己的聪明能干。她觉得这完全就是一种模式,在该模式中她不停地确认自己就是"一个不成熟的小女孩"。

有趣的是,在对会面 11—14 进行评论时琼说道:"我已经走出了那个'迷失的小女孩'"。然而这再清楚不过地表明,琼将其自我表征为各个不同组成部分——至少在咨询结束的两年之后是这样。这种表征已经如此明显,在某种意义上它正在取代心理咨询师,那么它是否就已经表明了这些表征对她所具有的意义呢?——"迷失的小女孩"对她意味着什么呢? 跟随一个组成部分或结构形态(Mearns,1999;Mearns and Thorne,2000)会导致其他部分。通常各个部分之间的动力将个体感觉到的冲突人格化了。此外,个体通常发现,通过各个自我组成部分而"关注"自身体验会更容易(Gendlin,1984;Purton,2004)。每一部分都有不可忽视的生活,但是只有综合起来考虑,它们彼此之间似乎才会中和。结构形态理论是作为一种以人为中心的方法而发展出来的,其目的在于,针对那些将其自我体验为由各个不同"组成部分"的个体,对他们进行理解并开展咨询。但是我们要再次强调,如果假设所有人都一定是由各个部分组成,而心理咨询师的任务就是去发现它们,那么该理论就可能会被滥用。以人为中心的心理咨询师会小心谨慎地向现象靠近,并且按照以人为中心方法的一贯风格,只会使用来访者用于描述其本人的词语。(以人为中心的方法中,与结构形态有关的咨询原理详见 Mearns and Thorne,2000:第 7 章。)

治疗过程的"中期结束"在会谈 11—14 中出现了,显而易见,琼已经在很大程度上面对并克服了那些情感障碍,而它们过去一直压抑着她的生活;她开始接纳其自我,并且现在能够更自如地改变自己的生活。

我们会在第 9 章的开篇继续对会面 11—14 进行讨论,那时琼和她的咨询师正处于咨询过程的最后阶段。然而,在我们结束治疗中期之前,还有许多一般问题需要讨论,现在我们就来看看这些问题。

8

「中期」

"中期"——回顾

以人为中心的心理咨询师不会把自己的工作界定为遵循一系列可明确定义的步骤。相反,他认为每一位来访者都是独特的,他所体验到的治疗过程也将不同于任何其他个体。然而,强调每一位来访者的独特性并不意味着对咨询过程进行探讨是毫无意义的。有一些问题——例如**关系深度**的形成以及随之而来的信任加深——都是如此重要,以至于它们对在众多来访者开展的工作中都扮演着主要角色。在这一中期,关系深度的来临可能会被体验为一种**亲密感**,而随着关系深度的进一步深入,它会产生一种**相互依存感**。在这一中期,同样常见的是,来访者获得了**自我接纳**。此外,在治疗过程中还会出现一些偶发事件,但是同样也需要对此进行考察,因为如果心理咨询师没有意识到其重要性,那么它们会后患无穷。最后一类中还包括了心理咨询师全身心的治疗投入与**过分投入**之间的界限问题。本章余下部分将探讨咨询过程中的所有这些方面。

本案例研究中的心理咨询师注意到了三个方面:治疗关系的发展、来访者的治疗进程与咨询师的治疗进程。我们会在这三个标题下来讨论与治疗过程的中期相关的一些问题。

治疗关系的发展

来访者与心理咨询师之间建立起了一定程度的关系深度,并随之产生了信任,这是咨询过程中"开始"阶段的一个关键部分,但这并不意味着,随着咨询工作继续进行下去,关系深度就不再是一个重要问题了。随着心理咨询师与来访者彼此之间的体验变得更加深刻,我们预期这种关系会得到加深与强化。

在会面 2 的后半段中,当琼冒险说出了自己害怕遭到拒绝时,那是关系深度的一个有力时刻,同样,当他们共同分享琼的"桥"在其生活中的重要性时,那也是关系深度的一个有力时刻。在会面 5 中,当琼说到心理咨询师"就是想和我一起感受绝望和痛苦"时,我们看到了关系深度的类似时刻。在这种情况下,来访者与心理咨询师的相互理解存在于多种层次上,接纳也是如此。它们导致了深刻的共享感。这些时刻可能仅仅表现为轻柔的触摸,短暂的目光交换,甚至只是两人静静地坐在一起,但是它们会突显出来,并且多年以后来访者与治疗师都还记忆犹新。对于那些以往饱受关系的困扰、无法自我接纳的来访者,这种时刻是独一无二的,并对其自我认识产生了深刻作用。来访者和心理咨询师都倾向于将关系深入的时刻经验为**亲密感**。它是对两个人的有力经验,他们正在完全走入彼此的人性之中。对于大多数来访者,这些完全都温暖与"积极的"的经验——但并非对所有来访者都是如此。有些来访者在其早期发展中所具有的特点是,得到的爱缺乏稳定、不可预测,而这些来访者理所当然会对他人表现出的温暖,以及对他们自己体验到的温暖产生怀疑。这种自我防御系统在第 2 章中被称为"自我协调过程",它致使这些人对关系深度时刻产生了强烈的、矛盾的情绪反应。与其他任何人一样,他们内心的一部分重视并渴望这种亲密感,但是另一部分却受到了根本威胁,并用怀疑,甚至憎恨和愤怒来回应。在这种情况下,这并不意味着关系深度与表面现象背道而驰——事实远非如此——因为"关系"是伤害的基础,而它正是潜在的、最有效的治疗背景。我们之所以在此提及它,只是想提醒读者不要假定所有的来访者都会十分重视亲密感的经验。默恩斯和索恩(Mearns and Thorne,2000)、默恩斯和库珀(Mearns and Cooper,2005)分别阐述了面对害怕亲密感的来访者而开展的挑战性工作。

关系深度时刻加强了心理咨询师与来访者对彼此之间关系的信心,因此有助于建立一种持续性的关系深度经验(正如在第 3 章末尾以及 Mearns and Cooper,2005:52-53 中所描述的那样)。在本书的前版中,我们将这一过程称为相互依存的发展(Mearns and Thorne,1988,1999)。有了这种持续性的关系深度感,心理咨询师和来访者就会将咨询工作体验为一种真正共享的事业,并且他们能够信任彼此的承诺,相信对方会真诚以待。彼此都不再害怕对方,亲密感以适合于咨询环境的方式而轻而易举地产生了。当心理咨询师与来访者之间发展出了这种持续性的关系深度时,人类日常生活中各种形式的防御在很大程度上都烟消云散了——在咨询环境中他们彼此之间无可畏惧。渐渐地,他们变得如此透明,以至于彼此之间不再使用符号表征,他们敢于看清对方。此时心理咨询师能够用任意一种最和谐的方式释放出自己的共感敏感性。同样,来访者也变得更加积极,会对治疗如何继续下去而提出建议——他甚至可能会对心理咨询师提出异乎寻常的要求,他相信心理咨询师会诚实地进行反应。(例如,在我们的案例研究即将结束时,琼提出了一个出人意料的要求,她希望心理咨询师能陪自己一块儿去母亲的墓地看看。)

来访者的过程

在去世前不久的一段访谈录像中,卡尔·罗杰斯说:"在个人的一生中会有一些特殊时刻,那时他们觉得自己能够去改变。但愿在治疗中有更多这些时刻发生"(Bennis,1986)。实际上,它非常简略地叙述了以人为中心心理咨询的目标:它试图创造出更多这样的来访者觉得能够改变的"特殊时刻"。

就本质而言,以人为中心的心理咨询师通过**释放来访者的内在自然治疗过程**而创造出这样的时刻。正如第1章中充分讨论过的那样,以人为中心的方法假设,人们在根本上都希望自己的心理与生理一样"健康",而且他们有潜力发展出这种积极的心理健康。对于那些由来已久的问题、人们通常所体验到的困难实际上都与其自我防御系统有关,而人们发展出这些系统是为了能在早期生活的破坏性环境———一般是对关系的破坏——中生存下来。他们发展出了保护自我的各种方式,以帮助自己度过早期生活,但是这些早期的防御方式在随后的生活中不再有效,尤其是它们以各种方式阻碍了人际关系的发展。通过咨询关系,心理咨询师的任务就是帮助来访者释放其天生的治疗过程,以使其发展能够克服当前的阻碍。社交与情感孤独、恐惧、拒绝、模糊感、情感知觉缺失、令人麻木不仁的自我怀疑与自我拒绝,这些都是这种障碍的典型例子。通过双方创造出的关系,来访者不再有社交与情感孤独,并且随着信任的加强,恐惧也减少了,因为恐惧与信任是同一个硬币的两面。恐惧的减少是打开其他大门的钥匙。当来访者不再那么害怕时,他就能够面对在此之前他不得不否认的那些问题。他的情感世界不再那么令他感到有威胁,而是更容易接受了。他体验到了自己深深重视的与咨询师的一种关系,而这种体验使他越来越难以否认其自我价值,并且开始拆除其自我怀疑与自我拒绝的障碍。来访者这一内在治疗过程的逐渐释放有时被称为咨询中的**前进**,它也被巴雷特·伦纳德(Goff Barrett-Lennard,1987)优美地描述为"由伤痛通向希望之路"。

当来访者在治疗过程中"变化"时,仔细回顾一下实际上发生了些什么是很有趣的。我们很随意地使用了"变化"一词,并没有真正思考过其含义。在另一本书中,默恩斯提及了**"翻天覆地的"**变化,并用当下琼的案例研究进行了举例说明:

> 导致变化的压力似乎积累形成于表层之下,然后一瞬间,巨变发生了。(Mearns,2003:92)

它可以与"**渗透性的**"变化相比较,后者被描述为:

> 　　在这种形式的变化中,来访者似乎没有意识到其自我概念缓慢发展
> 了变化。这一过程是渐进的,以至于变化的每个部分都难以察觉,但过了
> 一段时间之后,来访者就会发现积累起来的变化所产生的影响。
> (Mearns,2003:92)

　　在"渗透性的"变化中,心理咨询师会比来访者早发现这种变化。一位来访者将这种经验浓缩为:"它的感觉真的很奇怪……一切都没有改变,但是一切又都不同了。"

　　由于在以人为中心的治疗中,前进取决于前文提到的那些障碍的解除,因此这一过程不可能一帆风顺。有些作者或培训师将该过程过于简化为一系列简明而有序的阶段,他们会极大地误导受训咨询师。这些"阶段"为受训者呈现了一种令人愉悦的幻想,使他们认为治疗过程是可理解的、可预测的。而且还导致受训者偏离了追随来访者这一核心行为。一旦受训者期望并等待来访者遵从理论家们所说的一种模式,那么他就背离了以人为中心的观点。

　　经验丰富的以人为中心的心理咨询师明白以下事实,并对其泰然处之:来访者的前进很可能会包括停滞或退行期,会出现许多高原期与间歇期。此外,心理咨询师知道,大多数情况下,这些明显的"打嗝"现象是释放来访者内在治疗过程的自然组成部分。这些阶段常常表明,在来访者继续前进之前,他还需要获得更多的力量,而这就要求心理咨询师要全神贯注地陪伴在来访者身边,正如快速前进或发生巨变时那样。

　　经验丰富的心理咨询师充分地认识到,来访者在取得进展之前通常会"**看上去恶化了**",但是这对于新咨询师则很难,当他看到尽管咨询关系良好而来访者的情况却明显恶化时,他可能会感到困惑。理解该现象的一种方法就是要记住,来访者在寻求专业帮助之前就已经在尽力保护自己免受问题的困扰。他可能会否认自己的巨大恐惧感,努力回避会使自己悲伤或愤怒的情境,控制自己与他人的联系方式以减少情感接触或风险——总而言之,他已经设置起了很多壁垒来保护自己。随着咨询过程的开始,来访者的恐惧感减少了,他开始尝试着面对自己以前尽量避免的情况,接受以前感到害怕的情绪。在周围的人看来,他可能显得很痛苦,他崩溃了,更加痛哭流涕,宣泄出了先前被压抑的愤怒,或者有更多情感上的需求。弗吉尼亚·爱克斯林(Virginia Axline)曾

撰写过一本经久不衰的优秀著作，全书论述了她对一个六岁男孩迪布斯（Dibs）进行游戏疗法心理治疗的案例研究（Axline，1971），在书中我们看到，当迪布斯真正在治疗中开始出现进步时，在父母眼中他却显得"更加困扰不安了"。实际上他感觉自己很强大，也更能表达出自己的愤怒与悲伤了，而在此之前他压抑了这些感觉。在我们自己的案例研究中，琼在第二次会面后表现出了一些力量，那时她在家中开始改变了，但是在第四次与第五次会面中，她明显陷入了深深的无力感与消极情绪。然而，随后我们在会面5与6中看到，琼坠入了孤寂感的最低谷并与心理咨询师分享了这些，这是极其重要的。她充分体验到了她所知道的、作为一个小女孩的彻底绝望。以前让这种感受完全进入意识不是那么安全，而结果就是她常常在此处堵住了。在来访者自身释放出的治疗过程中，一个重要部分就是：从这种意义上讲，他开始"接纳自我"了，因为他开始将自己作为一个有价值的人而予以珍惜；一个优缺点共存的人，就根本而言他必然是一个有价值的人。

以人为中心治疗关系中的很多因素促成了**自我接纳**的发展，其中包括心理咨询师始终如一的重视（参见第5章），以及来访者对情绪障碍的释放，而且也许多年以来，这些情绪障碍一直使来访者以消极的眼光看待自己——例如，在琼的案例中，她从恐惧和负罪感中解脱了出来，而这些情绪与她幼年时曾遭受虐待有关。自我接纳的形成使来访者能够重视自己，并信任自己的评价过程：在治疗关系中，他的**评价点**从心理咨询师转移到了自己身上。这种转变无疑在我们的案例研究中非常明显，会面10就是这种转折发生的焦点时刻。自那以后，琼对其生活的整个态度和看法都改变了：她更清楚地看到了自己生活中各个方面的价值，例如她的婚姻；她也更加肯定了自己的价值；而且如果需要的话，她也能够更有效地在生活中作出改变。从那一刻开始，她不再那么需要心理咨询师了，尽管她依然很尊重他。来访者从沮丧的低谷上升到了基本的自我接纳状态，这时一切似乎都不一样了，而有时候这种上升速度快得让我们心生敬畏。在下一章的结尾处，我们将会看到，来访者还要做很多事情来重新塑造他们的生活，但是只要自我接纳的核心建立起来了，那么咨询工作中最重要的部分就已经完成了，而来访者的改变就是无法逆转的了。一位来访者描述了当自我接纳正在形成时，自我感觉如何：

> 那种感觉就像一切都没有改变，但是一切又都改变了。我来接受心理咨询，心里想着我想要做的就是改变自己的生活。迄今为止，我的生活

还没有出现任何改变,但我的一生已经改变了。那些改变在我身上是自然而然发生的:第一次在我的生活中,我可以说我既有优点也有缺点,但总体而言,我作为一个人还不错。虽然外部世界一点儿都没有改变,但是这将会改变一切:这会使我去爱自己的伴侣,它会使我向孩子们表达出我的爱;它会使我审视自己的工作并决定我想保留哪些部分,它会使我与人们交流而不是害怕他们。

通常,这种基本的自我接纳建立起来以后,来访者的**个人力量**就会随之而急剧增长。将它与物理学进行类比更富有诗意却不那么科学,但是它似乎就像个体内在的融合通过其自我接纳而释放出巨大的能量。这正如我们将在第9章所看到的那样,因为一旦自我接纳建立了起来,那么来访者常常希望自己的生活出现许多变化,并且他需要调动自身所有能量才能做到这一点。

咨询师的过程

在建立咨询关系的过程中,以人为中心的心理咨询师同样也经历了一个过程。该过程的重点主题是,他努力为来访者提供一种深度治疗关系。在整个职业生涯中,他都要经受这种每段治疗关系中都会出现的抗争。这种抗争说起来容易,但却极具挑战性——他要能够为走进咨询室的每一位来访者都提供一种关系深度。他希望自己作为一个人而变得更有深度、思想更开阔,这样他才不会受制于来访者的任何自我防御系统,而这些保护系统一般会阻碍治疗关系。他能够完全彻底地向每一位来访者提供所有的核心治疗条件。当然,这代表了一种发展过程,而该过程在基础训练中就已经开始了。在早期训练中,他会逐渐熟悉那些治疗条件以及自己将要面对的挑战。他会体验到与来访者建立关系深度的时刻,但只能在有些来访者身上体验到持续的关系深度。最初他可能会自我批评——毕竟,刚开始每个人都希望自己能够尽善尽美!该过程中的一个关键部分就是,自我批评开始让位于自我好奇,此时伴随着这种变化的就是自我接纳的形成。

以自我接纳为基石的自我好奇是基础训练中的一个重要目标,因为它为心理咨询师的毕生发展过程提供了一个平台,由此他能够达到自己的存在深度以及人性的广度,其目的在于能够向形形色色的来访者提供一种关系深度。

以上内容概括了第3章中所描述的发展过程,但它同时也反映了心理咨询师在面对每一位来访者时所经历的这种过程。在该过程的早期,心理咨询师很可能会与自己内心并不平静的那些部分进行斗争。这在琼的案例中得到了很好的说明,其中心理咨询师在另一位来访者克里斯廷身上遇到的困难影响了他对琼的咨询。从根本上讲,在该过程的早期,心理咨询师努力保持一致性——努力使自己能够在面对来访者时充分、自如地运用其自我。他会犯错误,尤其是在该过程的早期。在各种著作中的所有案例材料中,我们故意没有将那些"错误"删掉(Mearns and Thorne,2000;Thorne,2002;Mearns,2003;Mears and Cooper,2005),因为在心理咨询师奋力与来访者进行深层接触的过程中,"错误"是其中的组成部分。我们发现自己无法做到共感,或者只是部分地做到了;我们在与自己对来访者的评价而进行抗争——有时候失败了;或许更重要的是,我们在奋力摆脱"呈现的自我"(参见第 3 章)这种通常会出现的反应,从我们自我的更深处而对他人进行一致性的反应。在某种意义上,"犯错"使心理咨询师"错过"了以某种方式了解他人的机会,但这是我们人性的一部分。我们应该珍惜而不是诋毁这些错误。诋毁会导致逃避与防御。来访者学到的不能是这些东西,或者他们"学到"的是他们自己所犯的错误也会受到指责,更糟糕的是,他们可能会把我们的错误归咎于自己。面对错误,一种更富建设性的反应是**对来访者负责**。这就意味着我们必须尽力觉察到自己的各个弱点;觉察到来访者对我们行为的感受;坦诚地把我们的过程告诉来访者;并且向来访者表达出自己的歉意,而这也司空见惯。

随着治疗过程的逐渐展开,或快或慢地,心理咨询师会更加完全地投入到来访者身上。他会更加自如地把自己作为一面镜子而呈现给来访者,并充分发挥出自己潜在的一致性,第 6 章对此进行了详细论述。在本案例研究中,我们发现咨心理询师早在会面 3 中就已经开始这样做了。在随后对这次会面进行回顾时,心理咨询师根据自己对来访者的感觉而得出了一个假设,即在琼对丈夫及其性虐待行为的感受背后还隐藏了更多东西。那时没有恰当的时间来证实这一假设,但是随后当琼说出了自己曾遭受虐待时,该假设得到了证实。与此类似,在会面 5 中,当心理咨询师坐在琼身边时,他能够通过自己的身体感受而反映出她的感觉:"我因为感觉到了她的绝望与悲伤而颤抖。我能够用我的全部身心而感觉到她。"另一个明显的例子出现在第 10 次会面中,当时心理咨询师在琼前面的地板上蹲了下来,感受到了她内心深深的悲伤。虽然心理咨询师在治疗中还多次用到了其自我,但是在我们引用的案例研究记录中,这些留给了我们最深刻的印象。

在考察心理咨询师在咨询过程的全身心投入时,我们必须回答的一个问题是,这种全身心的投入与过度投入有何区别。与其他大多数心理咨询师一样,我们也认为心理咨询师的"过度投入"会对咨询过程产生潜在威胁,同时,这样有时也违背了伦理道德。事实上,由于以个人为中心的疗法要求心理咨询师进行这种高度的个人投入,因此过度投入甚至会导致更严重的问题,因为它破坏了来访者对心理咨询师的真诚性和专业性的信任,从而对以人为中心疗法的基础造成了威胁。一旦来访者对心理咨询师失去了信任,那么它不仅破坏了治疗关系,而且还破坏了整个疗法的完整性及其潜在的合理性。

过度投入有多种形式,但一般都是心理咨询师的需要在治疗关系中变得过于突出。一种常见的形式是,心理咨询师利用自己与来访者的治疗关系,将其作为肯定他自身重要性的一种方式而对他人发号施令。对于那些权力导向的心理咨询师,他们在以人为中心的疗法中并无用武之地,以咨询师为中心的疗法可能更适合他们。但是在以人为中心疗法的背景中,这种对权力的滥用可能会表现为:来访者过度依赖心理咨询师;尚未解决的爱和/或恨的情绪反复而强烈地出现;甚至无法与来访者形成互相依存的状态。

过度投入的另一种形式是,心理咨询师将自己的过程与来访者的过程混淆在了一起。例如,他并没有倾听来访者丧亲的深切感受,而是在想它与自身感受相类似;或者他对虐待来访者的人产生了愤慨;或者他在试图感受来访者的孤独时而迷失在了自己内心的孤独中。如果心理咨询师自身的丧亲、遭受虐待或孤独经验都还尚未得到处理,那么他所面临的危险就是:过度投入会取代完全投入。对于这种形式的过度投入所带来的危险,最糟糕的一种反应就是:确保它永远也不会发生。要达到这个目的,唯一的办法就是心理咨询师隐藏起自己的大部分人性。心理咨询师只有显然没有投入其中,那么他才能够确保这种形式的过度投入不会发生。当然,在以人为中心的咨询这种关系导向疗法中,心理咨询师是不会选择这样做的。我们不会心怀恐惧地尽量避免任何这种形式的过度投入发生,相反,我们希望成长中的心理咨询师能够更加充分地觉察到它。成长过程为我们提供了一个机会,它使我们认识到了自己咨询过程中的某些方面拥有巨大的力量,它使我们回顾了自己何时与这些力量共存,注意到了它们以哪些方式产生了消极作用,并且监控着我们当前由于过度投入而导致的危险行为。在我们的监控过程中,督导师和培训中的个人发展小组都可以为我们提供有力的支持。但是这一过程不仅仅只是监控危险的过程——它也是发展的过程——它为我们的努力提供了支持,使我们能够将这些强大的自我经验转变为可供以后使用的材料("存在的试金石")。显然,我们不应该害怕这一形式的过度投入,因为它是我们成长过程中的一部分。

毫无疑问,试图从来访者身上寻求性满足的心理咨询师是过度投入了,而且无论来访者或心理咨询师本人有何错综复杂的动机,心理咨询师注定会做出违背伦理的行为。任何人都不例外,任何人也都没有资格这样做。

我们已经强调了在性方面过度投入的危险性,同时在本章稍前部分也强调了亲密感在治疗关系中的重要性,那么我们就无法回避以下这一重要问题:在治疗关系中,如果心理咨询师对来访者产生了性欲,那么它们应当处在何种位置? 心理咨询的相关教材通常都完全忽略了性欲这一问题。然而,我们认为,心理咨询师觉察、理解自己的性欲并且泰然处之是极其重要的。心理咨询师要知道,有时候他们发现自己对某位来访者产生了一种强烈的积极情感,而这种情感在性质上就如同对伴侣的爱慕反应。性欲是人类的一种正常反应,所以有时候心理咨询师会觉察到性欲,而这些是他对来访者的一种爱的体现。

只有当心理咨询师以下列三种方式中的任何一种而对性欲反应过度时,它们才会导致危险:

- 如果心理咨询师与来访者发生了性关系;
- 如果心理咨询师在没有意识到自己的爱慕之情时而向来访者发出性信号;
- 如果心理咨询师对其自身性欲作出的反应是拒绝来访者:它通常表现为,心理咨询师对来访者变得有点冷漠或者回避,并且不对此进行任何解释。这是更为常见的对性欲一种反应,而它会使来访者感到困惑,对他们来说,接纳与拒绝是关键问题。

性欲是一个人的正常组成部分,并且丰富了我们的生活。我们鼓励以人为中心的心理咨询师仔细思考并讨论性欲的问题,而远非对其视而不见,在培训和督导中也需要特别关注这一问题。当心理咨询师不必否认它时,当心理咨询师满怀信心地知道自己不会利用来访者而满足性欲时,那么性欲的威胁性就降低了。

我们的案例研究停留在了琼已经完全能够面对自己的早期经验。作为一个孩子,她从这些经历中"生存了下来",然而它们却严重阻碍了她成人后的感情生活与人际关系。现在她正处于采取更多行动的时刻——她要从**生存中生存下来**。

9 "结 束"

案例研究（第 3 部分）

会面 11—14（续）

在这四次会面中琼回顾了自己的职业生涯，并决定恢复先前由于罗杰的反对而中断了的学业。她还第一次参加了舞蹈班，并且计划与一位女伴去度假。虽然她对罗杰心怀歉意，但是对于自己在情感上离弃他这件事并不感到后悔（尽管当他威胁说要自杀时，她感到非常震惊）。

显而易见的是，一旦琼摆脱了对经验其自身愤怒和悲伤情绪的恐惧，那么她就能够将其**评价点**进行内化（参见第 1 章）。同样清楚明白的是，如果一个人在其更年幼时就形成了如此深刻的消极自我评价，那么琼建立其自尊的速度要比她通常建立自尊的速度要快：也许在其早期生活中，她就已经为积极自尊打下了坚实的基础。

如果琼要想继续朝着积极的心理健康状态而迈进，那么伴随着她的觉醒，将会有一段漫长的个人成长。在许多咨询关系中，心理咨询师会沿途提供一些帮助，但是在我们的案例中，琼和心理咨询师很早就分手了。在第十四次会谈即将结束时，对于琼已经很容易能够重构自己的生活，心理咨询师发表了自己的看法。

她开始痛哭起来——一种号啕大哭，似乎交织着解脱和喜悦之情。在两年之后的回顾中,琼评论说,在那一刻她知道自己能够做不一样的自我了。她知道自己找回了一个"快乐的孩子",而"这个孩子"一直躲藏在自己充满虐待和羞辱的青少年时期背后。

会面 15

结束来得非常突然。在第十五次会面之初,琼说她能够很快就结束咨询,但是她想在自己解决"从旧世界中获得新生"这一问题时,获得一些支持。琼的话很好地描述了这种现象:

> 突然之间我发生了戏剧性的改变。我想很久以来它就一直在发生,但是直到现在我才看到了这种改变的全部影响。要描述这种转折很简单——我已经开始觉得自己还不错。说起来容易,但结果却会给我带来创伤——很可能我现在不得不离开丈夫,重新开始大学学业,独自一人生活,忘记以前的失败,更加直接地表达出自己对他人的感受,并且不再控制和欺骗别人(嗯,大部分时间!)。问题在于,我的整个生活构想都建立在这些事情上。一切都将发生改变,因为我现在对自己的看法不一样了。我是一个从旧世界中获得了新生的人。

会面 16 和 17

最后这两次会面都与以下内容有关:
- 帮助琼找到她可以采用的办法,用以改变那些她期望改变的生活部分。
- 回顾他们共同度过的咨询过程,并且考虑他们之间是否还有任何未完事务。

在最后两次会面中,对于一些应该加以考虑的问题,以及如何进行考虑,心理咨询师变得更加强势了。例如,他大力鼓励琼回顾其生活的每一领域,发现其自我概念变化中的所有含义。心理咨询师还提出了对咨询过程进行回顾,并且还提出了未完事务的问题。

在思考自己将来不久会做些什么的时候,琼最关注的问题是:她可能会结束与罗杰的关系;她将参加更多的志愿者工作,以便为申请社会工作学位课程做好准备;她多么希望不仅仅只是探索自己对父母的感情,而是他们实际上都对她做了些什么。琼说出的第四个问题完全出乎心理咨询师的意外,但是回

想起来,它太有意义了。琼的话对此形容得再好不过了:

> 上周的一个早晨我醒来的时候,我知道现在我可以有孩子了。认识到这一点让我大为惊讶:我以前一直以为自己永远不会因为孩子问题而感到困扰。现在我知道这背后的原因是我害怕有孩子——这种害怕十分糟糕。罗杰也从未对孩子表现出任何兴趣,所以这也是我们彼此般配的另一种方式——也许这也是我选择他的另外一个原因吧。

我们花了一点儿时间讨论了以后进行“回顾”甚至“重新开始”的可能性。在“对咨询过程进行了回顾”之后,心理咨询师最后谈到的重要问题是,他们之间是否还有未完事务。心理咨询师开始详细地讲述起在他们共处的时光里,自己感到不确定的问题和困惑。他此前从未真正解释过那时自己心里的一些想法,包括在另一来访者克里斯廷身上遇到的麻烦,以及这些如何影响了他与琼的关系。琼对这一信息表示出了兴趣,并且告诉他,如果那时他能够更坦率的话,那么这会对她帮助很大:事实上,她对他的行为感到十分困惑不解,他看上去“心烦意乱”,并且有几分“心不在焉”,而她把这误解为是对自己的拒绝。获得心理咨询师更诚实的信息将会对来访者有所帮助。

对于“未完事务”这一问题,琼提出了唯一的一个问题,她承认在他们共同度过的早期时光,她对心理咨询师产生了强烈的爱慕之情。她对此的主要评价是:

> 我敢肯定在这种情况下它一定经常会发生。在我们共同度过的那段时间里,最开始我极为敏感,同样我也作出了很多冒险。你给了我许多关爱,这一事实是如此令人难以置信,而又如此令人兴奋。随着我变得更强大,这种爱慕对我来说已经不再那么重要了,但是你丝毫没有受到影响,这真的、真的很重要。我真的是自然而然就感觉到了这种爱慕之情,但是如果你对此作出了回应,那就会变得很糟糕——你丝毫没有受到影响,这真的、真的很重要。

在第十七次、也就是最后一次正式会谈即将结束时,琼最后说:

> 我不知道该说些什么,但我还是想在最后说点儿什么。我发现,与四

「结束」

175

个月前的我相比,现在的我真令人惊讶。这几乎不可思议——我曾经试图弄清楚它是怎么发生的。这种感觉很复杂——感觉就像我做到了,但是如果没有你的话我是无法做到这些的。另外,我还很珍惜你是怎样对待我的。有时候我非常丑陋,但是你却靠得更近了。还有很多时候……我们在一起时做的事情感觉就像……感觉就像……一种爱。

后 记

最后这次会面结束了一个月之后,琼给心理咨询师打了个电话,问他是否愿意陪自己去母亲的墓地看看。琼说,她不知道自己去那儿能做些什么,但她觉得自己去那儿很重要。她不想独自一人去,而是希望心理咨询师陪她一起去,因为她相信他能应付任何情况。心理咨询师毫不迟疑地答应了这个请求,然后他们一起去了。他们默默地在墓碑旁站了十分钟,琼看上去很冷漠,面无表情。然而,在最后时刻她尖叫了起来,并且在母亲的墓碑上狠狠地踢了一脚。随后她哭了一会儿,她的脚伤得不轻,而她似乎对此更为沮丧。

在两年以后的回忆中,琼能够完整地讲述这部分故事。大约在三个月里,她每周都会独自一人来到母亲墓前。起初她去墓地是为了表达自己的憎恨,随后,在与一位姑妈谈话以后,她开始试图理解母亲的脆弱,最终,当她最后一次去母亲墓地时,她宽恕了母亲。琼从来没有原谅过自己的父亲,她也从来没有尝试过与他取得任何联系。

咨询过程的结束

琼与其心理咨询师的案例研究说明了一个事实,即咨询过程结束的特点就是**行动**。这种行动是三种重要发展的结果:治疗活动已经开始,它会迅速提高来访者的自我接纳水平;阻碍积极生活的各种情感因素已经减少;来访者逐渐认识到,自己拥有一种崭新的自由,能够作出先前似乎不可能的选择和改变。在会面11—14中,琼正在发展中的自我接纳导致了相当大的前进:她重新评价了自己对丈夫的依赖;更好地理解了自己在老板面前表现出的行为;并且开始重新评价自己的能力和兴趣。这些心理调整使琼能够在自己的生活中采取行动,例如决定恢复学业,再次开始跳舞,计划与朋友一起度假,并在罗杰面前表现得截然不同。琼没有成为一个备受煎熬的、充满矛盾的、委曲求全的妻子,而是突然之间能够完全摆脱自己对罗杰的情感依赖。在他面前,她的言行能够表现得更加自信了。她甚至能够和他谈起自己感到他们的关系正在日益疏远,没有因为内疚或恐惧感而对此麻木不仁。

这些在咨询过程即将结束时所发生的快速变化是来访者实现了自我接纳以后的特征。似乎曾经阻碍着来访者个人成长的闸门现在被打开了,积聚多年的、希望改变的所有压力都奔涌而出,迅速汇入了新的河流。

琼将咨询过程中的这一阶段描述为自己此时是"一个从旧世界中获得了新生的人"。那些对自己的态度产生了翻天覆地变化的来访者都产生了这一共同体验。以前,他们在自己周围建立起的一种生活反映出了自我接纳的缺乏。他们是自我挫败的、过于服从的,并低估了自己的能力。当自我接纳实现了以后,所有这一切都改变了,但有时候付出的代价则是极其躁动不安。也许来访者的家庭和工作关系会由于其个人成长而获得了改善和加强,但是也有可能这些关系会让来访者变得脆弱。要成为从旧世界中获得新生的人,这甚至会对来访者与子女的关系提出挑战。他们已经发展出了各种策略来应对总是烦恼不已、内心矛盾、难以对子女表达出关爱的父母。从自我拒绝的压制中获得解脱的来访者可能会在人际交往中变得更加有趣而可爱,然而子女们对这个重获新生的人持谨慎态度,他们起初难以相信这一剧变,来访者对此不应感到惊讶。

"我从未向你许诺过一座玫瑰园"是一首著名歌曲和一本著名书籍的标题(Green,1967)。这个标题最恰如其分地描述了许多来访者在咨询之后的经验。虽然他们为出现的崭新自我而感到高兴,但同样也会让他们感到失望的是,他们通过咨询而获得的成功进展并不意味着今后的生活就会一帆风顺。有时候来访者会产生一种童话般的想象,认为生活会是"只要我好就行了"。这种童话般结局的主题是"从此以后一直过着幸福美满的生活",而现实是他们不得不建构一种新的生活来适应其崭新自我,这两者之间并无多少相似之处。心理咨询师可以发挥重要的作用,帮助来访者调整其崭新自我与以往生活之间的不适应。琼能够独自完成很多工作,但是对于此时的来访者,心理咨询师往往仍然还是一个极为重要的人物。在来访者的生活中,现在唯独只有心理咨询师能够理解其生活中已发生了的那些改变,以及来访者对这种变化产生了多么积极的经验。

在咨询结束时可能会发生的一个棘手问题是,来访者错误地判断了自己与咨询进展之间的"平衡"。来访者在咨询中表现出的改变程度超出了他日后

希望或者能够应对的水平,正如一位来访者在咨询结束了几个月之后回忆的那样:

> 在咨询结束时,我想要改变自己的一切。我已经成功地杀死了自己心里的那个小女孩,我再也不想回到以前了！一切都会改变——我的伴侣或者接受我的改变或者离开我——我终于可以在母亲去世前告诉她我是怎么看待她的。

经验丰富的心理咨询师读到此处会格外小心。它表明了一种部分改变过程,而一旦社会调节维度在来访者的实现过程中重新产生了作用,那么这种部分改变过程就会重新寻求平衡。当来访者正奋力成长并且此刻其社会调解命令较微弱时,如果心理咨询师无法表现得积极活跃,那么通常就会导致这种不完全过程。如果以人为中心的心理咨询师自己还在"为成长而困惑",那么就会对来访者造成这种伤害。

在本案研究的会面 16 和 17 中,心理咨询师提议了许多活动,在这种意义上,他表现得更加活跃,而心理咨询师提议的活动有:对咨询过程进行回顾,检查未完事务,并且敦促琼思考咨询结束以后其生活中的每个细节。心理咨询师所表现出的这种"活动"还可以继续扩展,例如向来访者提供一些可供其参考的策略方法,并且帮助来访者收集以下一些相关信息,诸如工作、法律问题、福利、资源等。这种更为积极的角色与来访者逐渐变得更加活跃这一事实部分相关,但它也源于来访者的"评价点"已经获得了极大内化这一事实。在这种情况下,心理咨询师可以放心地让来访者在他们的关系中运用自身的力量。心理咨询师可以自由地提供信息、提出建议甚至意见,因为来访者不会对心理咨询师心怀敬畏,他会采纳对自己有用的东西,同时拒绝无用的东西。默恩斯(Mearns,2003:77-79)探讨了治疗过程中的这种波动性"力量动力"问题。

心理咨询师眼中的"仓促"结束

如果来访者没有预先警示或解释而突然结束了治疗,那么心理咨询师就应该仔细反省自己在咨询中的表现以找到来访者"仓促"结束治疗的原因,但是他不必认为责任一定是在自己。有时仅仅是因为来访者认为,在自己生命中的这段时间里不适合接受咨询。

偶尔也会有来访者宣称自己决定终止咨询,但是又继续留了下来,直到解释了原因。这可以给心理咨询师提供极其宝贵的反馈信息,否则他只能猜测来访者终止咨询的原因,但是有时候,来访者的话却更加难以令人相信。例如,有一种理由被称为来访者**一夜之间痊愈了**。它的意思是,来访者假装所有问题自从上周以来全都解决了,不需要再进行咨询了! 心理咨询师应当对这种理由提出质疑,但明智的做法是采取温和的方式,因为来访者还很不信任他。

　　对于心理咨询师来说,另一种棘手的结束是,来访者将自己的问题限定在一个狭小范围内,并且在该问题已经解决或者显然该问题不能迅速解决时,就认为咨询过程已经结束了。譬如说,一位来访者认为自己的问题是对异性缺乏吸引力,而心理咨询师却试图帮助他探索看待其**自我**的方式,这时他就会对心理咨询师的行为感到困惑不解;或者一位来访者因为亲人的去世而感到“有些伤心”,但是当他发现比起找医生进行传统咨询,这里的咨询过程需要更多时间时,他可能会大失所望。以人为中心的心理咨询师会请求来访者探讨当前问题所具有的更广泛含义,但是如果来访者不承认这些,那么心理咨询师就不应该把自己的观点强加给来访者。毕竟,来访者有权不受心理咨询师的强迫而继续在自己选择的水平上发挥功能,而心理咨询师一心一意只想塑造出完全发挥功能的人。

准备结束

　　在以人为中心的心理咨询中,一般由来访者决定何时结束。短期健康服务与开放式私人咨询都是如此。在短期服务中,来访者(还有心理咨询师)知道服务的范围,也可以决定服务何时终止,至少现在如此。心理咨询师应该发起一次“结束”讨论。心理咨询师尝试性地提出以下问题是极恰当的:“你认为我们应该什么时候结束呢?”重要的是,心理咨询师要以两人都可以公开讨论的方式提出这个问题,而不要让来访者感觉到心理咨询师希望他已准备好了结束咨询。正如心理咨询师难以理解治疗过程对来访者的重要意义一样,心理咨询师也很难判断出来访者在多大程度上感觉到自己能够独自继续生活下去。有时候来访者已经在咨询中获得了巨大进步,但却很难想象自己如何能独自继续生活下去。对于这种来访者,“结束”需要的时间会更长一些,直到他习惯于独自生活。在一个漫长的咨询过程即将结束时,本书作者之一(默恩斯)的一位来访者说道:“有时候,当我对生活中正在发生的某件事感到不确定时,我就会坐下来对自己说:'如果我现在和戴夫在一起,我会怎么说呢?'"这位来访者找到了成为自己心理咨询师的一种方式。

在本案例研究中,琼在会面 14 中认识到,她已经重新找回了饱受虐待和侮辱的青少年时期以前的那个快乐小孩,这时琼第一次意识到了自然而然发生的结束。在她身上已经发生了许多改变,但是这一次似乎具有特别意义。会面 15 才刚开始,琼就宣布她可以"很快地"就结束咨询。在这种关键时刻,对来访者大有裨益的一个问题是,在结束之前他觉得自己还想做些什么。在本案例研究中,琼清楚地知道她想思考一下,在自己的生活中她会有哪些改变。然而,除了完成这个任务,我们发现心理咨询师还提出了其他三个问题。第一个问题是他提出了**回顾**甚至**重新开始**的可能性。提出这些问题很重要,因为来访者很可能会认为咨询是一劳永逸的。虽然以人为中心心理咨询的一大特点是促进了来访者发展其个人能力和自我知觉,从而帮助他应对未来生活中的困难,但是这并不表示他再也不会进入咨询关系了。相反,如果第一次咨询非常成功,那么这会使他能够有效地运用未来的咨询帮助。

心理咨询师提出的第二个问题是**对咨询过程进行回顾**。"对咨询过程进行回顾"的好处之一就是,它可以帮助来访者和心理咨询师检查他们对所发生事件和过程的认知理解。对于来访者,当他将来遇到困难时,在认知(思维)和感觉(情感)水平上进行理解同样也很重要;他不仅能够**思考**自己的生活,还能**体验**自己的情感。尽管如此,在即将结束时而对咨询过程进行回顾可能还是无法获得完全理解。那些事件、感受和关系可能仍然还是太新鲜而无法完全理解。罗杰斯曾报告了一位来访者在成功的咨询即将结束时所说的话。即便如此,这位来访者还是无法完全理解该过程中的活跃部分:

> 我无法准确地说出发生了些什么。我只不过吐露了某种东西,把它重新组合起来,然后不去管它;当我再去看它时,感觉好多了。这让人有点沮丧,因为我想确切地知道究竟发生了些什么。(Rogers,1961:151)

有趣的是,在本案例研究中,琼在最后结束时也表现出了相似的困惑不解,我们之前已经引述了这段话:

> 这几乎不可思议——我曾经试图弄清楚它是怎么发生的。这种感觉很复杂——感觉就像我做到了,但是如果没有你的话我是无法做到这些的。

可能只有当咨询结束了一段时间之后,来访者(实际上还有心理咨询师)深刻体会到了咨询的深远影响时,他们才能完全认识咨询过程。在编写本书的案例研究中,琼和心理咨询师都对咨询过程有了更多的认识,而这在咨询刚刚结束时是不可能的。也许其他来访者会很重视两年之后再花些时间来回顾咨询过程的这一机会。

这种后期回顾的体验对于那些打算发展其实践的咨询师而言,其价值或许也是无可估量的。实际上,来访者与咨询师的潜在收益太过显著,以致有人不明白为什么从未有人确立或者严肃提出过这种实践。第10章探索了与以人为中心的咨询有关的研究领域。这一章中的一个强有力的论题就是那些在自身实践中融合了系统求索的从业者的潜在收益。其中一点就是关注其他人进行的研究,但是也包括对自身实践的内在研究求索。表9.1对其中一名作者(默恩斯)的这一实践求索范例作了注解。

表9.1　研究咨询者的体验

当咨询工作即将结束,但仍处于咨询过程内时,我通常会尝试诱导来访者作出反馈。此举相当不错,但是我会更加深入。在撰写《咨询实践体验》一书(Mearns and Dryden,1989)时,我深陷来访者对其早期咨询体验的具体描述之中。我不断地想弄明白他们的咨询师是如何处理这些在咨询过程结束时几乎不可能得到的资料。咨询结束后的一段时期内,这种体验会伴随着来访者,并使其发展出认知性理解。同样,他们倾向于更为自信,也不再对提出观点感到羞怯,甚至面对咨询师也是如此,而咨询师会发现这种滞后的反馈十分有用。

偶尔我会开展此类研究,但不是为了来访者(虽然他们会发现这总是有益的),而是为了提高我对自身工作的理解。我会邀请一名以前的来访者与我会面一小时,讨论他们这一段时间以来对我们工作的看法。我强调六点:

只会面一次。

不得看作重新开始咨询合约。如果他们发现有想深入研究的问题,应和其他人开展。

我希望他们觉得能够坦诚,能够说得尽量详细一点。

我也愿意坦率地回答他们提出的任何问题。

如果同一场所有危险,使他们很难以全新的角度来审视事物,那我们可以在办公室以外的地方会面。

由于这一探索本身只是出于我个人利益考虑,那么我付钱也是理所当然。费用与他们以前每小时付给我的费用相同。

求索的结果总是令人大开眼界。除了提供与我们自身及沟通传达方式有关的信息之外,它还提醒我们只不过是来访者生命体验的一个小角落而已;随着时间流逝,来访者通常以更为宽广的角度来回顾自己的体验,而且甚至在我们所认为的开放关系中,来访者也会隐藏一些想法和情绪,而不会完全表达出来。

从业者研究的这一特殊范例并不适合所有人。如果来访者具有强大的经典精神动力学框架背景,则以不同角色与以往来访者会面的想法从好的方面来看可以认为是不适当的,而从坏的方面来看则是不道德的。可能这些从业者有足够的创意来找出了解来访者的体验并从中学习的途径。

心理咨询师在咨询即将结束时提到的第三个,也是最后一个问题,即他们是否还有任何想共同解决的**未完事务**。要想圆满地回答这个问题,一定要留下充裕的时间,这样它才不会被看作仅仅是例行公事。这个问题使来访者有机会提出疑问、表达困惑并进行表白,而这些通常对他十分重要,如果它们不说出来就不会再被提起了。这是心理咨询师最后的治疗介入,但是与其他时候一样,它并不一定要回答,正如某位来访者那样,他以一种神秘的方式回答这个问题:"未完事务……是的……我想还是不把它说出来吧(微笑)!"

结束之后

我们说过,来访者可以对咨询过程进行回顾,甚至重新开始咨询过程,从这种意义上讲,结束并不一定就是终结,但是以人为中心的心理咨询师所关注的一个更重要问题是:"来访者和心理咨询师能成为朋友吗?"在其他咨询方法中,心理咨询师与来访者之间的权力存在巨大差异,因此根本就不会出现这个问题。虽然如此,在以人为中心的方法中,对于来访者是否能成为朋友,人们众说纷纭。一些以人为中心的心理咨询师声称"一朝来访者,永远来访者"。这种态度可以确保咨询的完整性,同样应该受到尊重。尽管如此,它没有回答由相互依存这一概念而导致的那些无法避免的问题。如果正如我们所言,心理咨询师与来访者都体验到了相互依存,那么对于发生在彼此之间的那些过程,双方都有共同承担责任的自由。那么,为什么在咨询过程结束以后,他们不能有继续保持朋友关系的自由呢?本书作者认为,在大多数情况下,这个问题几乎无可厚非:曾经的来访者可以并且也的确成为了朋友,甚至将来还可以成为同事。

在这个问题下面隐藏着另一个棘手得多的问题是:心理咨询师和来访者是否能在未来的某一时刻成为性伙伴。如前所述,在以人为中心的心理咨询中,心理咨询师和来访者之间的关系是,心理咨询师是作为一个人而出现,并不仅仅只是在扮演一种角色。随着相关依存的发展,这种个人关系得到了加强并且带来了更多好处。尽管如此,在咨询过程中我们已经探讨过了,心理咨询师的工作性质禁止有性行为发生。我们希望探讨得更深入一些,我们认为,即使咨询已经结束了,但是一段时间以后,甚至可能是几年以后,心理咨询师仍然应该认为咨询关系可能并未永久地结束,因此他应该在性行为问题上遵守一般伦理规范。对性行为持如此谨慎的态度是基于两种考虑:首先,心理咨询师和来访者都无法确定,他们所认为的咨询结束是否真的结束了——有时候来访者会回来,继续完成他们先前认为已经结束的咨询进程。第二个原因则与我们之前在本章中提到的一个问题有关,即来访者很难在咨询刚刚结束之后就完全认识了咨询过程。我们相信,对于将会如此深远地改变其性格的这些关系而言,这种认识是其中一个非常重要的组成部分和前提。我们对该问题持谨慎态度,而这进一步强化了我们的以下观点:处于双方权力存在差异的背景之中的性关系是一种最不易觉察的性滥用。

咨询关系结束以后,心理咨询师可以提出的另一个问题是"这次经验对我产生了什么影响?"我们不会预期每一次咨询都对心理咨询师产生重大影响。同样,那些在咨询经历中没有获得改变或成长的以人为中心的心理咨询师也许会问,在咨询关系中他在多大程度上呈现了自己,并且想知道他为来访者所营造的气氛到底如何。

这个问题将我们带回到了第 6 章,在那儿我们探究了以人为中心心理咨询师的发展日程。一些读者也许在那时就已经合上了书,因为它是一个如此苛刻的日程。它希望以人为中心的心理咨询师将他们最初的训练仅仅看做自身成长的开始。令他失望的是,他的成长不是学会**怎样去**咨询,而是去变成一个能够从事咨询的人。根据这个日程,他与来访者建立关系深度的早期经验是某种值得庆祝的东西,但是随后它又要求他能够对每一位来访者都提供这种关系深度。它要求他探索各种恐惧的自我经验,但是又不予以解决,因为仅仅只需要觉察——因为如果他能够真正地将这些经验整合起来,那么它们就会成为存在试金石,而这些试金石能够扩展并深化他可以呈现给来访者的自我。此外,它并没有说他的"成长"会持续两年、五年或者甚至十年,而是说它将持续一生。那么,为什么如此多的人心甘情愿地选择了这条道路呢? 也许是因为,体验我们的人性并将其呈现给他人会将我们带到自己心驰神往的那些地方,在那儿我们可以找寻到意义、目的和满足。

10 以人为中心心理咨询研究

约翰·迈克李欧

之前的章节谈到以人为中心的咨询实践的各种不同方面——采用以人为中心的方法直接面对来访者时所涉及的技能、策略与个人素质。本章的角度略有不同,旨在探索作为知识来源的研究的作用,这些知识可以用于提高并丰富实践。研究意识能以很多方式增强咨询实践者的能力与策略性。研究发现可用来加深对关键概念(如移情或一致性)或者治疗的具体方面(如限时咨询等)的理解。研究能深入洞察不同文化背景下或者带有不同类型问题的来访者的独特体验。掌握研究证据对那些与其他专业成员共事的专业人员来说也是很重要的。例如,训练有素的咨询师应能从研究证据中得出结论,并在来访者或服务管理者提出疑问时,能运用所得出的结论判断并认定其治疗方法的有效性,这种期望是十分合理的。具备大学资质的咨询师应能运用适当的研究工具来评估其自身实践的有效性或其所服务的代理机构或组织的工作,这种期望同样合理。越来越多的咨询服务要求咨询师能在每次面谈时使用简单的研究问卷来收集来访者的反馈信息,以便追踪其治疗进度(Lambert,2007;Unsworth,Cowie and Green,2012)。最后,对个人感兴趣的问题进行研究,寻找个人与专业发展的主要舞台。

本章的主要目的是讨论以人为中心心理咨询研究的具体的理论依据以及讨论如何成为一名更好的心理咨询师。

以人为中心心理咨询研究的历史发展

对以人为中心的实践者来说,了解咨询与精神治疗的历史以及以人为中心的方法在其历史上的各个阶段(Mcleod,2009)是尤为重要的。历史视角尤其关系到以人为中心的咨询研究证据的鉴定。这是因为卡尔·罗杰斯及其同事(以人为中心的咨询先驱)于1940年对非指导性及以来访者为中心的治疗过程与结果所进行的研究象征着第一次严密且系统性的治疗研究方案。例如,在20世纪50年代中期,卡特莱特(Cartwright)即能找出以人为中心的群体所发起的117份研究刊物,其中包括对治疗有效性的研究,也涉及治疗过程,此外还有新研究技巧(如直接以音频记录面谈)的产生以及对实践研究相关性的探讨。这种产出水平大大超过那些同时代的其他治疗研究团体,直至今日仍然是一项杰出成就。相比之下,如今从事研究的人太多了,不仅有信息技术支持,同时还能通过更广泛的出版渠道传播其发现成果。

卡尔·罗杰斯及其同事所开展的研究可以分为三个阶段。第一个阶段是1940年到20世纪50年代中期,最开始是在俄亥俄大学,后来主要在芝加哥大学,研究的重点是为严密研究制定一套方法论。这项协同研究的关键发现见于《罗杰斯与戴蒙》(1954)。其广泛采用了各种研究方法,包括问卷、心理测验以及诸如自我概念的Q分类评估法、面谈、心理测量、来访者同事分类和案例研究等新技术。罗杰斯(1951)是这一研究阶段理论成果的集大成者,这些成果强调对来访者自我概念的密切关注以及富有成效的心理咨询师展现出的尊重与接受态度。这部著作对治疗过程的说明与分析十分翔实,仍然值得一读,尤其是来访者逐渐改变其自我沟通方式的过程。《罗杰斯与戴蒙》(1954)这卷书中还包含一份关于首次治疗结果研究的报告,以对照组将治疗效果与非治疗条件相比较。同样在这一时期,考文与科姆(Cowen and Combs,1950)以及李普金(Lipkin,1954)采用面谈和测试分数来评估以来访者为中心的治疗成果。其发现结果与《罗杰斯与戴蒙》(1954)中的其他成果说明接受以来访者为中心的治疗的大多数来访者在跟踪时疗效显著。

罗杰斯计划的下一阶段以理论系统的方向转变为特点,表现为变化的"必要与充分条件"理论的诞生(Rogers,1957),此外还有将以来访者为中心的治疗原理看作科学命题集合的正式表述(Rogers,1959)。这些发展使得研究更加深入,定义并发现了测量关键概念(如移情、一致性与体验深度)的方法。这一研究的理论与实践结果就是提出了以人为中心的方法,这一经典论述见于《论人之为人》(Rogers,1961),此外还见于本书。这一研究阶段还最终产生了巴伦莱纳(Barreff-Lennard,1962、1981、1993)的移情循环模型以及简德林(Gendlin,1996)的体验聚焦模型。

卡尔·罗杰斯所主导研究计划的最后阶段中有一项在威斯康星大学进行的积极研究,研究对象是对住院精神分裂症患者施行以来访者为中心的疗法过程与结果。对于研究团队成员来说,这项研究的压力很大。在第6章中我们提到,治疗动机不明的来访者是一件很困难的事。住院环境并不能为治疗或研究提供一个有益环境。最后在研究团队中滋生了严肃的紧张情绪,导致研究成果的最后发表出现较长的延误(Kirschenbaum,2007)。等到成果发表的时候(Gendlin,1996;Rogers,1967、1968;Rogers and Stevens,1968),研究小组解散了,而以来访者为中心的研究计划就此偃旗息鼓。由于这些因素,威斯康星项目的结果所得到的关注甚微。其研究成果一般认为指出了以来访者为中心的治疗对精神分裂症患者不太有效。罗杰斯的研究成果的确指出了精神分裂来访者作为一个群体并未得到改善的事实,这是毫无疑问的。然而,对其数据进一步仔细分析后可以得到两个结论,而这两个结论对以人为中心的实践具有重大影响。正如第6章所言,研究中的心理咨询师如果比平时面对"典型"来访者时更和谐且更能保持坦诚,则只能为那些问题较严重并且被社会抛弃的来访者提供核心条件。此外,创造一个治疗空间是需要两个人参与的过程,这一点已经很明显了:心理咨询师只有在精神分裂症来访者自己愿意敞开心扉的情况下才能有所收效。这些问题——心理咨询师一致性的重要性与"积极来访者"的理念——直至今日仍在不断地影响着以人为中心的研究与实践。

卡尔·罗杰斯及其同事所进行的研究计划留下了什么遗产?它与目前围绕证据实践的争议有什么关联?不幸的是,这些先驱者们付出了极大的努力,但对于以来访者为中心或以人为中心的咨询是否对特定来访者群体有效这一问题,他们并未留下任何确凿证据。这主要是因为罗杰斯及其协作者并未以目前认为必要的方式(因为当时并未发明这些测量方式,故他们无法使用)对其成果进行测量。而另一方面,以来访者为中心的研究团队以自己的努力向我们展示了当代研究的各种不足之处。例如,以来访者为中心的小组总是会请到一些不同治疗传统的研究顾问。他们试图以更为多样的视角(来访者、心理咨询师、外部观察者)来理解治疗结果与过程。至于治疗失效后会发生什么,他们也很感兴趣。他们天生就喜欢追踪数据,而不是将研究看作一种"推销"产品的方式。在理论、实践、研究与训练之间，他们不断地穿针引线，找很多方法来将研究成果公之于众。这些特质是当今研究圈极为缺少的。罗杰斯时代还有一个更重要的遗产，那就是变化的"必要与充分条件"理论。此类思想促使很多研究转向具体过程因素的作用，比如移情与一致性。两相权衡之后，得出这样的结论就很合理了：即核心条件假设作为一个整体太过复杂，无法通过目前可用的研究方法论来正确验证（Watson，1984）。不过，从精神治疗研究领域的领军人物对精神治疗周刊十五周年特刊的贡献程度足以一窥核心条件理论的持续影响（Elliott and Freire，2007；Farber，2007；Godfried，2007；Hill，2007；Lazarus，2007；Mahren，2007；Samstag，2007；Silberschatz，2007；Wachtel，2007；Watson，2007）。

到 20 世纪 70 年代，对于以来访者为中心及以人为中心的咨询，已无人研究。在此之上，认知及行为疗法领域的研究传统开始兴盛，此后即转入精神动力疗法领域。为什么会出现这种转变？研究之所以让位于以来访者为中心的疗法，存在几个原因。首先，卡尔·罗杰斯于 1963 年从学术研究圈内退隐，在一所独立研究所内担任某职位。虽然他总是批评治疗体制化，但他反对创办以来访者为中心的治疗学术刊物或者国际以来访者为中心的研究者、教育家和心理咨询师协会。曾经在几年内，受到美国对邂逅小组及个人治疗的大量流行需求的支持，并且由于罗杰斯著作的销售，以来访者为中心的人性疗法与心理咨询师得以大量涌现。然而不久之后，由于缺少强大的学术基础，面对日益增长的社会要求，以来访者为中心与以人为中心的传统遭遇了无法为其实践效用提供科学证据的尴尬局面。对于以人为中心的咨询，造成相关研究近乎绝迹的第二个因素则与早期以来访者为中心的疗法研究的成功有关。"必要与充分条件"假设（Rogers，1957）的诞生为整个领域提供了可用于任何疗法的思想。以此为契机，研究者将以人为中心的概念与"治疗配合"（Bordin，1979）的广义理念相互整合，并开始探讨移情与一致性对各种疗法的影响（此工作总结见 Elliott 等人，2011；Kolden etal，2011）。以人为中心的实践此后被看作无法与特异治疗形式相容（"大家不都是这样做的吗？"），并因此少人问津。

以人为中心的研究衰落的第三个原因就是 CBT 研究团体的成功，他们对研究环境具有转化作用。阿伦·贝克、玛莎·利尼汉（Marsha Linehan）以及唐纳德·梅辰鲍姆（Donald Meichenbaum）等领先 CBT 研究者们采用了富有成效的疗法研究的全部原则，这些原则在早期以来访者为中心的小组内就曾被发现过：以团队为基础的方法、方法论革新以及不断寻找研究、实践、理论与训练之间的联系与协同。到 20 世纪 80 年代，CBT 研究的发展态势部分因为工业化国家的大学扩张而得到助力，不仅仅超越了以来访者为中心的研究团体的早期努力，而且还设立了研究严肃性与素质的新标准，这意味着早期研究的信度有所降低。在这些事件中起到关键作用的最后一个因素就是卫生服务提供者（如英国的 NHS 或者美国、加拿大和德国的保险公司）越来越希望研究与实践围绕某个模型展开，而在这个模型中，来访者所接受的治疗类型与精神病学诊断具有相关性，同时其效力也可以按照症状缓解程度进行测量。诊断的使用以及把症状缓解作为关键作用予以强调反映出疗法的各方面均难以与以人为中心的方法的潜在假设保持一致，因此抑制了以人为中心的研究者的热情。

由于上述各种因素的作用，以人为中心的咨询在研究界失去了应有的地位，如今只能奋力追赶 CBT 及精神动力学等治疗手段，这些手段在过去三十年内已建立起庞大的国际网络。应当感激的是，这种局面的出现不是因为以人为中心的咨询无法研究，比如过于注重个体的独特性等。恰恰相反，以来访者为中心的研究计划证实以来访者为中心及以人为中心的手段的可研究性非常强，而且这种研究对有效实践的发展起到重要作用。

以人为中心研究的工具与方法

研究的重要区别在于定量与定性方法之间的差异。广而言之，定性方法研究的是干预产生的作用是什么，而定量方法则研究这个作用有多大。从逻辑上来说，在一个研究范围内，首先是定性研究。考查新疗法（如体育活动项目）时，即说明我们要将其施加给一定数量的人，然后研究其表现出的各种作用。可能会发现一定比例人群中会出现体重降低的情况，但也会发现极为不同的作用，比如明显的自尊感以及抑郁症状减少等，并伴随对家庭关系的积极或消极作用。定性研究不要设限，因为要找出预料之外的作用。所以，方法可能会包括面谈与无限制问卷或者甚至写日记并分享，等等，此外还有其他各种测试。在初始定性阶段结束时，应该会有各种暂时性发现成果，也可能会超出预期，但是我们无法准确知晓什么导致了什么，而为什么它会发生。当测试了具体作用与因果联系之后，就需要进入定量研究阶段。相比只是提出一般性的开放问题"人们进行体育活动时会发生什么？"（这是定性研究的基础），我们反过来会提出具体的问题，比如"体育项目对体重降低的作用有多大？""其对自尊的作用有多大？""体重降低会提高自尊吗？或者反之相反（或者两者兼有）？""其对家庭关系的作用是普遍的吗？为什么？"，等等。定量研究方法要在接受体育锻炼的小组与不接受体育锻炼但有其他正常兴趣的小组之间进行仔细对照比较——我们称之为对照实验。如果继续研究，当我们寻找答案的尝试带来更多问题时，很可能会发现不得不继续在定性与定量方法之间变换。因此，科学的研究需要将各种方法结合在一起，一般称之为方法多元论。近年来，方法多元论的原理在咨询与精神治疗研究团体内部广为接受。其关键之处在于只能通过尽可能地借鉴多种研究方法来了解咨询的复杂性。

以人为中心心理咨询研究领域囊括了采用所有目前可用研究方法的各种研究类型。本章后期会提供重要研究范例。多年来，各种研究工具被开发出来，用以探讨或测量各种具体的以人为中心的概念。早期以来访者为中心的治疗大部分采用了巴特尔－黑夫 Q 分类法（Butler and Haigh，1954），它作为一种手段，能使来访者表现其自我概念意识。Q 分类由 100 条自我陈述组成（例如"我是一位顺从型的人""我是一个勤奋的人""我很讨人喜欢"等），最初来自来访者在治疗谈话中的口述。Q 分类要求将陈述分为九类，首先思考自我的实际状态（真实自我），然后是自我的理想状态（理想自我）。以下是给研究参与者的指导：

自我分类。挑选卡片，按相似度从低到高进行自我描述。
理想分类。挑选卡片，描述理想人格——你最想成为哪类人。（巴特尔与黑夫，1954：57）

真实自我与理想自我的卡片分类能估计对象的自我接受程度。这种技术的意义在于它给出了一种从观念方面（自我接受）评估治疗效果的方式，这与以人为中心的理论是一致的。当今研究者鲜少使用巴特尔－黑夫 Q 分类法，因为需要花费时间，而且难以解读。然而，大多数完成 Q 分类的人都认为它是一种有趣且有益的体验，这种体验似乎抓住了日常生活中自我感知的根本要义。其他广为采用的以人为中心的研究工具有：

• 巴伦莱纳关系量表（Barrett-Lenrard，1986）：来访者或心理咨询师对面谈过程中提供的核心条件程度感受测量问卷
• 体验量表（Klein，Mathieu-Coughlan and kiesler，1986）：治疗谈话记录中呈现的来访者情感过程深度分级技术

- 精确移情量表(Truax, 1967; Truax and Carkhuff, 1967): 治疗谈话记录中呈现的心理咨询师移情程度分级技术
- 多维响应移情量表(Elliott et al. , 1982): 治疗谈话记录中呈现的心理咨询师移情品质分级技术
- 心理咨询师存在量表(Gelle, Greenberg and Watson, 2010): 测量来访者或心理咨询师对心理咨询师存在感知的测量问卷
- 斯特拉斯克莱德量表(Freire, Elliott and Cooper, 2007): 基于以人为中心转变模型的效果问卷
- 生命空间图谱(Rogers, 2006): 基于艺术的表现技法,能令来访者探讨其治疗与治疗效果体验。

更多有关这些(以及其他)以人为中心的方法的信息可以在弗雷尔与格雷法纳基(2010)以及沃特森(2010)等著作中找到。采用 Q 分类法时,训练者有机会(如来访者角度的自我体验)使用这些方法,这是弥足珍贵的。这些量表代表以人为中心研究者群体尽最大努力定义并提炼了以人为中心方法的主要概念的基本特征。以这些工具获取相似度是学习如何以人为中心观察世界的有效方式,同时也能更为完整地评价采用此类方法或其他相似量表取得的研究成果。

主流咨询与精神治疗研究的标准工具(如问卷和量表)是否符合潜在以人为中心方法哲学,仍存在争议。例如,一份分级量表为每个人打分,这与将看作人不断转化与实现的思想是背道而驰的。实际上,考虑到第 2 章的自我调整理念,那么我们该如何了解来访者回答问卷时的角色呢? 类似的,为个人提供预定陈述可以看作没有尊重人的独特性。在回答问题时,有人尝试修改一种特殊的以人为中心的研究方法,这种方法围绕研究者与研究参与者之间的移情、接受与真诚关系的确立而构建。目前关于这种研究风格在咨询过程与结果研究背景下的效果实例或者关于是否能取得与常规研究方法不同的成果的问题实例已经有所发表。其中一例研究试图采用以人为中心的方法,它是一个合作型的案例研究,由来访者玛丽·莫里斯(2007)及其心理咨询师罗伯·特纳(2007)联合编写。

以人为中心心理咨询的有效性

过去五十年内发表的大量咨询研究背后有一个基本问题:即是否有效?治疗的有效性对政府及卫生保险组织是至关重要的,他们是咨询服务的资金提供者。这些机构想了解其资金的利用是否具有价值,以及他们所支持的特定咨询方式是否是最可行的。有效性问题也和相互竞争的治疗团体的拥趸们之间的争议有关,每一个团体都认为他们自己的方法是最好的,同时也急于为其观点寻找证据。最后,有些来访者可能对某个特定治疗方式与其自身具体问题的关联感兴趣。

咨询有效性有各种不同的评估方式。将这些方式看作一个连续统一体是很有帮助的。这个连续统一体的一端是与来访者体验紧密相关的治疗收益证明策略,例如案例研究与跟进面谈等。在这一维度的中间部分,可以发现"基于实践"或自然主义的结果研究,其中来访者在接受治疗过程中会定期完成某些问卷。另一端则是研究者高度控制的研究,例如随机对照试验(RCT),此时会建立准实验情景,来访者随机分配到两种治疗形式中的一种或者分配到对照组。这些方法中的每一种都有各自的优势与劣势。例如,案例研究与定性面谈更容易深度理解来访者或来访者小组是如何转变的。基于实践的研究可采集到较大的数据集,也能每天对咨询有效性进行评估。RCT能确定具体治疗形式对转变的影响程度。

在许多RCT中,已将以人为中心心理咨询效用与其他治疗手段作了比较。由于研究证据的实质部分支持使用认知行为疗法(CBT),将以人为中心心理咨询与 CBT 进行比较的研究特别令人感兴趣。例如,沃德等人(2000)开展了一项研究,由 GP 转介咨询的焦虑或抑郁的初级看护来访者被随机要求接受以人为中心或 CBT 疗法,两种疗法的面谈次数多则达到十二次,又或者继续接受医生的常规治疗。在四个月阶段,接受这些疗法的来访者在受益程度上大大超过常规治疗组。在十二个月跟进阶段,两组无区别——接受疗法的来访者在受益上与常规治疗组相当。无论哪个阶段,以人为中心心理咨询与 CBT 之间在有效性上并无区别。本次研究的结果显示了疗法的价值与局限。是的,沃德等人(2000)的研究并不能证实疗法具有积极影响。咨询并不能"治愈"来访者——对有些人来说,根本没有作用,而那些明显改善的人在疗法末期仍然显示出显著的困难度。有人发现,在没有正式咨询的情况下,积极寻求情感帮助的人们从长期而言会有较高程度的改善,这是许多研究所报告的成果,也证明了自我实现倾向的存在。

沃德等人(2000)研究成果的归纳性如何?在对研究文献的一项系统回顾中,埃利奥特与弗雷尔(2010)得以将以人为中心心理咨询与 CBT 作了十八项对照比较。整体而言,研究结果证实沃德等人(2000)的成果——以人为中心心理咨询与 CBT 对有轻度焦虑和抑郁的来访者具有同等有效性。

表 10.2　研究者忠诚效应与"支持性治疗"

在解读咨询与精神治疗有效性的随机对照试验时,需要极为谨慎,这是很重要的。多年来已开展过大量的治疗 RCT。路博斯基等人(1999)曾分析过某些研究结果,这些研究对两个或多个治疗形式作了彼此对照。他发现在这些研究中,研究者的专业忠诚度(如其接受的治疗训练类型以及其所隶属的专业群体)能预测其最佳治疗形式。换言之,精神动力学研究者倾向于认为精神动力学治疗更为有效,而 CBT 研究者则会认为 CBT 是最佳的,其他亦如此。从以人为中心心理咨询考查方式可以得知研究者的忠诚度影响。在有些研究中,以人为中心心理咨询被看作"支持性治疗"(即为来访者提供支持性关系但不积极促进转变的一种治疗方式),而很多研究团队含蓄地指出其效果很差(此类研究实例包括 Craske, Maidenberg and Bystritsky,1995;Barrowclough et al.,2001;Cottraux et al.,2008)。埃利奥特与弗雷尔(2010)以及埃利奥特、格林伯格、沃特森、提姆拉克及弗雷尔(在报刊中)的研究评论则发现在将以人为中心心理咨询看作支持性治疗的研究中,它确实不如 CBT。相反,在严肃对待以人为中心心理咨询的研究中,它却与 CBT 相当。

实践者所能采用而且很容易用于日常实践的简便结果方法的发展使得对咨询有效性的大型自然主义或"基于实践"的研究成为可能。在对以人为中心心理咨询有效性的研究中,有两种特别令人感兴趣。吉巴德与汉隶(Gibbard and Hanley,2008)曾使用 CORE(临床结果日常评估)问卷采集了近 700 个初级来访者的结果数据,这是一个 34 项的一般心理困扰量表(Barkham,2006)。它显示 67% 的来访者的改善程度较显著且可靠,这与曾被系统考查过的任何治疗形式的成功率相当。吉巴德与汉隶(2008)也对转介咨询的来访者在等待首次约谈期间的改善程度数据进行了采集(首次转介后平均 4 到 6 月)。他们发现来访者在等待期间确实有所改善(继续接受常规 GP 护理),但仅仅是最低限度的改善——主要转变出现在咨询后。在另一项基于实践的研究中,斯戴尔斯等人(2006、2008)分析了几千名 NHS 初级来访者的 CORE 数据,报告称接受了以人为中心咨询的来访者中有 59% 出现了显著且可靠的转变。斯戴尔斯等人(2006、2008)得以对咨询师看视过的来访者的结果数字进行比较,这些咨询师将自身的初级理论方向视为以人为中心、CBT、精神动力学或综合型。在咨询师采用不同方法记录的成功率之间并无明显差别。综合来说,吉巴德与汉隶(2008)以及斯戴尔斯等人(2006、2008)的研究提供了足以令人信服的证据,证明以人为中心心理咨询在少量面谈情况下(平均 6 到 8 次)对大多数经历严重情感困惑的来访者而言是有所帮助的。

相比 RCT,基于实践的研究之所以令人感兴趣,是因为它以日常实践中的大量来访者为基础提供了有效性证据。然而,研究者缺少对数据采集的控制,故而这种研究的效度有着严重局限性(Clark et al.,2008)。例如,咨询师是否确实在进行以人为中心心理咨询而不只是自称以人为中心,这是很难区分的。三名来访者中大约有一名会退出咨询,而不会完成治疗结束问卷。这些来访者中有很多人对所接受的治疗感到不满,而将这些人纳入研究范围会使所报告的成功率缩水,这样假设是很合理的。同样,来访者是否接受了其他援助形式(如药物治疗)也是无法控制的。由于缺少跟进数据,所以不太可能确定在与咨询师每周例行会谈的期间是否保持了咨询收益。这种方法论问题代表基于实践的研究所面临的挑战,而这一点是未来需要解决的问题。

表 10.3　基于证据的实践争议:研究对咨询服务的影响

面对老年人群的需求以及复杂医疗程序的成本攀升,各类社会形态中的医护服务提供者都担负着极大的经济压力。对于将稀有资源投入已被严密科学研究证明了效益的干预中来应对压力的做法,基于证据的实践方针是一种理性而公正的策略。在英国,NHS 卫生干预指导原则是由国家卫生与临床卓越研究所(NICE)制定的。由于受到医疗科学家的主导,NICE 所给出的建议均建立在证据分级的基础上,其对高品质 RCT 所得出的证据赋予了极大的权重,而给予其他形式研究成果的权重相对较小。因此,近来 NICE 有关 NHS 咨询与精神治疗的指导原则无法认可以人为中心心理咨询的价值——这种局面已威胁到许多咨询师的就业岗位。对于以人为中心的从业者来说,重要的是要意识到这种忽视的原因。对于以人为中心的咨询有效性,确实存在大量可信证据,但是 NICE 所采用的程序——很大程度上未考虑除 RCT 以外的研究方式——将此类信息排除在外。为了应对这种局面,对于以人为中心的从业者而言,关键是掌握 RCT 在疗法研究中的局限(参见 Elliott,1998;Henry, 1998;Weston,Novotry and Thompson-Brenrer,2004)以及有利于疗法有效性非分级评估方法的强大论据(Barkham,Hardy and Mellor-clark,2010)。

从采用跟进面谈定性数据的案例研究与考查中得出了一种关于以人为中心心理咨询有效性的极为不同的证据。令人感到惊异的是,在少数定性研究中来访者接受了以人为中心的咨询,然后应邀谈论其在这种体验中的收获。对此类研究的评论见提姆拉克与科瑞艾纳(Timulak and Creaner,2010)。对于以人为中心心理咨询的学生来说,本章是一个基本的阅读材料,因为它对来访者所能体验到的各类结果作出了评价,评价对象的范围极为广泛。例如,在来访者对以人为中心(及其他实验性)疗法的叙述中,只有一小部分论及了症状改善。主要论题涉及自我意识的发展、许可意识增强以及观察他人的视角的转移。在各类研究中找出的令人吃惊的结果类型中,有一类是对弱点的评价——来访者称能感受并接受情感痛苦与孤立感是有益的。提姆拉克与科瑞艾纳(2010)也发现了以人为中心咨询的负面效应实例,诸如压迫感或者情绪不被理解的失望情绪等。提姆拉克与科瑞艾纳(2010)总结出的研究案例成为定量 RCT 及基于实践的疗法结果研究局限性的标志,它们仅仅考查了疗法中可能出现的多样性结果中的极少部分。

近年来,对案例研究探讨咨询中复杂互动(McLeod,2010)的潜力,兴趣愈益浓厚。案例研究在结果研究及特定治疗形式在从未涉及的问题中的可能效用记录上具有极大价值。这种案例研究应用的实例可从史提芬、埃利奥特与迈克李欧(2011)的研究中得到,它对经历高度社会焦虑的来访者的以人为中心心理咨询的有效性作了审视。由于此类问题上以人为中心心理咨询的有效性缺少基于研究的证据,故而这一研究具有明显的理论与实践意义。实际上,可找到的研究文献中显示 CBT 明显是此类来访者的治疗选择。在史提芬、埃利奥特与迈克李欧(2011)考查的案例中,来访者称有持续十多年的社会焦虑困惑,虽然以往接受过一些治疗,这种情绪仍然一直存在。到第 20 次以人为中心心理咨询结束时,她出现明显改善,但有些问题仍然在持续。这一研究对于该条件下以人为中心的心理咨询给出了定性支持,并且详细论述了以人为中心治疗过程对于此类困惑的援助方法。就该案例而言已收集了一些信息来源,同时采用系统性的基于案例的阐释方法作了分析,这提高了该研究结论可信性的置信度。如果更多此类系统性案例研究能够针对各类来访者问题的以人为中心心理咨询应用展开,则可以针对不同来访者人群采用这一方法的强度与局限性的深度实例建立起一个资源库。

最后,有关以人为中心心理咨询有效性,我们可以得出什么结论? 在较大程度上,比较不同疗法[Cuijpers,Anderson,Donkor and Van Straten(2011)针对抑郁开展的几百项精神治疗对照研究的大规模荟萃分析]有效性的系统性回顾倾向于认为相互竞争的疗法之间的可选择性较低。整体而言,有能力的从业者所进行的咨询似乎在短期内能帮助 60% 的来访者,而在较长的跟进期内其收益有所下降。同时越来越多的证据显示咨询师的素质比所接受的疗法更重要(Wampold,2001;Kraus et al.,2011)。

以人为中心心理咨询的过程研究

对咨询结果的研究解决了"谁为谁效力?"的问题:哪种治疗类型对不同问题与不同社会文化背景的来访者最有效? 通过对照,过程研究确定了治疗的主动方面:什么因素对有效性贡献最高? 从业者似乎对过程研究很感兴趣,因为它将重点放在治疗期间咨询师与来访者的实际作为上。过程研究具有提供新理解方式的潜力,这种理解可以直接应用到实践中。然而从研究角度来说,治疗过程的研究提出了重大挑战。挑战的主要领域与治疗过程的复杂性有关:来访者与咨询师之间的互动涉及多层次的认知、情感与行为互动。过程的某些维度能进入来访者与咨询师的意识层面,而其他方面则在意识之外。治疗过程的观察角度(来访者、咨询师以及观看治疗谈话视频的外部观察者)不同,则对同一事件的解读也是相互矛盾的,这一现象又提出了一个深入的方法论挑战,在最早以来访者为中心的治疗研究中就已经出现过。另一个重要问题与所用的分析单元有关(Elliott,1991)。例如,来访者会认为咨询师在某一次谈话中、整个谈话期间或者大致在整个咨询期间的某一具体时刻表现出了高度移情。那么这种看法的意义是否相同? 最后,在过程因素(如移情)与咨询的最终结果之间似乎不太可能存在直线或线性的因果关系。有些研究显示来访者对咨询师移情的高度评价与良好结果有关。但是仍有可能是高度积极或者高度情感外露的来访者让咨询师展示出了移情,而封闭的来访者会限制咨询师的移情能力。

过程研究中面临的显著的方法论挑战说明过程研究文献整体得出的成果是需要加以考虑的,而不是将更多的权重放在单次研究的结果上。以人为中心的理论提供了一个框架,过程研究的结果可在这个框架内得到评估。从以人为中心的角度来看,过程研究可看作对正在进行中的理论构建活动的助力(Stiles,2007)。任何理论都是由概念和条件网络组成的,与经验和观察有关。理论构建研究基本上有三种方式。首先,增加新的经验与观察结果,加深理论深度并扩大其丰富性。换言之,理论使用者能在理论与观察之间找到更多的接触点。其次,不可避免有些观察无法与现有理论对应。因此,理论中的概念与条件就变得更具有区别性,这样才能包容那些有分歧的观察结果。第三,从长期来看,有分歧的观察结果会越来越多,理论使用者群体也会出现危机,最终会构建出全新的理论架构。

卡尔·罗杰斯主导的以来访者为中心的疗法研究计划可看作人格转变的必要与充分条件理论的高峰(Rogers,1957)。有良好的证据证明该理论关键假设的基本效度,尤其是咨询师移情与真诚的作用(Elliott et al.,2011;Kolden et al.,2011)。然而最近的研究以一系列努力推动了以人为中心方法与咨询过程理解的进一步阐述与衔接。某些主要领域存在这种理论构建,这在后面章节会讲到。

有效移情参与的性质。过程研究塑造我们对咨询过程理解的一个最重要的领域就是通过巴伦莱纳(1981、1993)开发的移情循环模型。在这个过程模型中,咨询师移情参与来访者观点塑造,巴伦莱纳(1981、1993)因此得以将治疗中移情作用的研究结果进行整合。他的移情循环模型提供了一个关于过程研究的理论构建功能的强大实例。其他移情研究也提高了对咨询师——来访者互动序列中所发生事情的评价。在一项小规模探讨研究中,博哈特等人(Bohart et al. ,1993)发现未来移情响应导致来访者角色意识提高,他们能够克服自身的困难。以下是一个未来移情思考的实例:

来访者:这会改变我对婚姻的看法吗?

咨询师:我认为这是你对自己问的一个非常重要的问题。如果你是你内心那个小姑娘的最好朋友,那么这会不会让你不再害怕婚姻的风险?(Rogers,1986:206)

撒西(Sachse,1990、1992;Sachse and Elliott,2002)曾针对移情响应不同类型的影响进行了一系列更为重要的研究。在这些研究中,对以人为中心的咨询文本按照"三倍"方式作了分析:来访者陈述,继而咨询师陈述,然后又是来访者陈述。这项分析中得出的结论就是咨询师的移情思考比之前的来访者陈述更为深刻,而这导致来访者对问题的探讨水平加深。然而来访者偶尔在没有咨询师响应的情况下进入更深的过程。这一研究因此提供了咨询师的移情能力对咨询过程影响的直接证据。高德史密斯、莫舍尔、斯戴尔斯与格林伯格(2008)探讨了咨询师思考与来访者讲话中矛盾的自我组态(或者"声音")的关联方式。这是首次审视当代以人为中心的实践理论重点的研究,同时发现咨询师似乎在一次思考一个组态时更为有效,而来访者能够利用这种思考陈述来开始构建之前显示出自我完全极化的组态之间的"意义桥梁"。

咨询师一致性与真诚。之前强调过,从威斯康星精神分裂研究中得出的教训强调了以人为中心咨询实践在来访者一致性或真诚度上的作用。后续对咨询过程的这一方面的研究更为全面地评价了这种现象的本质。盖勒及其同事(Geller and Greenberg,2002;Geller, Greenberg and Watson,2010)使用定性谈话中得出的主题制定出咨询师在场的测量单位("我的咨询师治疗我时一直在场"),这显示出来访者认为的咨询师的高度在场与良好的会谈成果有关。因此在场的概念似乎抓住了咨询师一致性的广阔体验,这对于来访者尤为重要。在以人为中心心理咨询会谈中,格拉法纳基与迈克李欧(1999、2002)对一致性的具体时刻的深入分析发现治疗中的最强有力的部分是以相互一致的出现为标志的,其中来访者与咨询师都向对方敞开心扉。这种高影响共同存在的真实度体验在对关系深度的现象研究中(McMillan and McLeod,2006;Cooper,2008;Knox,2008;Knox and Cooper,2010、2011)得到了探讨。总的来说,这些一致性与关系深度的研究得出一系列对疗法过程某方面的描述,在之前并未得到很好地理解或记录,结果造成以人为中心的咨询师对这种可能性极为敏感。一项由史内巴氏与雷吉森(Schnellbacken and Loijssen,2009)进行的重要研究也得出了对咨询师真诚度与一致性的更为细微的评价。史内巴氏与雷吉森(2009)回见了六名来访者,讨论其对与咨询师关系的情绪与观点。对其中两名来访者,他们咨询师的可靠性与一致性都对他们极为重要并且给予了极大帮助,这是显而易见的。而相反的是,一名来访者称如果她的咨询师能分享其在治疗期间的瞬间体验,那可能就会"负担太重"并且"心不在焉"。对于另外三名来访者,咨询师的真诚度是有帮助的,但是仅仅作为许多咨询师宝贵特质的一方面而已。这项研究的作者认为咨询师真诚度或一致性不等于对所有来访者都是有帮助的,并且强调"咨询师对其来访者的具体需求保持敏感并将自身互动与沟通风格向其需求靠拢的重要性"。

对转变过程的研究。许多研究都探讨了以人为中心心理咨询的转变过程,其主要是从来访者的角度来看的。为记录经历过低自信(Stinckens,Lietaer and Leijssen,2002a、2002b)、伤痛(Goldman,Morgan,Juriga and Brown,2004)、分裂(Morris,2007;Turner,2007)、抑郁(Mosher et al.,2008)以及严重童年虐待(Murphy,2009)的来访者的以人为中心心理咨询的转变过程,已开展了较深入的单案例分析。这些案例研究提供了丰富而详细的有关以人为中心心理咨询实践运转的记述。莉莉(Lillie,2002)曾与接受过以人为中心心理咨询的妇女谈及其克服酒精依赖的体验。这些来访者将自身看作陷入"邪恶循环"的人,她们频繁地使用酒精来抹去与自身负面情绪有关的痛苦。治疗过程中不只是通过行为转变来"打破循环",也会通过治疗自身伤痛来解决。在摩尔曼与迈克李欧开展的一项研究中有类似的论题,其中有酒精问题的来访者都在以人为中心心理咨询的某次会谈中谈及自己的体验。此外,有些来访者能够在治疗会谈时描述转变的时刻,这是以自身朝更为积极的意识方向转变为标志的。奥萨图克等人(Osatuke et al.,2005)采用治疗文本的详细分析比较了成功CBT案例及成功以人为中心案例的治疗过程。虽然来访者均有同等程度的改善,但两例均发现有明显不同的转变过程。以人为中心的案例以缓慢而稳定的增长为特征,其中来访者在困惑中需要延长时间。与此相反的是,CBT案例中的来访者倾向于频繁地从一个问题转移到另一个问题,每一次仅数分钟。CBT案例中的多次转移在最开始是由咨询师提出的,而以人为中心的案例中,咨询师更愿意跟进来访者。奥萨图克等人(2005)总结道,各例中截然不同的转变过程似乎会产生不同形式的结果。以人为中心心理咨询中的来访者学会了"接受其需要",而CBT来访者则学会了"管理其需要"(奥萨图克等人,2005:108)。

使用以人为中心心理咨询方法的从业者体验研究。研究从业者的体验是很有价值的事,他们采用以人为中心心理咨询方法作为一种手段,对于治疗中会发生什么,得出更为全面的评价。对从业者体验的研究是记录并宣传"实践出真知"的有用手段,同时也对理论发展有所助益。在采集咨询师信息的问题上,道德敏感度有所降低,这与在研究中对来访者的利用是截然相反的。例如,早期对关系深度的研究是基于与咨询师的面谈之上的(Cooper, 2005;McMillan and McLeod, 2006)——这些研究提供了一个平台,使得对来访者关系深度体验的研究得以开展(Knox, 2008)。特雷诺、埃利奥特与库珀(2011)的研究显示咨询师信息的采集方式能开启甚少有人问津的求知领域。特雷诺等人(2011)与以人为中心心理咨询师们就其在与来访者接触时的体验进行了会谈,这些来访者具有精神病的征兆,如幻听、妄想以及极度回避社交。研究结果对于如何有效接触此类来访者群体而言,提供了一个大致的以人为中心的模型。出席会谈的咨询师们称建立起无条件的积极关注对这些来访者来说是尤为重要的,而且从业者要能够超越标签与疾病,以特殊护理和关注对待他们,能够解决他们自身对精神疾病的反应,并且愿意向其他专业人士寻求支持。丹尼尔与迈克李欧(2006)在一项研究中与咨询师们就评估与来访者接触结果的策略作了会谈。这一主题很大程度上与结果评估的重要性有关,其方式为问卷调查,由多个咨询组织和政府机构实施。丹尼尔与迈克李欧(2006)发现咨询师利用多种策略对治疗的成功作了评估,其中考虑到来访者对其生活的描述、来访者如何在咨询室与其互动以及他们自身内心对治疗进程的满意度。咨询师不断地对这些不同的证据来源"提高权重",并以此启发与来访者的接触。

表 10.4　以人为中心的咨询师的个人特质与素质研究

以人为中心心理咨询师应该是什么样的？为什么有些人选择以人为中心的训练，而另外一些则学习基于其他疗法的训练项目？已经有很多研究在尝试提炼以人为中心方法的个人"特质"。法布尔、布林克与拉斯基（Farber，Brink and Raskin，1996）总结的某些此类研究对卡尔·罗杰斯担任咨询师的案例研究与视频作了分析，尝试找出其与来访者接触方式的关键特色。此类研究中，最为热情的是由马盖与哈维兰琼斯（Magai and Haviland-Jane，2002）开展的研究，他们分析了罗杰斯在与来访者接触时所表现出的独特情感模式，以及他对来访者给出的情感材料作出的回应。马盖与哈维兰琼斯（2002）接下来考查了罗杰斯早期生活中这些情感倾向的起源。他们发现罗杰斯的理论、他对来访者的情感回应以及他在自传中对其童年体验的叙述之间存在高度一致性。阿瑟·考布斯（Combs，1986；Combs and Cooper，1963）与迈克李欧（1993）作出类似的发现，即以人为中心的从业者的有效性是由他们对以人为中心原则主导的潜在态度与哲学的拥护程度决定的，而这些原则是由"关注人以及人的反应，而不是事物和事件"以及"将他人看作拥有自尊和完整性的人，其自尊和完整性应得到尊重与维持"等因素定义的。这些发现结果说明作为一个有效的以人为中心心理咨询师，不能仅仅拥有技能和知识，还要拥有深信不疑的价值观和理念，而且要能在接触他人时表现出这些特质。

利用研究提高并维持以人为中心的实践

到目前为止，本章已经讨论了"已经存在"的研究文献——作为洞察力与指引之源的外部知识。现在我们转而研究亲自从事研究以及在发表研究成果时承担某个职责并以此为文献作贡献的可能性。参与实际研究过程是理解研究发现意义的必要方式。设计一项研究、采集并分析数据、撰写研究报告等体验会使人更容易对他人的研究给予鼓励。在三个主要领域内，咨询师有机会获得第一手的研究体验：训练、融入实践研究网络以及参与个人与专业发展的个人日程。

表 10.5　阅读研究论文

在训练时能学会的最为重要的研究技能可能就是培养以开放眼光并适度批判地阅读研究论文的能力。某种程度上来说，阅读书籍与评论文章中总结的研究成果是可以有所收获的，但某些最令人感兴趣的研究却只有花费时间通篇阅读相关研究文章才能正确评价。对于定性研究和案例研究而言尤其如此，这些研究旨在抓住现象的复杂性，并使研究参与者发出"声音"。作为常规专业发展的一部分，每周至少阅读一篇研究文章是很有价值的。在数月内保持这个习惯才能充分沉浸到研究中去，才能在研究与实践之间卓有成效。

近年来,英国咨询与精神治疗协会、英国心理学会及其他认可的以人为中心心理咨询培训项目的专业协会明确提出培训应将研究纳入其范围,而且合格咨询师要展示出研究技能与意识,并具备以研究启发实践的能力。培训项目以各种方式对此类要求作出了回应。有些项目中包含了研究方法模块,而另一些课程则将研究意识整合进咨询技能与理论的教育中。迈克李欧、埃利奥特与惠勒(McLeod,Elliott and Wheeler,2010)曾发行过一本资源手册,支持关于咨询与精神治疗培训项目的研究教育,并重点强调研究的"实验"方法,鼓励学生将研究视为其现有实践反思方式的延伸。史丁肯斯、埃利奥特与雷吉森(Stinckins,Elliott and Leijssen,2009)制定了一项规则,使学生能采集并分析他们从培训中接触的来访者处得到的研究数据。在这些倡导之下,当前培训项目的参与者预计能参与研究,并有机会加深其对咨询过程的理解。大部分培训项目让参与者选择完成某项有关其自选论题的研究作为本科或硕士论文。

在专业生涯中,大部分咨询师都会有机会参与他人发起的研究项目。曾几何时,外部研究资金极为紧张,而如今越来越多从业者组建其实践研究网络,其中包括咨询师群体,他们愿意并肩共事,对相互感兴趣的选题进行研究。一般来说,实践研究网络会接触某些大学,以便能利用他们的研究资源和图书馆设施。然而,驱动这些网络运转的精力与努力以及他们的成功是建立在普通人而不是学术领导者之上的。以人为中心心理咨询师们感兴趣的较好的实践研究网络包括监督研究网(Wheeler,Areline and Barkham,2011)与实验治疗研究网(Elliott and Zucconi,2010)。同时合作从事案例研究的小规模从业者网络(McLeod,2010)也有很多。此类网络中得出的成果具有两个作用——贡献研究文献与知识基础,同时也是专业网络与支持基础。

参与研究起重要作用的领域与发展计划(见第6章)有关,许多咨询师在完成基本训练后都会开始这一计划。在训练中以及训练之后,大部分咨询师称他们沉迷于成为"足够好"的咨询师,并发展出足够的自信与能力来稳固其专业身份并获得进入就业大军的勇气。在这一阶段之外,根据"担任咨询师时我是谁?""对于以建设性姿态进入所帮助对象的生活的能力,其现有标准是什么?"以及"对于工作中的弱点,我应该怎样认识它们并作出响应?"等问题,会产生不同的发展计划。研究结构及学科可通过很多方式加速这种个人学习过程。例如,系统性案例研究需要在咨询过程中尽量采集更多的数据,然后重新回到材料上来,以一种好奇的眼光来思索究竟发生了什么以及从中可以学到什么(McLeod,2010)。求知方式有千千万,如民族自传、启发式研究、谈话研究及集体传记等为卓有成效地反思和分析个人经验提供了指导原则(McLeod,2011)。当然,有很多方式可以将个人与专业发展计划衔接起来。以研究手段追求计划目标的附加值就是研究技巧可以通过系统性方法令你学到更多,同时也会鼓励在道德指导原则下与他人协作。

总　结

本章讨论以人为中心心理咨询研究,不仅提供了有关这一论题的学习与探索起点——有关扩展阅读的建议见表10.6。本章将重点单独放在以人为中心心理咨询的研究上,这是由本书决定的。以人为中心的从业者通过广泛学习以人为中心与实验性疗法"族"的研究成果[如实验聚焦(Hendricks,2001)、预治疗(Dekeyser,Drouty and Elliott,2008)及情感聚焦疗法(Greenberg,Lietaer and Watson,1998;Goldman,Greenberg and Augus,2006,以及即将出现的埃利奥特等人的成果)]能够获得很多收益。对所有这些疗法的研究回顾见库珀、沃特森与霍达普(2010)。

表10.6　建议扩展阅读
Cooper, M. (2008) *Essential Research Findings in Counselling and Psychotherapy:the Facts are Friendly*. London:Sage. Summarises the results of research into the process and outcomes of different forms of therapy.
Cooper, M. , Watson, J. C. and Hölldampf, D. (eds) (2010) *Person-Centered and Experiential Therapies Work:a Review of the Research on Counselling,Psychotherapy and Related Practices*. Ross-on-Wye:PCCS Books. An authoritative account of the state of the art in research into person-centred counselling.
McLeod,J. (2013) *An Introduction to Research in Counselling and Psychotherapy*. London:Sage. A comprehensive overview of themes,issues and methods in contemporary therapy research.

研究在以人为中心心理咨询发展过程中扮演着重要角色,为全球以人为中心心理咨询者团体提供了反思其行为的方法,同样也使以人为中心心理咨询方法面临新的挑战并继续进步。以人为中心的从业者面对着许多当前与新兴专业挑战,能得到的证据极少甚至没有。例如,对于针对非西方伦理与宗教群体成员的以人为中心的咨询过程与结果,有着很大的研究需求。关于以人

为中心的方法在互联网咨询背景下的作用方式,相关研究甚少。对以人为中心的咨询在长期健康状态诊断结果(如癌症或失明)下的价值,没有实质研究证据。某些以人为中心的咨询师在各种领域均有涉足,但是缺乏记录其成功与失败的仔细研究,这些记录能适时引导更为有效的实践方式。卡尔·罗杰斯深信研究的价值。他的名言"事实即朋友"被看作进入相信过程的以人为中心治疗原则的研究世界的入门信。在以人为中心的方法中,我们认为只要一个人愿意在帮扶关系中寻求真理,那他就会成长。研究都是相似的。从业者团体的潜力提高与自我实现来自互助的研究环境下集体对真理的追寻。

10

以人为中心心理咨询研究

附　录

提问与回答

有些与以人为中心心理咨询相关的问题一再被提及。有时候,这些问题来自于采用其他咨询方法的心理咨询师,而他们同时也部分采纳了本方法但却对其不甚了解。有时候,这些问题则来自于受训中的以人为中心的心理咨询师,他们发现这种方法提出了特殊的挑战。诸如此类的问题在本书全部九章中都有所涉及,但是我们认为,在此呈现并回复其中一些最常见的问题会大有益处。

问题1:在你看来,以人为中心的方法有可能与其他治疗方法相结合吗?

当我们阅读《英国心理咨询与心理治疗协会指导手册》(*Directory of the British Association for Counselling and Psychotherapy*)的开篇时,我们颇为不安地看到,一位心理咨询师把自己描述成心理动力的、以人为中心的、格式塔的,以及理性情绪行为主义的——或者其他一些不太可能的综合。我们甚至无法明白这种自我描述到底表示了什么。它是否意味着心理咨询师用某种令人惊讶的、整合的或折中的方式而将所有这些方法结合了起来呢? 或者它是否表明在某一天、某一时刻,他做了一件斗篷,随后又做了一件呢? ——对这位来访者是心理动力的,而对另一位来访者则是以人为中心的? 如果我们以其他治疗方法为基础的话,我们同样也会感到类似的不安。在个体与课程合格鉴定的国家规划发展中,其想法与我们不谋而合——心理咨询师可以采取任何特定方法——但重要的是他们有一种特定方法。其背后的基本原理是,心理咨

204

询师的深度和一致性至关重要。心理咨询师会面临各种各样的、有时甚至是戏剧性的要求,而他们专业基础的深度会保证其工作的一致性和稳定性。如果呈现在他们面前的课程是"整合性的",那么它并不意味着这种整合性仅仅反映出了培训师兴趣广泛,我们希望这些课程能够发展出对该整合性进行界定的稳固的基础、结构和基本原理,并且要求这些课程回答关于其整合模型的一些特殊问题。(BAC,1933:1-2;Dryden,Horton and Mearns,1995:38-40)。

　　单独来看看以人为中心的方法,我们认为有些核心内容是它与生俱来的。尤其是这些关系到:我们如何理解个体的内在丰富性,实现过程的运作,以及他自我指导的能力;我们相信治疗条件的重要性,以及心理咨询师在满足层面上坚持非指导性态度的核心性;我们拒绝在来访者的生活和经验中扮演专家的角色。这些核心内容本身就使我们不可能把这种方法与其他方法结合起来,它们是基于完全不同的甚至截然相反的假设。我们相信,以人为中心的心理咨询师有可能成为**促进**治疗过程的专家,但是即便如此,他也要格外小心,以确保没有侵犯来访者的自主性和自我决定的权利。近年来颇为流行的是,心理咨询师们将自己称为"整合的",而对前些年国家要求的原则置若罔闻,但是我们的经验表明,当以人为中心的心理咨询师给自己打上这一标签时,他们常常会面临抛弃该方法基本原则的危险,但他们却没有清楚地意识到自己的行为。但这并不是说,以人为中心方法的心理咨询师不应该去了解其他方法,或者熟悉其他方法的理论与实践。至少,在提到曾接受其他心理咨询师服务的情况下,这些知识是很重要的,但是在更深层次上,新的洞见能够丰富以人为中心心理咨询师的智慧与经验,并且通过这些比较研究,能使心理咨询师对以人为中心方法有更加深刻的认识和理解。

　　问题2:你如何反驳以人为中心的心理咨询鼓励了自私自利并漠视他人感受这一指责呢?

　　这种批评来自于以下观点,即以人为中心的方法强调,要重视来访者对其自身世界的经验,并发现自己的力量以在其世界中更加活跃,而这使来访者产生了自我膨胀并轻视他人的生活。有人宣称,从压抑的价值条件中获得自由感会导致来访者以一种伤害甚至抛弃他人的方式而坚持自己的权利、需要和欲望。在一些故事中,当以人为中心的来访者第一次有机会倾听了自己的声音后,就摆脱了婚姻的束缚并作出了无耻、自私而不负责任的行为。这些故事的确是真实的。毫无疑问,当个体开始改变并且为自己的生活负责时,他会对周围人的生活造成极大的、不受欢迎的干扰。这种社会干扰的一部分与第 9 章中所说的"部分改变过程"有关,此时来访者一旦从压抑的心理状态中解脱出来,那么最初就会迅速走到另一个极端,然后再找到中间位置。当然,来访者并不是唯一对其社会关系负责的人——我们有理由要求他周围的那些人也对他们自己的态度负责。

有趣的是,有证据表明,以人为中心心理咨询师的来访者不仅表现出了日益增长的自主性,而且还"捕获"到了心理咨询师身上的某些共感能力。来访者没有变得自私自利,与此相反,他们常常展示出了一种日益增长的对他人的敏感性,并且也更有信心、更加积极地参与社会互动。敢于面对先前那些烦恼根源的能力同样也导致了一种关系动力的改变,而这种关系完全是积极的。德国的一项研究表明,以人为中心团体治疗的参与者取得的最大收获是,他们变得能够对团体中的同伴,以及生活中的其他重要他人给予共感理解。这种收获甚至比他们在自我探索和自我觉知上取得的进步还要大(Giesekus and Mente,1986:163-171)。根据我们的经验,个体治疗中的许多来访者在共感能力和社会技巧方面也获得了类似的跨越。无论接受过多长时间的以人为中心的咨询,来访者都很可能会变得更具有社会性,更加能够建设性地与他人交往,而远非变得更加自私自利。我们对罗杰斯的最初理论进行了修订(参见第 2 章),其中包括对实现倾向产生一种缓冲作用的社会调解概念,而它也与这个问题息息相关。

问题 3:以人为中心的方法对界限的看法是否会无法避免地导致心理咨询师出现令人质疑的,甚至是不道德的行为?

与其他方法的同仁们一样,以人为中心的治疗师同样也遵守其行业组织与协会的道德标准。在这个意义上,他们在日程与规则之下工作,而它们本身就提供了某种界限。尽管如此,除了这些毋庸置疑的界限,还有其他一些界限是各种方法所特有的。在某种模式中,这些界限被认为是"好的实践原则",但是不应该在毫无讨论的情况下而将其普遍推广到其他模式中去。这些"界限"也许包括严格规定了时间和地点,避免与来访者有身体接触,禁止心理咨询师进行自我表露,以及其他未写出的对治疗关系的限制规定。正如第 8 章中对治疗背景的相关讨论中所说,追根溯源,这些界限产生于心理动力论。它们与该理论寻求的那种权威地位有关,但却与以人为中心的方法无关。对于以人为中心的心理咨询师,使医患关系"保持平等"是最重要的。心理咨询师的任务是创造出一种环境,让来访者逐渐感到自己有能力去发掘自身潜能,寻找自己的方向并掌握自己的人生。界限的建立是为了促进这些结果,而不证自明的是,他们必须时时刻刻尊重来访者的需要,从而随时准备再次沟通。对治疗师而言,如果在未征求来访者意见的情况下就强制执行这些界限,那么就破坏了平等性,而它是希望建立起的医患关系所具有一个基本特征。在实践中,就表面来看,以人为中心心理咨询的许多方面与其他方法并无太大不同。来访者也是每周接受一次咨询,每次五十分钟,每天同一时刻,每周同一天。在治疗过程中,治疗师不会自我表露得太多,并且即使有身体接触,那也很少。该方法与其他一些方法的重要差别就在于,所有这些都可以改变。对于以人为中心的心理咨询师而言,不仅对于来访者正在形成的自主性,而且对于互惠性的发展、关注医患关系的形成都具有最根本的重要性。随着这一过程的发展,就需要对新的界限进行沟通并达成一致。也许会谈的次数变得更少了或者更多了。同时,会谈时长也许会变化,因为 50 分钟也并非神圣不可改变。这种发展中的关系会自然而然地导致值得重视的身体接触,而心理咨询师的开放性也会导致更多的自我表露。重要而基本的原则是,界限并非一成不变,而是要根据来访者的需要和治疗过程随时进行调整。与以人为中心方法中的其他许多方面一样,并不仅仅只是简单地强制执行界限,而是可以对其进行探讨和协商。因此,就其最本质而言,以人为中心的心理咨询活动是一种非常道德的行为,并且与条条框框的或有手册指导的咨询完全不相容,后者将呆板生硬的规则或程序强加到了治疗关系中个体正在出现的各种需求之上。

问题 4:以人为中心的心理咨询非常强调主观经验,那么它是否忽略了社会和政治问题,从而强化了现状呢?

这个问题很大。它回应了一种质疑,即由于咨询允许人们说出内心的东西,因此它减少了潜在的反叛或骚动,所以它是某种形式的微妙的社会工程学。我们的经验并没有证明这一点,而且它在卡尔·罗杰斯自己的生活中也没有多大意义。随着年纪的增长,他变得越来越关注世界局势。在他生命的最后几十年里,他一直致力于维护世界和平,发展跨文化交流,并创立了各种形式的新团体。他把自己形容为一个"默默无闻的革命者",并认为整个以人为中心的方法都具有微妙的颠覆性。当我们思考我们自己和这么多年来所遇到的许多来访者时,我们看到了一个过程,在这个过程中,以深深的理解和人际间的诚实为特征的关系体验不仅引发了痛苦,而且有时候还会激发愤怒,愤怒于极大的不公和无耻的伪善,而这些不公和伪善常常是我们的政治或社会环境所具有的特征。

在另一种基本形式上,以人为中心的方法在政治上是激进的。它自始至终都反对社会控制对个体的社会影响。尽管有些咨询方法,特别是认知行为疗法,接受了一个隐含的(如果不是明显的)日程,将减少症状作为干预的唯一重要目标,但是以人为中心心理咨询解决的是作为整体的人,其目标是作为整体的人,而不是协会为个体制订的日程。对于在医疗服务机构或教育机构工作的以人为中心的心理咨询师,这让他们总是觉得不舒服、不和谐,因为社会控制政策极大地决定着这些机构。然而这其中存在一个有趣的讽刺,因为,就其核心而言,医学与教育领域所面对的也都是作为整体的人及其发展。有关这些政治问题的更多思考,参见默恩斯(Mearns,2006b)。

问题5:以人为中心的心理咨询试图使来访者与心理咨询师之间不要形成一种依赖性的关系。但是肯定在有些情况下,来访者是如此脆弱,以至于心理咨询师需要允许一种最初水平的依赖性,是这样吗? 当来访者变得更强大时,这时他们就可以断奶了。

以人为中心的心理咨询师在**任何情况下都不能**鼓励来访者的依赖性。以人为中心心理咨询师的整个工作目标就是促进来访者的**自主性**——他对自己负责的能力和意愿。虽然听上去很合乎逻辑——甚至很善解人意——的是,面对非常脆弱的来访者,我们可以最初让他形成依赖感,这会让他感到舒服,但这是痴人说梦。依赖性的问题并不是我们想象的"让来访者断奶"那样简单。在古典心理动力学中,相同的想法也在以下问题中被提了出来——可以发展出依赖性移情关系,随后通过分析就能够解决移情,而来访者的自主性就会形成。罗斯玛丽·迪纳格(Dinnage,1988)在书中举出了接受长期分析的21名受害者,他们很好地描述了实际情况。即使在漫长的分析之后,这些来访者仍然与其当前的和过去的分析师处于依赖性关系之中。在以人为中心的心理咨询中,尤其在面对评价点极其外化的来访者时,他会试图确保依赖性的关系,而以人为中心心理咨询师的任务是,提供高水平的治疗条件,同时又防止来访者发展出依赖性。

问题6：以人为中心的方法在英国发展得比世界上其他许多地方都更好。为什么会这样呢？

因为我们一直充分准备好了与各种各样的机构保持关系，而它们主导了心理咨询的实践。例如，我们与各所大学保持联系方面做得不错。在我写这本书的时候，英国70%的心理咨询教授都是以人为中心方法的专家。此外，在英国心理咨询职业发展的头30年里，我们与主要的专业协会——英国心理咨询与心理治疗协会——保持着密切联系，并且在个人鉴定的发展、培训课程的鉴定和伦理实践的性质方面，与其他方法的同仁进行了对话。同样，我们还努力与一些政府机构进行对话，诸如医疗服务机构、中高等教育机构，从而使这些领域能够接受以人为中心的方法。在美国，当该方法在20世纪60年代获得了极大普及时，这种对话却被严重忽视了。与此相反，在奥地利——与英国一样——以人为中心的心理咨询师们同样也很重视与机构进行对话，结果在那儿以人为中心的方法也发展得很好。

问题7：你们各自认为以人为中心心理咨询的未来将走向何方呢？

戴夫·默恩斯回答道：一种可能是，以人为中心的方法会有助于心理咨询这一职业的拓展而不是缩小其相关研究。各种正处于发展中的职业都存在一种趋势，即在实践中在其周围划出一道日益狭小的界限。尽管这种界限的划定可以为从业者提供相当大的安全性，但是将它推广到更大范围的顾客时就不太有用了。然而，正如我们在本书中所描述的那样，根据关系的力量，以人为中心的方法可以不断促进本职业用更加开阔的视角看问题。例如，目前，在遭受心理困扰的人群中，可能仅仅只有10%的人接受了心理咨询。我们需要思考为什么会出现这种状况，并且积极地探索创新性的模式，从而将心理咨询也推广到另外90%的人身上。也许，在应对这一艰难挑战上，以人为中心的方法作出了最佳表率，因为它的界限划定经过了沟通，而不是预先就设定好了，并且能够根据当前的不同咨询背景而进行协商和创造。

布赖恩·索恩回答道：越来越多的证据表明，对于许多来访者，以人为中心的咨询经历不仅让他们在工作与人际关系中得到了更大的满足，而且还在生活中发现了新的目标和意义。越来越确定无疑的是,在一个存在着巨大的经济危机、文化冲突和生态危机的时代,当人们普遍变得越来越绝望的时候,这种方法可以提供很多帮助。然而,它可能才刚刚开始提供一种存在的模式,而对于一个正处于灾难边缘的世界,这种模式可以直接应对该世界在存在和精神上所面临的困境。

人名索引

Fiedler, F. E. 菲德勒

Freire, E. 弗赖尔

Friese, H. 弗赖斯

Gaylin, N. L. 盖林

Gendlin, Eugene T. 尤金·金德林

Gergen, K. J. 格根

Giesekus, U. 吉塞库斯

Glick, M. J. 格利克

Goldman, R. N. 戈德曼

Goulding, R. 古尔丁

Grawe, K. 格劳

Green, H. 格林

Greenberg, C. 格林伯格

Grummon, D. L. 格鲁蒙

Gurman, A. S. 格曼

Harwood, M. T. 哈伍德

Haugh, S. 霍

Heider, F. 海德

Hermans, H. J. M. 赫曼斯

Hirai, T. 希瑞

Honos-Webb, L. 霍诺斯-韦伯

Hoogduin, C. A. L. 胡格顿

Horton, I. 霍顿

Hovarth, A. O. 霍瓦斯

Hubble, M. 哈布尔

Ide, T. 艾德

Inayat, Q. 伊纳亚特

Jasper, L. G. 贾斯帕

Miller,S. D. 米勒

Minsel,W. R. 明塞尔

Mitchell,K. M. 米切尔

Morita,T. 莫里塔

Moustakas,C. E. 穆斯塔卡斯

Moyer,J. 莫耶

Moynihan,D. W. 莫伊尼汉

Mullen,J. 马伦

Müller,D. 米勒

Murayama,S. 穆拉雅马

Neal,C. 尼尔

Nickel,H. 尼克尔

Noble,S. 诺布尔

Nolen-Hoeksema,S. 诺论-霍克斯马

O'Connor,D. B. 奥康纳

O'Connor,R. C. 奥康纳

O'Leary,C. 奥利里

Orlinsky,D. E. 奥林斯基

Parks,B. K. 帕克斯

Patterson,C. H. 帕特森

Pörtner,M. 波特纳

Prouty,Garry 加里·普劳蒂

Purton,C. 珀顿

Raskin,N. 拉斯金

Rennie,D. L. 伦尼

Rogers,Carl 卡尔·罗杰斯

Ross,C. A. 罗斯

Rowan,J. 罗恩

参考文献

Alexander, R. (1995) *Folie à Deux: An Experience of One-to-One Therapy.* London: Free Association Press.

Asay, T. P. and Lambert, M. J. (1999) 'Therapist relational variables', in D. J. Cain and J. Seeman (eds), *Humanistic Psychotherapies: Handbook of Theory and Practice.* Washington, DC: American Psychological Association. pp. 531-57.

Axline, V. (1971) *Dibs in Search of Self.* Harmondsworth, Middlesex: Penguin.

Balmforth, J. (2006) 'Clients' experiences of how perceived differences in social class between counsellor and client affect the therapeutic relationship', in G. Proctor, M. Cooper, P. Sanders and B. Malcolm (eds), *Politicizing the Person-Centred Approach.* Ross-on-Wye: PCCS Books. pp. 215-24.

Barkham, M., Hardy, G. E. and Melior-Clark, J. (eds) (2010) *Developing and Delivering Practice-Based Evidence: a Guide for the Psychological Therapies.* Chichester: Wiley-Blackwell.

Barkham, M., Melior-Clark, J., Connell, J. and Cahill, J. (2006) 'A core approach to practice-based evidence: a brief history of the origins and applications of the CORE-OM and CORE System', *Counselling and Psychotherapy Research*, 6: 3-15.

Barrett-Lennard, G. T. (1962) 'Dimensions of therapist response as causal factors in therapeutic change', *Psychological Monographs*, 76:43 (Whole No. 562).

Barrett-Lennard, G. T. (1981) 'The empathy cycle-refinement of a nuclear concept', *Journal of Counseling Psychology*, 28: 91-100.

Barrett-Lennard, G. T. (1986) 'The Relationship Inventory now: issues and advances in theory, method and use', in L. S. Greenberg and W. M. Pinsof

(eds) , *The Psychotherapeutic Process: a Research Handbook.* NewYork: Guilford Press. pp. 439-76.

Barrett-Lennard, G. T (1987) Personal Communication. Third International Forum on the Person-Centered Approach, La Jolla, California.

Barrett-Lennard, G. T. (1993) 'The phases and focus of empathy', *British Journal of Medical Psychology*, 66: 3-14.

Barrett-Lennard, G. T. (2005) *Relationship at the Centre: Healing in a Troubled World.* London: Whurr.

Barrowclough, C. , King, E, Colville, J. , Russell, E. , Burns, A. and Tarrier, N. (2001) 'A randomized trial of the effectiveness of cognitive-behavioral therapy and supportive counselling for anxiety symptoms in older adults', *Journal of Consulting and Clinical Psychology*, 69: 756-62.

Bates, Y. (ed.) (2006) *Shouldn't I be Feeling Better by Now? Client Views of Therapy.* Basingstoke: Palgrave Macmillan.

Beahrs, J. (1982) *Unity and Multiplicity.* New York: Brunner/Mazel.

Bennis, W. (1986) *Carl Rogers Interviewed by Warren Bennis.* Video-tape produced by University Associates Incorporated, San Diego,CA.

Bergin, A. E. and Strupp, H. H. (1972) *Changing Frontiers in the Science of Psychotherapy.* Chicago: Aldine-Atherton.

Berne, E. (1961) *Transactional Analysis in Psychotherapy.* New York: Grove Press.

Bettelheim, B. (1987) 'The man who cared for children', *Horizon.* London: BBC Television(video).

Beutler, L. E., Malik, M., Alimohamed, S., Harwood, M. T. , Talebi, H. , Noble, S., et al. (2004) 'Therapist variables', in M. J. Lambert (ed.), *Bergin and Garfield's Handbook of Psychotherapy and Behavior Change*, 5th edn. Chicago: John Wiley and Sons. pp. 227-306.

Bohart, A. C. (2004) 'How do clients make empathy work?', *Person-Centered and Experiential Psychotherapies*, 2: 102-16.

Bohart, A. C. and Greenberg, L. S. (eds) (1997) *Empathy Reconsidered: New Directions in Psychotherapy.* Washington, DC: American Psychological Association.

参考文献

Bohart, A. C., Humphrey, A., Magallanes, M., Guxman, R., Smiljanich, K. and Aguallo, S. (1993) 'Emphasizing the future in empathy responses', *Journal of Humanistic Psychology*, 33: 12-29.

Bohart, A. C. and Tallman, K. (1999) *How Clients Make Therapy Work: the Process of Active Self-Healing*. Washington: American Psychological Association.

Bordin, E. S. (1979) 'The generalizability of the psychoanalytic concept of working alliance', *Psychotherapy: Theory, Research and Practice*, 16: 252-60.

Boyles, J. (2006) 'Not just naming the injustice-counselling asylum seekers and refugees', in G. Proctor, M. Cooper, P. Sanders and B. Malcolm (eds), *Politicizing the Person-Centred Approach*. Ross-on-Wye: PCCS Books. pp. 156-66.

Bozarth, J. (1984) 'Beyond reflection: emergent modes of empathy', in R. F. Levant and J. M. Shlien (eds), *Client-Centered Therapy and the Person-Centered Approach*. New York: Praeger. pp. 59-75.

Bozarth, J. (1998) *Person-centered Therapy: a Revolutionary Paradigm*. Rosson-Wye: PCCS Books.

Bozarth, J. (2001) 'Client-centered unconditional positive regard: a historical perspective', in J. Bozarth and P. Wilkins (eds), *Rogers' Therapeutic Conditions: Unconditional Positive Regard*. Ross-on-Wye: PCCS Books. pp. 5-18.

British Association for Counselling (BAC) (1993) *The Recognition of Counsellor Training Courses Scheme: Guidelines for Integrative and Eclectic Courses*. BAC/CRG Information Sheet. Rugby: British Association for Counselling.

Brodley, B. T. (1999) 'The actualizing tendency concept in client-centered theory', *The Person-Centered Journal*, 6(2): 108-20.

Brodley, B. T. and Schneider, C. (2001) 'Unconditional positive regard as communicated through verbal behavior in client-centered therapy', in J. Bozarth and P. Wilkins (eds), *Rogers' Therapeutic Conditions: Unconditional Positive Regard*. Ross on-Wye: PCCS Books. pp. 156-72.

Brown, M. (1979) *The Art of Guiding: the Psychosynthesis Approach to Individual Counseling and Psychology*. Redlands, CA: Johnston College, University of Redlands.

Burns, D. D. and Nolen-Hoeksema, S. (1991) 'Coping styles, homework compliance, and the effectiveness of cognitive behavioral therapy', *Journal of Consulting and Clinical Psychology*, 59: 305-11.

Buder, J. B. and Haigh, G. V. (1954) 'Changes in tile relation between self-concepts and ideal concepts upon client-centered counseling', in C. R. Rogers and R. F. Dymond (eds), *Psychotherapy and Personality Change*. Chicago: Umversity of Chicago Press. pp. 55-75.

Cain, D. (1987) Personal Communication. Third International Forum on the Person-Centered Approach, La Jolla, California.

Carkhuff, R. R. (1971) *The Development of Human Resources*. New York: Holt, Rinehart & Winston.

Carrick, L. and McKenzie, S. (2011) 'A heuristic examination of the application of Pre-Therapy skills and the person-centered approach in the field of autism', *Person- Centered and Experiential Psychotherapies*, 10: 73-88.

Cartwright, D. S. (1957) 'Annotated bibliography of research and theory construction in client-centered therapy', *Journal of Counseling Psychology*, 4: 82-100.

Chantler, K. (2006) 'Rethinking person-centred therapy', in G. Proctor, M. Cooper, P. Sanders and B. Malcolm (eds), *Politicizing the Person-Centred Approach*. Ross-on-Wye: PCCS Books. pp. 44-54.

Clark, D. M., Fairburn, C. G. and Wessely, S. (2008) 'Psychological treatment outcomes in routine NHS services: a commentary on Stiles et al. (2007)', *Psychological Medicine*, 38: 629-34.

Combs, A. W. (1986) 'What makes a good helper?' *Person-Centered Review*, 1: 51-61.

Combs, A. W. and Soper, D. W. (1963) 'Perceptual organization of effective counsellors', *Journal of Coutlseling Psychology*, 10: 222-26.

Cooper, M. (1999) 'If you can't be Jekyll be Hyde: an existential-phenomenological exploration of lived plurality', in J. Rowan and M. Cooper (eds), *The Plural Self*. London: Sage.

Cooper, M. (2003) '"I-I" And "I-Me": Transposing Buber's interpersonal attitudes to the intrapersonal plane', *Journal of Constructivist Psychology*, 16

参考文献

221

(2): 131-53.

Cooper, M. (2005) 'Therapists' experiences of relational depth: a qualitative interview study', *Counselling and Psychotherapy Research*, 5: 87-95.

Cooper, M. (2008) *Essential Research Findings in Counselling and Psychotherapy: the Facts are Friendly*. London: Sage.

Cooper, M., Mearns, D., Stiles, W. B., Warner, M. S. and Elliott, R. (2004) 'Developing self-pluralistic perspectives within the person-centered and experiential approaches: a round table dialogue', *Person-Centered and Experiential Psychotherapies*, 3(3): 176-91.

Cooper, M., Watson, J. C. and Hölldampf, D. (eds) (2010) *Person-Centered and Experiential Therapies Work: a Review of the Research on Counselling, Psychotherapy and Related Practices*. Ross-on-Wye: PCCS Books.

Cottraux, J., Note, I., Yao, S. N., de Mey-Guillard, C., Bonasse, F., Djamoussian, D., Mollard, E., Note, t3. and Chen, Y. (2008) 'Randomized controlled comparison of Cognitive Behavior Therapy with Rogerian supportive therapy in chronic post-traumatic stress disorder: a 2-year follow-up', *Psychotherapy and Psychosomatics*, 77: 101-10.

Coulson, W. (1987) 'Reclaiming client-centered counseling from the person-centered movement'. Copyright: Centre for Enterprising Families, P. O. Box 134, Comptche, CA 95427, USA.

Coulson, W. (2000) Personal communication.

Cowen, E. L. and Combs, A. W. (1950) 'Follow-up study of 32 cases treated by nondirective therapy', *Journal of Abnormal Social Psychology*, 45: 232-58.

Craske, M. G., Maidenberg, E. and Bystritsky, A. (1995) 'Brief cognitive-behavioral versus nondirective therapy for panic disorder', *Journal of Behaviour Therapy and Experimental Psychiatry*, 26:113-20.

Cuijpers, P., Andersson, G., Donker, T. and van Straten, A. (2011) 'Psychological treatment of depression: results of a series ofmeta-analyses', *Nordic Journal of Psychiatry*, 65: 354-64.

Daniel, T. and McLeod, J. (2006) 'Weighing up the evidence: a qualitative analysis of how person-centred counsellors evaluate the effectiveness of their practice', *Counselling. and Psychotherapy Research*, 6: 244-9.

Davies, D. and Neal, C. (eds) (1996) *Pink Therapy: a Guide for Counsellors and Therapists Working with Lesbian, Gay and Bisexual Clients.* Buckingham: Open University Press.

Davies, D. and Neal, C. (eds) (2000) *Therapeutic Perspectives on Working with Lesbian, Gay and Bisexual Clients.* Buckingham: Open University Press.

Dekeyser, M., Prouty, G. and Elliott, R. (2008) 'Pre-Therapy process and outcome: a review of research instruments and findings', *Person-Centered and Experiential Psychotherapies*, 7: 37-55.

Dinnage, R. (1988) *One to One: Experiences of Psychotherapy.* London: Viking.

Dryden, W., Horton, I. and Mearns, D. (1995) *Issues in Professional Counsellor Training.* London: Cassell.

Duncan, B. L. and Moynihan, D. W. (1994) 'Applying outcome research: intentional utilization of the client's frame of reference', *Psychotherapy*, 31: 294-301.

Elliott, R. (1991) 'Five dimensions of therapy process', *Psychotherapy Research*, 1: 92-103.

Elliott, R. (1998) 'A guide to the empirically supported treatments controversy', *Psychotherapy Research*, 8:115-25.

Elliott, R., Bohart, A. C., Watson, J. C. and Greenberg, L. S. (2011) 'Empathy', in J. Norcross(ed.), *Psychotherapy Relationships that Work*, 2nd edn. New York: Oxford University Press. pp. 132-52.

Elliott, R., Filipovich, H., Harrigan, L., Gaynor, J., Reimschuessel, C. and Zapadka, J. K. (1982) 'Measuring response empathy: the development of a multicomponent rating scale', *Journal of Counseling Psychology*, 29: 379-87.

Elliott, R. and Freire, E. (2007) 'Classical person-centered and experiential perspectives on Rogers (1957)', *Psychotherapy: Theory, Research, Practice, Training*, 44: 285-8.

Elliott, R. and Freire, E. (2010) 'The effectiveness of person-centered and experiential therapies: a review of the meta-analyses', in M. Cooper, J. C. Watson and D. Hölldampf (eds), *Person-Centered and Experiential Therapies Work: a Review of the Research on Counselling, Psychotherapy and Related Practices.* Ross-on-Wye: PCCS Books. pp. 1-15.

参
考
文
献

Elliott, R. and Greenberg, C. (1997) 'Multiple voices in process-experiential therapy: dialogues between aspects of the self', *Journal of Psychotherapy Integration*. 7: 225-39.

Elliott, R., Greenberg, L. S., Watson, J., Timulak, L. and Freare, E. (forthcoming) 'Research on experiential psychotherapies', in M. J. Lambert (ed.), *Bergin & Gatfield's Handbook of Psychotherapy and Behavior Change*, 6th edn. NewYork: Wiley.

Elliott, R. and Zucconi, A. (2010) 'Organizational and conceptual framework for practice-based research on the effectiveness of psychotherapy and psychotherapy training', in M. Barkham, G. E. Hardy and J. Melior-Clark (eds), *Developing and Delivering Practice-Based Evidence: a Guide flor the Psychological Therapies*. Chichester: Wiley-Blackwell. pp. 287-310.

Fairbairn, W. R. D. (1952) *Psychoanalytic Studies of the Personality*. London: Routledge.

Farber, B. A. (2007) 'On the enduring and substantial influence of Carl Rogers' not-quite necessary nor sufficient conditions', *Psychotherapy: Theory, Research, Practice, Traning*, 44: 289-94.

Farber, B. A., Brink, D. C. and Raskin, P. M. (eds) (1996) *The Psychotherapy of Carl Rogers: Cases and Commentary*. NewYork: Guilford Press.

Festinger, L. (1957) *A Theory of Cognitive Dissonance*. Evanston, IL: Row, Peterson.

Fiedler, F. E. (1950) 'A comparison of therapeutic relationships in psychoanalytic, non-directive and Adlerian therapy', *Journal of Consulting Psychology*, 14: 436-45.

Frankel, M. and Sommerbeck, L. (2007) 'Two Rogers: congruence and the change from client-centered therapy to we-centered therapy', *Person-Centered and Experiential Psychotherapies*, 6: 286-95.

Freire, E. (2001) 'Unconditional positive regard: the distinctive feature of clientcentered therapy', in G. Wyatt (ed.) *Rogers' Therapeutic Conditions: Unconditional Positive Regard*. pp. 145-55.

Freire, E., Elliott, R. and Cooper, M. (2007) 'The Strathclyde Inventory: validation of a person-centred outcome measure'. Paper presented at the 13th

Annual BACP Research Conference, York, UK.

Freire, E. and Grafanaki, S. (2010) 'Measuring the relationship conditions in person- centered and experiential psychotherapies: past, present, and fhture', in M. Cooper, J. C. Watson and D. Holldampf (eds), *Person-Centered and Experiential Therapies Work: a Redew of the Research on Connselling, Psychotherapy and Related Practices.* Ross-on- Wye: PCCS Books. pp. 188-214.

Gaylin, N. L. (1996) 'Reflections on the self of the therapist', in R. Hutterer, G. Pawlowsky, P. F. Schmid and R. Stipsits (eds), *Client-Centered and Experiential Psychotherapy: a Paradigm in Motion.* Frankfurt-am-Main: Peter Lang. pp. 383-94.

Geller, S. M. and Greenberg, L. S. (2002) 'Therapeutic presence: therapists' experience of presence in the psychotherapy encounter', *Person-Centered and Experiential Psychotherapies*, 1: 71-86.

Geller, S. M. , Greenberg, L. S. and Watson, J. C. (2010) 'Therapist and client perceptions of therapeutic presence: the development of a measure', *Psychotherapy Research*, 20: 599-610.

Gendlin, E. T. (1966) 'Research in psychotherapy with schizophrenic patients and the nature of that "illness"', *American Journal of Psychotherapy*, 20:4-16.

Gendlin, E. T. (1967) 'Subverbal communication and therapist expressivity: trends in client-centered therapy with schizophrenics', in C. R. Rogers and B. Stevens(eds)*Person to Person: the Problem of Being Human.* Lafayette, CA: Real People Press. pp. 119-28.

Gendlin, E. T. (1970) 'A short summary and some long predictions', in J. Hart and T. Tomlinson(eds), *New Directions in Client-Centered Therapy.* Boston: Houghton Mifflin. pp. 544-62.

Gendlin, E. T. (1981) *Focusing.* New York: Bantam.

Gendlin, E. T. (1984) 'The client's client: the edge of awareness', in R. F. Levant and J. M. Shlien (eds), *Client-Centered Therapy and the Person-Centered Approach.* New York: Praeger. pp. 76-107.

Gendlin, E. T. (1996) *Focusing-Oriented Psychotherapy.* New York: Guilford.

Gergen, K. J. (1972) 'Multiple identity: the healthy, happy human being wears

参
考
文
献

many masks', *Psychology Today*, 5: 31-5, 64-6.

Gergen, K. J. (1988) 'Narrative and self as relationship', in L. Berkowitz(ed.), *Advances in Experimental Social Psychology. Vol.* 21. New York: Academic Press. pp. 17-56.

Gergen, K. J. (1991) *The Saturated Self.* New York: Basic Books.

Gibbard, I. and Hanley, T. (2008) 'A five-year evaluation of the effectiveness of person- centred c6unselling in routine clinical practice in primary care', *Counselling and Psychotherapy Research*, 8: 215-22.

Giesekus, U. and Mente, A. (1986) 'Client empathic understanding in clientcentered therapy', *Person-Centered Review*, 1(2):163-71.

Goldfried, M. R. (2007) 'What has psychotherapy inherited from Carl Rogers?', *Psychotherapy: Theory, Research, Practice, Training*, 44: 249-52.

Goldman, R. N., Greenberg, L. S. and Angus, L. (2006) 'The effects of adding emotion- focused interventions to the client-centered relationship conditions in the treatment of depression', *Psychotherapy Research*, 16: 537-49.

Goldsmith, J. Z., Mosher, J. K., Stiles, W. B. and Greenberg, L. S. (2008) 'Speaking with the client's voices: how a person-centered therapist used reflections to facilitate assimilation', *Person-centered and Experiential Psychotherapies*, 7: 155-72.

Goodman, R. E, Morgan, A. V., Juriga, S. and Brown, E. g. (2004) 'Letting the story unfold: a case study of client-centered therapy for childhood traumatic grief', *Harvard Review of Psychiatry*, 12: 199-212.

Grafanaki, S. and McLeod, J. (1999) 'Narrative processes in the construction of helpful and hindering events in experiential psychotherapy', *Psychotherapy Research*, 9: 289-303.

Grafanaki, S. and McLeod, J. (2002) 'Experiential congruence: qualitative analysis of client and counsellor narrative accounts ofsiguificant events in time-limited person- centred therapy', *Counselling and Psychotherapy Research*, 2: 20-32.

Green, H. (1967) *I Never Promised You a Rose Garden.* London: Pan.

Gurman, A. S. (1977) 'The patient's perception of the therapeutic relationship', in A. S. Gurman and A. M. Ragin(eds), *Effective Psychotherapy.* New York:

Pergamon. pp. 503-43.

Heider, F. (1958) *The Psychology of Interpersonal Relations*. New York: Wiley.

Hendricks, M. N. (2001) 'Focusing-oriented/experiential psychotherapy', in D. Cain and J. Seeman (eds), *Humanistic Psychotherapy: Handbook of Research and Practice*. Washington, DC: American Psychological Association. pp. 221-51.

Henry, W. P. (1998) 'Science, politics, and the politics of science: the use and misuse of empirically validated treatment research', *Psychotherapy Research*, 8: 126-40.

Hermans, H. J. M. (1996) 'Voicing the self: from information processing to dialogical interchange', *Psychological Bulletin*, 119:31-50.

Hermans, H. J. M. and Dimaggio, G. (eds) (2004) *Dialogical Self in Psychotherapy*. Hove: Brunner-Routledge.

Hermans, H. J. M. and Kempen, H. J. G. (1993) *The Dialogical Self: Meaning as Movement*. San Diego, CA: Academic Press.

Hermans, H. , Kempen, J. and Loon, R. van (1992) 'The dialogical self', *American Psychologist*, 47(1): 23-33.

Hill, C. E. (2007) 'My personal reactions to Rogers (1957): the facilitative but neither necessary nor sufficient conditions of therapeutic personality change', Psychotherapy: Theory, Research, Practice, Training, 44: 260-64.

Honos-Webb, L. and Stiles, W. (1998) 'Reformulation of assimilation analysis in terms of voices', *Psychotherapy*, 35(1): 23-33.

Hovarth, A. O. and Bedi, R. P. (2002) 'The alliance', in J. C. Norcross (ed.), *Psychotherapy Relationships that Work: Therapist Contributions and Responsiveness to Patients*. Oxford: Oxford University Press. pp. 37-69.

Hubble, M. , Duncan, B. L. and Miller, S. D. (1999) *The Heart and Soul of Change: What Works in Therapy*. Washington, DC: American Psychological Association.

Ide, T. , Hirai, T. and Murayama, S. (2006) 'The challenge for "fully functioning community": the school counselor bridging the gap between a family and a school'. Paper presented at the 7th World Conference for Person-Centered and Experiential Psychotherapy and Counseling. Potsdam, Germany;

参考文献

July.

Inayat, Q. (2005) 'The Islamic concept of self', *Counselling Psychology Review*, 20: 2-10.

Jourard, S. M. (1971) *The Transparent Self*. New York: Van Nostrand Reinhold.

Keijsers, G. P. J., Schaap, C. P. D. R. and Hoogduin, C. A. L. (2000) 'The impact of interpersonal patient and therapist behaviour on outcome in cognitive-behaviour therapy', *Behaviour Modification*, 24(2): 264-97.

Keil, S. (1996) 'The self as a systemic process of interactions of "inner persons"', in R. Hutterer, G. Pawlowsky, P. Schmid and R. Stipsits(eds), *Client-Centered and Experiential Psychotherapy: a Paradigm in Motion.* Frankfurt am Main: Peter Lang. pp. 53-66.

Kessel, W van and Lietaer, G. (1998) 'Interpersonal processes', in L. S. Greenberg, J. C. Watson and G. Lietaer (eds), *Handbook of Experiential Psychotherapy.* New York: The Guilford Press. pp. 155-77.

Khurana, I. (2006) 'Person-centred therapy, culture and racism: personal discoveries and adaptations', in G. Proctor, M. Cooper, P. Sanders and B. Malcolm(eds), *Politicizing the Person-Centred Approach.* Ross-on-Wye: PCCS Books. pp. 195-7.

Kiesler, D. J. (1982) 'Confronting the client-therapist relationship in psychotherapy', in J. C. Anchin and D. J. Kiesler (eds), *Handbook of Interpersonal Psychotherapy.* Elmsford, NY: Pergamon. pp. 274-95.

Kiesler, D. J. (1996) *Contemporary Interpersonal Theory and Research: Personality, Psychopathology and Psychotherapy.* New York: Wiley.

Kirschenbaum, H. (2007) *The Life and Work of Carl Rogers.* Ross-on-Wye: PCCS Books.

Klein, M. H., Mathieu-Coughlan, P. and Kiesler, D. J. (1986) 'The Experiencing Scales', in L. S. Greenberg and W. M. Pinsof (eds), *The Psychotherapeutic Process: a Research Handbook.* NewYork: Guilford Press. pp. 21-72.

Knox, R. (2008) 'Clients' experiences of relational depth in person-centred counselling', *Counselling and Psychotherapy Research*, 8: 182-8.

Knox, R. and Cooper, M. (2010) 'Relationship qualities that are associated with moments of relational depth: the client's perspective', *Person-Centered and Experiential Psychotherapies*, 9: 236-56.

Knox, R. and Cooper, M. (2011) 'A state of readiness: an exploration of the client's role in meeting at relational depth', *Journal of Humanistic Psychology*, 51:61-81.

Kolden, G. G., Klein, M. H., Wang, C. C. and Austin, S. B. (2011) 'Congruence/ genuineness', in J. Norcross (ed.), *Psychotherapy Relationships that Work*, 2nd edn. New York: Oxford University Press. pp. 187-202.

Kraus, D. R., Castonguay, L., Boswell, J. E, Nordberg, S. S. and Hayes, J. A. (2011) 'Therapist effectiveness: implication for accountability and patient care', *Psychotherapy Research*, 21:267-76.

Kreitemeyer, B. and Prouty, G. (2003) 'The art of psychological contact: the psychotherapy of a mentally retarded psychotic client', *Person-Centered and Experiential Psychotherapies* 2(3): 151-61.

Krupnick, J. L., Sotsky, S. M., Simmens, S., Moyer, J., Elkin, I., Watkins, J., et al. (1996) 'The role of the therapeutic alliance in psychotherapy and pharmaco- therapy outcome: findings in the national institute of mental health treatment of depression collaborative research program', *Journal of Consulting and Clinical Psychology*, 64(3): 532-9.

Kurtz, R. R. and Grummon, D. L. (1972) 'Different approaches to the measurement of therapist empathy and their relationship to therapy outcomes', *Journal of Consulting and Clinical Psychology*, 39(1): 106-15.

Lafferty, P., Beutler, L. E. and Crago, M. (1991) 'Differences between more and less effective psychotherapists: a study of select therapist variables', *Journal of Consulting and Clinical Psychology*, 59: 305-11.

Lago, C. (2006) *Race, Culture and Counselling*, 2nd edn. Maidenhead: Open University/McGraw-Hill.

Lago, C. and Haugh, S. (2006) 'White counsellor racial identity: the unacknowledged, unknown, unaware aspect of self in relationship', in G. Proctor, M. Cooper. P. Sanders and B. Malcolm (eds), *Politicizing the Person-Centred Approach*. Ross-on-Wye: PCCS Books. pp. 198-214.

参考文献

Lambers, E. (2000) 'Supervision in person-centred therapy: facilitating congruence', in D. Mearns and B. Thorne, *Person-Centred Therapy Today: New Frontiers in Theory and Practice*. London: Sage. pp. 196-211.

Lambers, E. (2003) 'Psychosis', in D. Mearns, *Developing Person-Centred Counselling*. London: Sage. pp. 113-5.

Lambers, E. (2006) 'Supervising the humanity of the therapist', *Person-Centered and Experiential Psychotherapies*, 5: 266-76.

Lambers, E. (2012) Personal communication.

Lambers, E. (in press a) ' "I know you were sometimes worried about me, but you let me get on with it": a person-centered perspective on supervision', in M. Cooper, M. O'Hara, EE Schmid and A. Bohart (eds), *The Handbook of Person-Centred Therapy*, 2nd edn. Basingstoke: Palgrave.

Lambers, E. (in press b) 'A companion on the journey: relational depth and supervision', in R. Knox, D. Murphy, S. Wiggins and M. Cooper (eds), *Relational Depth: Contemporary Perspectives*. Basingstoke: Palgrave.

Lambert, M. J. (1992) 'Implications of outcome research for psychotherapy integration', in J. C. Norcross and M. R. Goldstein (eds), *Handbook of Psychotherapy Integration*. New York: Basic Books. pp. 94-129.

Lambert, M. J. (2007) 'What we have learned from a decade of research aimed at improving psychotherapy outcome in routine care', *Psychotherapy Research*, 17: 1-14.

Lazarus, A. A. (2007) 'On necessity and sufficiency in counseling and psychotherapy (revisited)', *Psychotherapy: Theory, Research, Practice, Training*, 44: 253-6.

Lietaer, G. (1984) 'Unconditional positive regard: a controversial basic attitude in client-centered therapy', in R. Levant and J. Shlien (eds), *Client-Centered Therapy and the Person-Centered Approach*. New York: Praeger. pp. 41-58.

Lietaer, G. (2001) 'Being genuine as a therapist: congruence and transparency', in G. Wyatt (ed.), *Rogers' Therapeutic Conditions: Congruence*. Ross-on-Wye: PCCS Books. pp. 36-54.

Lietaer, G. (2002) 'The client-centered/experiential paradigm in psychotherapy: development and identity', in J. C. Watson, R. N. Goldnan and M. S. Warner (eds), *Client-Centered and Experiential Psychotherapy in the 21st Century*: *Advances in Theory, Research and Practice.* Ross-on Wye: PCCS Books. pp. 1-15.

Lillie, N. (2002) 'Women, alcohol, self-concept and self-esteem: a qualitative study of the experience of person-centred counselling', *Counselling and Psychotherapy Research*, 2: 99-107.

Lipkin, S. (1954) 'Clients' feelings and attitudes in relation to the outcome of client-centered therapy', *Psychological Monographs*, 68: 1-30.

Lorr, M. (1965) 'Client perceptions of therapists', *Journal of Consulting Psychology*, 29: 146-9.

Luborsky, L., Diguer, L., Seligman, D. A. et al. (1999) 'The researcher's own therapy allegiances: a "wild card" in comparisons of treatment efficacy', *Clinical Psychology: Science and Practice*, 6: 95-106.

Magai, C. and Haviland-Jones, J. (2002) *The Hidden Genius of, Emotion: Lifespan Transformations of Personality.* Cambridge: Cambridge University Press.

Mahrer, A. R. (2007) 'To a large extent, the field got it wrong: new learnings from a new look at an old classic', *Psychotherapy: Theory, Research, Practice, Training*, 44: 274-8.

McGeever, K. (2006) 'A long-standing commitment: providing a managed counselling service in Lanarkshire', *Healthcare Counselling and Psychotherapy Journal*, 6(4): 36-9.

McLeod, J. (2009) *An Introduction to Counselling*, 4th edn. Maidenhead: Open University Press.

McLeod, J. (2010) *Case Study Research in Counselling and Psychotherapy.* London: Sage.

McLeod, J. (2011) *Qualitative Research in Counselling and Psychotherapy*, 2nd edn. London: Sage.

McLeod, J. (2013) *An Introduction to Research in Counselling and Psychotherapy.* London: Sage.

McLeod, J., Elliott, R. and Wheeler, S. (2010) *A Training Manual in Research Skills and Awareness for Counsellors and Psychotherapists.* Lutterworth: BACP.

McLeod, J. and McLeod, J. (1993) 'The relationship between personal philosophy

参考文献

and effectiveness in counsellors', *Counselling Psychology Quarterly*, 6:121-9.

McMillan, M. and McLeod, J. (2006) 'Letting go: the client's experience of relational depth', *Person-Centered and Experiential Psychotherapies*, 5: 277-92.

Mearns, D. (1986) 'Some notes on congruence: can I dare to be me in response to my client?' Unpublished paper presented to the first Facilitator Development Institute (Britain) Therapy Training Course.

Mearns, D. (1996) 'Working at relational depth with clients in person-centred therapy', *Counselling*, 7(4): 306-11.

Mearns, D. (1997a) *Person-Centred Counselling Training*. London: Sage.

Mearns, D. (1997b) *The Future of Individual Counselling*. The Ben Hartop Memorial Lecture, 7 May. Published as an Occasional Paper by the University of Durham.

Mearns, D. (1998) 'Managing a primary care service', *Counselling in Medical Settings*, 57: 1-5.

Mearns, D. (1999) 'Person-centred therapy with configurations of self', *Counselling*, 10: 125-30.

Mearns, D. (2002) 'Further theoretical propositions in regard to self theory within person-centered therapy', *Person-Centered and Experiential Psychotherapies*, 1 (1&2): 14-27.

Mearns, D. (2003) *Developing Person-Centred Counselling*, 2nd edn. London: Sage.

Mearns, D. (2006a) 'Person-centred therapy: a leading edge', Masterclass presented at Metanoia, London and elsewhere (see www. davemearns. com).

Mearns, D. (2006b) 'Psychotherapy: the politics of liberation or collaboration? A career critically reviewed', in G. Proctor, M. Cooper, P. Sanders and B. Malcolm (eds), *Politicizing the Person-Centred Approach*. Ross-on-Wye: PCCS Books. pp. 127-42.

Mearns, D. and Cooper, M. (2005) *Working at Relational Depth in Counselling and Psychotherapy*. London: Sage.

Mearns, D. and Dryden, W. (1989) *Experiences of Counselling in Action*. London: Sage.

Mearns, D. and McLeod, J. (1984) 'A person-centred approach to research', in

R. Levant and J. Shlien(eds), *Client-Centred Therapy and the Person-Centred Approach: New Directions in Theory, Research and Practice*. NewYork: Praeger. pp. 370-89.

Mearns, D. and Schmid, P. F. (2006) 'Being-with and being-counter. Relational depth: the challenge of fully meeting the client', *Person-Centered and Experiential Psychotherapies*, 5: 255-65.

Mearns, D. and Thorne, B. (1988) *Person-Centred Counselling in Action*, 1st edn. London: Sage.

Mearns, D. and Thorne, B. (1999) *Person-Centred Counselling in Action*, 2nd edn. London: Sage.

Mearns, D. and Thorne, B. (2000) *Person-Centred Therapy Today: New Frontiers in Theory and Practice*. London: Sage.

Mearns, D. and Thorne, B. (2007) Person-Centred Counselling in Action, 3rd edn. London: Sage.

Milgram, S. (2004) *Obedience to Authority: an Experimental View*. New York: Harper Collins.

Morita, T., Kimura, T., Hirai, T. and Murayama, S. (2006) 'The approach to the relationship based on a "way of being" of the school counselor'. Paper presented at the 7th World Conference for Person-Centered and Experiential Psychotherapy and Counseling. Potsdam, Germany; July.

Morris, M. (2007) 'A collaborative inquiry between a person-centered therapist and a client: working with an emerging dissociated "self". Part One: Adult Mary/Young Mary-one self, two parts', *Person-Centered and Experiential Psychotherapies*, 6: 81-91.

Mosher, J. K., Goldsmith, J. Z., Stiles, W. B. and Greenberg, L. S. (2008) 'Assimilation of two critic voices in a person-centered therapy for depression', *Person-Centered and Experiential Psychotherapies*, 7: 1-19.

Moustakas, C. E. (1959) *Psychotherapy with Children-the Living Relationship*. New York: Harper and Brothers.

Müller, D. (1995) 'Dealing with self-criticism: the critic within us and the criticized one', *The Folio: Journal for Focusing and Experiential Psychotherapy*, 4: 1-9.

参考文献

Murphy, D. (2009) 'Client-centred therapy for severe childhood abuse: a case study', *Counselling and Psychotherapy Research*, 9: 3-10.

Neal, C. and Davies, D. (eds) (2000) *Issues in Therapy with Lesbian, Gay, Bisexual and Transgender Clients*. Buckingham: Open University Press.

O'Connor, R. C., Sheehy, N. P. and O'Connor, D. B. (2000) 'Fifty cases of general hospital parasuicide', *British Journal of Health Psychology*, 5: 83-95.

O'Leary, C. (1999) *Couple and Family Counselling: a Perron-Centred Perspective*. London: Sage.

O'Leary, C. (2012) *The Practice of Person-Centred Couple Therapy*. London: Palgrave/ McMillan.

Orlinsky, D. E., Grawe, K. and Parks, B. K. (1994) 'Process and outcome in psychotherapy-noch einmal', in A. E. Bergin and S. L. Garfield (eds), *Handbook of Psychotherapy and Behavior Change*, 4th edn. New York: Wiley. pp. 270-378.

Osatuke, K., Glick, M. J., Stiles, W. B., Greenberg, L. S., Shapiro, D. A. and Barkham, M. (2005) 'Temporal patterns of improvement in client-centred therapy and cognitive- behaviour therapy', *Counselling Psychology Quarterly*, 18: 95-108.

Patterson, C. H. (1984) 'Empathy, warmth and genuineness in psychotherapy: a review of reviews', *Psychotherapy*, 21(4): 431-8.

Pörtner, M. (2000) *Trust and Understanding: the Person-Centred Approach to Everyday Care for People with Special Needs*. Ross-on-Wye: PCCS Books.

Prouty, G. (1994) *Theoretical Evolutions in Person-centered/Experiential Therapy: Applications to Schizophrenic and Retarded Psychosis*. New York: Praeger.

Prouty, G. (2001) 'A new mode of empathy: empathic contact', in S. Haugh and T. Merry (eds), *Rogers' Therapeutic Conditions: Empathy*. Ross-on-Wye: PCCS Books. pp. 155-62.

Prouty, G., Van Werde, D. and Pörtner, M. (2002) *Pre-Therapy: Reaching Contact Impaired Clients*. Ross-on-Wye: PCCS Books.

Purton, C. (2004) *Person-Centred Therapy the Focusing-Oriented Approach*. Basingstoke: Palgrave/Macmillan.

Raskin, N. (1974) 'Studies on psychotherapeutic orientation: ideology in practice ', *American Academy of Psychotherapists Psychotherapy Research Monographs*. Orlando, Florida: American Academy of Psychotherapists.

Rennie, D. L. (1998) *Person-Centred Counselling: an Experiential Approach*. London: Sage.

Rodgers, B. (2006)'Life space mapping: preliminary results from the development of a new method for investigating counselling outcomes ', *Counselling and Psychotherapy Research*, 6: 227-32.

Rogers, C. R. (1951)*Client-Centered Therapy: its Current Practice, Implications and Theory*. Boston: Houghton Mifflin.

Rogers, C. R. (1957) ' The necessary and sufficient conditions of therapeutic personality change',*Journal of Consulting Psychology*, 21: 95-103.

Rogers, C. R. (1959) ' A theory of therapy, personality and interpersonal relationships as developed in the client-centered framework ', in S. Koch (ed.), *Psychology: a Study of Science*(Vol. 3). New York: McGraw-Hill. pp. 184-256.

Rogers C. R. (1961) *On Becoming a Person* Boston: Houghton Mifflin.

Rogers C. R. (1963a) ' The concept of the fully functioning person ', *Psychotherapy: Theory, Research and Practice*, 1(1): 17-26.

Rogers, C. R. (1963b)'The actualizing tendency in relation to "motives" and to consciousness ', in M. Jones (ed.), *Nebraska Symposium on Motivation*. Lincoln, NE: University of Nebraska Press. pp. 1-24.

Rogers, C. R. (1965) ' Some thoughts regarding the current philosophy of the behavioral sciences',*Journal of Humanistic Psychology*, 5: 182-94.

Rogers C. R. (ed.)(1967)*The Therapeutic Relationship and its Impact. A Study of Psychotherapy with Schizophrenics*. Madison, Wisconsin: University of Wisconsin Press.

Rogers, C. R. (1968) ' Some learnings from a study of psychotherapy with schizophrenics', in C. R. Rogers and B. Stevens(eds), *Person to Person: the Problem of Being Human*. Lafayette, CA: Real People Press. pp. 181-92. (Abridged from a paper in Pennsylvania *Psychiatric Quarterly, Summer*, 1962.)

Rogers, C. R. (1974)'In retrospect: forty-six years ', *American Psychologist*, 29

参
考
文
献

(2): 115-23.

Rogers, C. R. (1977) *The Right to be Desperate.* Video produced by the American Association for Counseling and Development, Washington D. C.

Rogers C. R. (1979) 'Foundations of the Person-Centered Approach,' *Education*, 100(2): 98-107.

Rogers, C. R. (1980a) *A Way of Being.* Boston: Houghton Mifflin.

Rogers, C. R. (1980b) 'Growing old-or older and growing', *Journal of Humanistic Psychology* 20(4): 15-16.

Rogers, C. R. (1986) 'Client-centered therapy', in I. K. Kutash and A. Wolf (eds), *Psychotherapist's Casebook.* San Francisco: Jossey-Bass. pp. 97-208.

Rogers, C. R. and Dymond, R. E (eds) (1954) *Psychotherapy and Personality Change.* Chicago: University of Chicago Press.

Rogers, C. R. and Stevens, B. (eds) (1968) *Person to Person: the Problem of Being Human.* Lafayette, CA: Real People Press.

Ross, C. A. (1999) 'Subpersonalities and multiple personalities: a dissociative continuum?', in J. Rowan and M. Cooper(eds), *The Plural Self.* London: Sage. pp. 183-97.

Rowan, J. (1990) *Subpersonalities: the People Inside Us.* London: Routedge.

Rowan, J. and Cooper, M. (eds) (1999) *The Plural Self: Multiplicity in Everyday Life.* London: Sage.

Sachse, R. (1990) 'Concrete interventions are crucial: the influence of the therapist's processing proposals on the client's interpersonal exploration in client-centered therapy', in G. Lietaer, J. Rombauts and R. Van Balen(eds), *Client-Centered and Experiential Psychotherapy in the Nineties.* Leuven: Leuven University Press. pp. 295-308.

Sachse, R. (1992) 'Differential effects of processing proposals and content references on the explication process of clients with different starting conditions', *Psychotherapy Research*, 2: 235-51.

Sachse, R. and Elliott, R. (2002) 'Process-outcome research on humanistic therapy variables', in D. J. Cain and J. Seeman (eds), *Humanistic Psychotherapies: Handbook of Research and Practice.* Washington, DC: APA Books. pp. 83-116.

Samstag, L. W. (2007) 'The necessary and sufficient conditions of therapeutic personality change: reactions to Rogers' 1957 article', *Psychotherapy: Theory, Research, Practice, Training*, 44: 295-9.

Sanders, P. (2000) 'Mapping person-centred approaches to counselling and psychotherapy', *Person-Centred Practice*, 8(2): 62-74.

Sands, A. (2000) *Falling for Therapy: Psychotherapy From a Client's Point of View.* London: Palgrave Macmillan.

Schmid, P. (2003). 'The characteristics of a person-centered approach to therapy and counseling', *Person-Centered and Experiential Psychotherapies*, 2 (2): 104-20.

Schmid, P. F. and Mearns, D. (2006) 'Being-with and being-counter: personcentered psychotherapy as an in-depth co-creative process of personalization', *Person-Centered and Experiential Psychotherapies*, 5: 174-90.

Schnellbacher, J. and Leijssen, M. (2009) 'The significance of therapist genuineness from the client's perspective', *Journal of Humanistic Psychology*, 49: 207-28.

Schwartz, R. (1987) 'Our multiple selves', *The Family Therapy Networker*, March/April: 25-31 and 80-3.

Schwartz, R. (1997) *Internal Family Systems Therapy.* New York: Guilford.

Schwartz, R. and Goulding, R. (1995) *The Mosaic Mind.* New York: Norton Press.

Sembi, R. (2006) 'The cultural situatedness of language use in person-centred training', in G. Proctor, M. Cooper, P. Sanders and B. Malcolm (eds), *Politicizing the Person-Centred Approach.* Ross-on-Wye: PCCS Books. pp. 55-9.

Shoaib, K. (2006) 'Unveiling the unspoken: working transparently with South Asian communities', in G. Proctor, M. Cooper, P. Sanders and B. Malcolm (eds), *Politicizing the Person-Centred Approach.* Ross-on-Wye: PCCS Books. pp. 183-94.

Silberschatz, G. (2007) 'Comments on "the necessary and sufficient condi6ons of therapeutic personality change'"', *Psychotherapy: Theory, Research, Practice, Training*, 44: 265-7.

参考文献

Slack, S. (1985) ' Reflections on a workshop with Carl Rogers ', *Journal of Humanistic Psychology*, 28: 35-42.

Stephen, S. , Elliott, R. and Macleod, R. (2011) ' Person-centred therapy with a client experiencing social anxiety difficulties: a hermeneutic single case efficacy design', *Counselling and Psychotherapy Research*, 11: 55-66.

Stern, D. N. (2003) *The Interpersonal World of the Infant: a View from Psychoanalysis and Developmental Theory*. London: Karnac.

Stiles, W. B. (1999) ' Signs and voices in psychotherapy ', *Psychotherapy Research*, 9:1-21.

Stiles, W. B. (2007) ' Theory-building case studies of counselling and psychotherapy', *Counselling and Psychotherapy Research*, 7: 122-7.

Stiles, W. B. , Barkham, M. , Twigg, E. , Melior-Clark, J. and Cooper, M. (2006) ' Effectiveness of cognitive-behavioural, person-centred and psychodynamic therapies as practiced in UK National Health Service settings', *Psychological Medicine*, 36: 555-66.

Stiles, W. B. , Barkham, M. , Melior-Clark, J. and Connell, J. (2008) ' Effectiveness of cognitive-behavioural, person-centred, and psychodynamic therapies as practiced in UK primary care routine practice: replication in a larger sample', *Psychological Medicine*, 38: 677-88.

Stiles, W. B. and Glick, M. J. (2002) ' Client-centered therapy with multi-voiced clients: empathy with whom?', in J. C. Watson, R. Goldman and M. S. Warner (eds), *Client-centered and Experiential Psychotherapy in the Twenty-First Century*. Ross on Wye: PCCS Books. pp. 406-14.

Stinckens, N. (2000) ' De innerlijke criticus in beeld gebracht: Een typologie van verschijningsvormen', *Tijdschrift Cliëntgerichte Psychotherapie*, 38:201-15.

Stinckens, N. , Elliott, R. and Leijssen, M. (2009) ' Bridging the gap between therapy research and practice in a person-centered/experiential therapy training program: the Leuven Systematic Case Study Protocol', *Person-Centered and Experiential Psychotherapies*, 8: 143-62.

Stinckens, N. , Lietaer, G. and Leijssen, M. (2002a) ' The valuing process and the inner critic in the classic and current client-centered/experiential literature', *Person- Centered and Experiential Psychotherapies*, 1(1&2): 41-55.

Stinckens, N. , Lietaer, G. and Leijssen, M. (2002b) 'Working with the inner critic: fighting the "enemy" or keeping it company', in J. C. Watson, R. Goldman and M. S. Warner(eds), *Client-Centered and Experiential Therapy in the Twenty-First Century: Advances in Theory, Research, and Practice*. Ross-on-Wye: PCCS Books. pp. 415-26.

Talmon, M. (1990) *Single Session Therapy*. San Francisco: Jossey-Bass Publishers. Tausch, R. , Bastine. R. , Bommert, H. , Minsel, W. R. and Nickel, H. (1972) 'Weitere Untersuchung der Auswirkung und der Prozesse klienten-zentrierter Gesprächs-psychotherapie', *Zeitschrift für Klinische Psychologie*, 1(3): 232-50.

Tausch, R. , Bastine, R. , Friese, H. and Sander, K. (1970) 'Variablen und Ergebnisse bei Psychotherapie mit alternieranden Psychotherapeuten', *Verlag für Psychologie*, 21(1).

Thorne, B. (1984) 'Person-centred therapy', in W. Dryden (ed.), *Individual Therapy in Britain*. London: Harper & Row. pp. 102-28.

Thorne, B. (1985) *The Quality of Tenderness*. Norwich: Norwich Centre Publications.

Thorne, B. (1991) *Person-Centred Counselling: Therapeutic and Spiritual Dimensions*. London: Whurr Publishers.

Thorne, B. (1996) 'The cost of transparency', *Person Centred Practice*, 2: 2-11.

Thorne, B. (1999) 'The move towards brief therapy: its dangers and its challenges', *Counselling*, 10(1): 7-11.

Thorne, B. (2002) *The Mystical Power of Person-Centred Therapy*. London: Whurr Publishers.

Thorne, B. (2003) 'Brief companionship', in D. Mearns, *Developing Person-Centred Therapy*. London: Sage. pp. 60-3.

Thorne, B. (2004) *The Quality of Tenderness*, Revd edn. Norwich: Norwich Centre Occasional Publications.

Thorne, B. (2005) *Love's Embrace*. Ross-on-Wye: PCCS Books.

Thorne, B. (2006) 'The gift and cost of being fully present', in J. Moore and C. Purton (eds), *Spirituality and Counselling: Experiential and Theoretical Perspectives*. Ross-on-Wye: PCCS Books. pp. 35-47.

参
考
文
献

Timulak, L. and Creaner, M. (2010) 'Qualitative meta-analysis of outcomes of person- centered and experiential psychotherapies', in M. Cooper, J. C. Watson and D. H611dampf(eds), *Person-Centered and Experiential Therapies Work: a Review of the Research on Counseling, Psychotherapy and Related Practices*. Ross-on-Wye: PCCS Books. pp. 65-90.

Traynor, W., Elliott, R. and Cooper, M. (2011) 'Helpful factors and outcomes in person- centered therapy with clients who experience psychotic processes: therapists' perspectives', *Person-Centered and Experiential Psychotherapies*, 10: 89-104.

Truax, C. (1967) 'A scale for the measurement of accurate empathy', in C. R. Rogers (ed.), *The Therapeutic Relationship and its Impact: a Study of Psychotherapy with Schizophrenics*. Madison, WI: University of Wisconsin Press. pp. 72-96.

Truax, C. B. and Carkhuff, R. R. (1967) *Toward Effective Counseling and Psychotherapy*. Chicago: Aldine.

Truax, C. B. and Mitchell, K. M. (1971) 'Research on certain therapist interpersonal skills in relation to process and outcome', in A. E. Bergin and S. L. Garfield (eds), *Handbook of Psychotherapy and Behavior Change*. New York: John Wiley. pp. 299-344.

Turner, R. (2007) 'A collaborative inquiry between a person-centered therapist and a client: working with an emerging dissociated "self". Part Two: The therapist's perspective', *Person-Centered and Experiential Psychotherapies*, 6: 92-106.

Unsworth, G., Cowie, H. and Green, H. (2012) 'Therapists' and clients' perceptions of routine outcome measurement in the NHS: a qualitative study', *Counselling and Psychotherapy Research*, 12: 71-80.

Vaillant, L. M. (1994) 'The next step in short-term dynamic psychotherapy: a clarification of objectives and techniques in an anxiety-regulating model', *Psychotherapy*, 31: 642-55.

Van Werde, D. (2003a) 'Dealing with the possibility of psychotic content in a seemingly congruent communication', in D. Mearns, *Developing Person-Centred Counselling*. London: Sage. pp. 125-8.

240

Van Werde, D. (2003b) 'An introduction to client-centred pre-therapy', in D. Mearns, *Developing Person-Centred Counselling*. London: Sage. pp. 120-4.

Wachtel, P. L. (2007) 'Carl Rogers and the larger context of therapeutic thought', *Psychotherapy: Theory, Research, Practice, Training*, 44: 279-84.

Wampold, B. E. (2001) *The Great Psychotherapy Debate: Models, Methods and Findings*. Mahwah, NJ: Erlbaum.

Ward, E., King, M., Lloyd, M., Bower, E, Sibbald, B., Farrelly, S., Gabbay, M., Tarrier, N. and Addington-Hall, J. (2000) 'Randomized controlled trial of counselling, cognitive-behaviour therapy, and usual general practitioner care for patients with depression. I: Clinical effectiveness', *British Medical Journal*, 31: 1383-8.

Warner, M. S. (2000a) 'Person-centered psychotherapy: one nation, many tribes', *Person-Centered Journal*, 7(1): 28-39.

Warner, M. S. (2000b) 'Person-centred therapy at the difficult edge: a developmentally based model of fragile and dissociated process', in D. Mearns and B. Thorne, *Person-Centred Therapy Today: New Frontiers in Theory and Practice*. London: Sage. pp. 144-71.

Warner, M. S. (2002) 'Psychological contact, meaningful process and human nature', in G. Wyatt and P. Sanders(eds), *Rogers' Therapeutic Conditions: Contact and Perception*. Ross-on-Wye: PCCS Books. pp. 76-95.

Warner, M. S. (2006) 'Toward an integrated person-centered theory of wellness and psychopathology', *Person-Centered and Experiential Psychotherapies*, 5: 4-20.

Warner, M. and Mearns, D. (2003) In discussion. 6th World Conference for Person-Centered and Experiential Psychotherapy and Counseling. Egmond, Holland; July.

Warner, M. S. and Mearns, D. (2008) 'Frontiers of difficult process'. Joint paper presented to the World Conference for Person-Centered and Experiential Counseling and Psychotherapy. Norwich, England, July.

Watkins, C. E. and Goodyear, R. (1994) 'C. H. Patterson: reflections on client-centered therapy', *Counselor Education and Supervision*, 22: 178-86.

Watson, J. C. (2007) 'Reassessing Rogers' necessary and sufficient conditions of

参考文献

change', *Psychotherapy: Theory, Research, Practice, Training*, 44: 268-73.

Watson, J. C. and Steckley, P. (2001) 'Potentiating growth: an examination of the research on unconditional positive regard', in J. Bozarth and P. Wilkins (eds), *Rogers' Therapeutic Conditions: Unconditional Positive Regard*. Ross-on-Wye: PCCS Books. pp. 180-97.

Watson, J. C. and Watson, N. (2010) 'Operationalizing incongruence: measures of self-discrepancy and affect regulation', in M. Cooper, J. C. Watson and D. H6lldampf (eds), *Person-Centered and Experiential Therapies Work: a Review of the Research on Counseling, Psychotherapy and Related Practices*. Ross-on-Wye: PCCS Books. pp. 164-87.

Watson, N. (1984) 'The empirical status of Rogers' hypotheses of the necessary and sufficient conditions for effective psychotherapy', in R. Levant and J. Shlien(eds), *Client-Centred Therapy and the Person-Centred Approach: New Directions in Theory, Research and Practice*. NewYork: Praeger. pp. 17-40.

Westen, D., Novotny, C. M. and Thompson-Brenner, H. (2004) 'The empirical status of empirically-supported psychotherapies: assumptions, findings, and reporting in controlled clinical trials', *Psychological Bulletin*, 130: 631-63.

Wheeler, S., Aveline, M. and Barkham, M. (2011) 'Practice-based supervision research: a network of researchers using a common toolkit', *Counselling and Psychotherapy Research*, 11: 88-96.

Wilkins, P. (2010) 'Researching in a person-centered way', in M. Cooper, J. C. Watson and D. Hölldampf(eds), *Person-Centered and Experiential Therapies Work: a Review of the Research on Counseling, Psychotherapy and Related Practices*. Ross-on-Wye: PCCS Books. pp. 215-39.

Zinschitz, E. (2001) 'Understanding what seems unintelligible', in S. Haugh and T. Merry (eds), *Rogers' Therapeutic Conditions: Empathy*. Ross-on-Wye: PCCS Books. pp. 192-205.

术语对照表

abuse 虐待

    childhood 儿童期

    emotional 情感的

acceptance 接纳

    client's non-acceptance 来访者的不接纳

    conditionality 条件性

    counsellor's non-acceptance 心理咨询师的不接纳

accurate empathy 准确共感

actualising process 实现过程

actualising tendency 实现倾向

    Rogers' theories developed 罗杰斯提出的理论

    theoretical propositions 理论假设

additive empathy 添加性共感

affirming 肯定

agency of client 来访者的自主性

alliance 联盟

    therapeutic 治疗的

approval 认可

    client's need for 来访者的……需要

    and sense of worth 与价值感

Association for Person-Centred Therapy(Scotland)（苏格兰)以人为中心心理治疗协会

    authenticity 真正

    awareness 觉知

client-centred counseling　来访者中心的咨询

client-counsellor relationship　医患关系

"clues"　"线索"

commitment to client　对来访者的承诺

common experiences　共同经验

sense of community　团体感

conditionality　条件性

conditions of worth　价值条件

configurations of self　自我的结构形态

　　case study　案例研究

　　counsellor's use of　心理咨询师对……的运用

configurations of self　自我的结构形态

　　and dissociated process　与分裂过程

　　empathizing with　强调

　　personal language　个人语言

　　theoretical propositions　理论假设

congruence　一致性

　　case study　案例研究

　　combined with empathy　与共感相结合

　　compared to empathy　与共感相比较

　　defined and described　界定和描述

　　developing　发展

　　guidelines for　指导原则

　　importance of　重要性

　　incongruence　不一致性

　　meta communication　元交流

　　resonance　共鸣

　　with unconditional positive regard　与无条件积极关注

contracts and structures　协议与日程

core conditions　核心条件

Coulson, Bill　比尔·库尔森

counselling　心理咨询

counselling process 心理咨询过程

counselling room 心理咨询室

counsellor 心理咨询师

  attitude to herself 对其自我的态度

  commitment to client 对来访者的承诺

  developing congruence 正在发展的一致性

  needs and fears 需要与恐惧

  personal processes and vulnerabilities 个人过程与脆弱性

  qualities of ……的质量

  self-awareness and self-knowledge 自我觉知与自我认识

  showing weaknesses 表明脆弱

  use of language 语言的使用

"counsellor-speak" "心理咨询师的职业腔调"

counterconditioning 对抗性条件作用

crisis client 处于危机中的来访者

cultural conditioning 文化条件

  ingrained incongruence 根深蒂固的不一致性

culture 文化

  at odds with person-centred approach 与以人为中心的方法相冲突

  ethnic diversity and empathy 种族多样性与共感

dependency of client 来访者的依赖性

depth reflections 深度反映

development and growth 发展与成长

difficult process 艰难的过程

disapproval and rejection 否定与拒绝

"disguises" "伪装"

"disorder" and actualising process "紊乱"与实现过程

dissociated process 分裂过程

duration of sessions 会谈持续的时间

echoing 回应

edge of awareness 觉知边缘

ego-syntonic process 自我协调过程

　　and counselling process 与咨询过程

emotional abuse 情感虐待

empathic failure 共感失败

empathic resonance 共感共鸣

empathic response 共感反应

empathic understanding 共感理解

empathy 共感

　　blocks to 对……的阻碍

combined with congruence 与一致性相结合

compared to congruence 与一致性相比较

defined and described 界定与描述

development of 的发展

empathy scale 共感量表

expressive/non-verbal 表达性的/非言语的

levels of response 反应水平

and locus of evaluation 与评价点

not needing verbal understanding 不需要言语理解

releasing empathic sensitivity 释放共感感受性

and self-pluralism of client 与来访者的自我多元论

with unconditional positive regard 与无条件积极关注

value and efficacy in counselling 心理咨询中的价值与有效性

ethical boundaries 伦理界限

ethnic diversity and empathy 种族多样性与共感

evaluation 评价

existential process 存在过程

existential touchstones 存在试金石

expectations 期望

experts, distrust of 不信任专家

expressive behaviour 表达性行为

liking　喜爱

　　conditional　有条件的

versus valuing　相对于重视

listening　倾听

locus of evaluation　评价点

　　and empathy　与共感

　　externalised　外在的

　　internalised　内在的

love, client's　来访者的爱

manipulation by client　受来访者操纵

metacommunication　元交流

metaphors　比喻

money matters　费用问题

movement and change　前进与改变

mutuality　共同性

"niceness"　"友善"

non-acceptance　不接纳

　　of client by counsellor　心理咨询师对来访者的

　　of counsellor's acceptance　对心理咨询师接纳的

non-directive counseling　非指导性咨询

non-possessive warmth　非占有性热情

non-verbal response　非言语反应

opening statements　开场白

organismic valuing process　机体评价过程

　　and actualising process　与实现过程

　　early confusion of　的早期困惑

　　personal development of counsellor　心理咨询师的个人发展

　　restoration　恢复

"osmotic" change　"渗透性"的变化

over-involvement　过度投入

prizing 珍视

problem-centred approach 以问题为中心的方法

process and progress in counselling 心理咨询中的过程与进程

Proposition 假设

propositions, theoretical 理论假设

psychological theories 心理学假设

readiness, state of 预备性状态

reality 实在

realness 真正

reception of client 接待来访者

receptionist 接待员

referral letter 介绍信

reflective response 反射性反应

  depth ref lections 深度反映

  types of 的类型

rehearsal material 已排练材料

reiterative ref lections 重复反映

rejection 拒绝

  by client 遭到来访者的

  of client 对来访者的

relational depth 关系深度

  defined 界定的

relationships 关系

  and ego-syntonic process 与自我协调过程

  figure and ground 图形与背景

  sexual 性的

  unspoken 未言明的

resonance 共鸣

  self-resonance and congruence 自我共鸣与一致性

responses, empathic 共感反应

review 回顾

self-acceptance　自我接纳

　　client's　来访者的

　　counsellor's　心理咨询师的

self-concept of client　来访者的自我概念

　　distorted by others' views　被他人观点所扭曲

　　evolution of　演变

　　and locus of evaluation　与评价点

　　modification and growth　矫正与成长

self-defeating circle　自我挫败循环

self-dialogues　自我对话

self-esteem　自尊

self-expression　自我表现

self-love　自爱

self-pluralism　自我多元观

self-protective systems　自我防御系统

　　of counsellor　心理咨询师的

　　examples of self-protective clients　自我防御来访者的例子

　　and non-acceptance of client　与来访者的不接纳

self-questioning　自我提问

self-rejecting client　自我拒绝的来访者

self-resonance　自我共鸣

selfishness　自私自利

sensitivity, empathic　敏感性,共感的

session　会谈

　　first　初次

　　frequency and duration　频率与持续时间

sexual relationship　性关系

sexuality　性欲

"short-term" counseling　"短期"心理咨询

"showing your working"　"展现你的工作过程"

situational ref lections　情境反射

small talk　闲聊

鹿鸣心理（心理咨询师系列）书单

书　名	书　号	出版日期	定　价
《叙事疗法实践地图》（修订版）	ISBN:9787568915304	2019年6月	78元
《儿童叙事家庭治疗》	ISBN:9787568909112	2018年9月	88元
《心理顾问》	ISBN:9787568911559	2018年8月	56元
《辩证行为疗法：掌握正念、改善人际效能、调节情绪和承受痛苦的技巧》	ISBN:9787568909129	2018年1月	56元
《高级游戏治疗》	ISBN:9787568904674	2017年6月	88元
《精神分析治愈之道》	ISBN:9787562491330	2016年3月	56元
《超越奇迹：焦点解决短期治疗》	ISBN:9787562491118	2015年9月	56元
《焦虑症和恐惧症——一种认知的观点》	ISBN:9787562491927	2015年8月	69元
《以人为中心心理咨询实践》（第4版）	ISBN:9787562486862	2015年1月	56元
《躁郁症治疗手册》	ISBN:9787562478041	2013年12月	46元
《艺术治疗——绘画诠释：从美术进入孩子的心灵世界》	ISBN:9787562476122	2013年8月	46元
《游戏治疗》	ISBN:9787562476436	2013年8月	58元
《阿德勒的治疗：理论与实践》	ISBN:9787562463955	2012年1月	45元
《中小学短期心理咨询》	ISBN:9787562462965	2011年9月	37元
《接受与实现疗法：理论与实务》	ISBN:9787562460138	2011年6月	48元

鹿鸣心理（心理治疗丛书）书单

书　名	书　号	出版日期	定　价
《生涯咨询》	ISBN:9787562483014	2015年1月	36元
《人际关系疗法》	ISBN:9787562482291	2015年1月	29元
《情绪聚焦疗法》	ISBN:9787562482369	2015年1月	29元
《理性情绪行为疗法》	ISBN:9787562483021	2015年1月	29元
《精神分析与精神分析疗法》	ISBN:9787562486862	2015年1月	32元
《现实疗法》	ISBN:9787568901598	2016年11月	29元
《行为疗法》	ISBN:9787568900928	2016年10月	32元
《叙事疗法》	ISBN:9787568904438	2017年4月	46元
《认知疗法》	ISBN:待定	待定	待定
《接受与实现疗法》	ISBN:待定	待定	待定

请关注鹿鸣心理新浪微博：http://weibo.com/555wang，及时了解我们的出版动态，@鹿鸣心理。